築苑011

築苑·渭水秋风

李　卫　秦建明　张亚军　主编

中国建材工业出版社

图书在版编目(CIP)数据

渭水秋风/李卫，秦建明，张亚军主编. —北京：中国建材工业出版社，2019.7

（筑苑）

ISBN 978-7-5160-2486-7

Ⅰ.①渭… Ⅱ.①李… ②秦… ③张… Ⅲ.①古建筑—文化遗产—保护—陕西 Ⅳ.①K928.71

中国版本图书馆 CIP 数据核字（2018）第 292068 号

渭水秋风

Weishui Qiufeng

李 卫 秦建明 张亚军 主编

出版发行：中国建材工业出版社

地　　址：北京市海淀区三里河路 1 号

邮政编码：100044

经　　销：全国各地新华书店

印　　刷：北京天恒嘉业印刷有限公司

开　　本：710mm×1000mm 1/16

印　　张：16.5

字　　数：240 千字

版　　次：2019 年 7 月第 1 版

印　　次：2019 年 7 月第 1 次

定　　价：88.00 元

本社网址：www.jccbs.com，微信公众号：zgjcgycbs

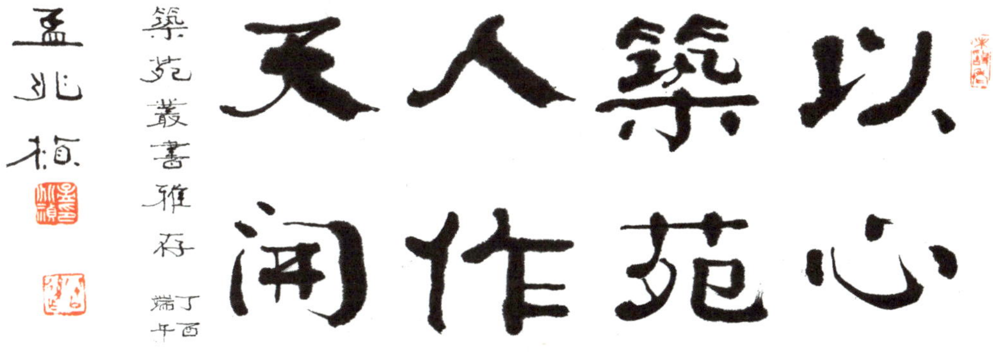

孟兆祯先生题字

中国工程院院士、北京林业大学教授

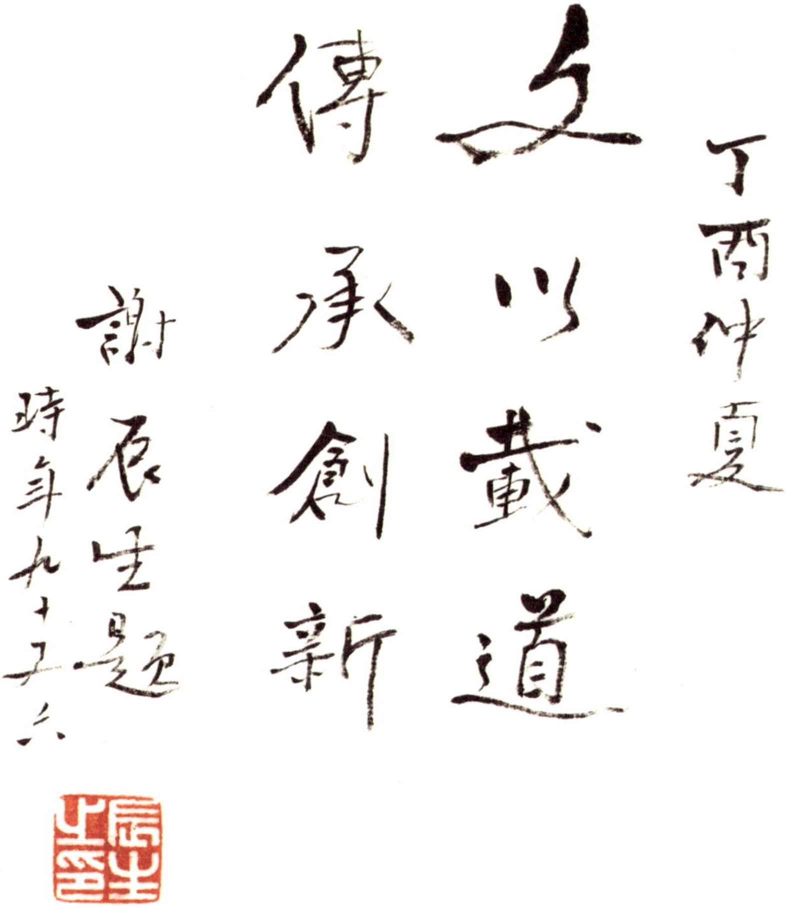

谢辰生先生题字

国家文物局顾问

筑苑·渭水秋风

投稿邮箱：sunyan@jccbs. com. cn
联系电话：010-88376510
传　　真：010-68343948

筑苑微信公众号

序

陕西是中华民族璀璨文化的重要发祥地之一，历史上有十三个王朝在西安建都，作为帝都和王畿有千年之久，长时间处于华夏文明的巅峰。数千年间，曾有无数壮丽宫阙和大批的优美园林诞生于此，周之灵沼，秦之阿房，汉建章宫，上林苑，唐兴庆宫、华清宫和曲江池都是历史上著名的宫苑。除了帝王宫苑外，这里还出现了许多杰出的私家园林和寺庙园林，相关的文化遗产异常厚重。然而，“秋风吹渭水，落叶下长安”，经历千年的风雨沧桑，这些历史上的宫阙园林，绝大多数已经化为遗址，成为陈迹，甚至消失无存。后人只能遗憾地通过历史上流传下来的诗词文赋，去感受其建筑的风姿，遐想其景观的神韵。

历史上的宫殿名园，多为帝王所建，为权贵所有，但其中依然凝结着人民大众的高超智慧，体现着中华民族杰出的建筑艺术和独特的东方美学视角。如果深入一点说，园林与城市、宫殿一样，都是一种古代文明的形态。人类社会只有发展到一定的阶段，有了发达的经济实力，有了一定的技术能力，有了较高的艺术追求，才会产生人造的自然景观——园林。而像上林苑那种巨大的宫苑，它的规划建设和管理运营，更是需要国家的雄厚实力来支撑，还需要一大批专门人才的参与，拥有对相关科学技术的掌控。所以，园林也是一种文明的标志，只要发现某一区域诞生了这种大型园林，便可以由此大致推断该区域文明发达的程度。

追寻这些渐行渐远的古代园苑踪迹，试图勾勒它们朦胧的轮廓，填补它们淡淡的色彩，对于今人来说，当然不仅仅是一种神游怀旧，也不是为了重建复原，而是想把隔绝古今的毛琉璃擦亮一点，可以更明晰、更深透地窥视那些遥远的历史画卷，认识已逝的古代社会。今日传统的中国园林，是从古代中国园林中走出来的，对于古代园林有所传承，有所创新，当然亦有所失。我们研究古代园林，也可从中汲取前人的智慧，寻求园林艺术的灵感。研究古代园林，继承传统，古为今用，促进园林事业的繁荣和发展，提高人们的生活品质。

要深入认识历史上这些园林，除了研读那些残章断简的记载外，还要寻找遗址，踏勘现场，舞榭歌台，风流总被雨打风吹去。只有通过蛛丝马迹、雪爪鸿泥，探求更多的珍贵信息。这些工作虽然相当吃力，但也是必不可少的。可以说，考古学家对于园林遗址的研究技巧，比之单纯的建筑遗址，还有些陌生。这种情况的存在，当然也与现代社会对古代园林的认识和价值定位有关。

本书在陕西古代园林中，选择了周代灵囿与隋唐仙游寺以及唐代禁苑，介绍给读者，希望能引起读者的兴趣。

中国古代园林之中，不唯有青山碧池，小桥流水，也常常包含许多古代文化遗物与历史胜迹，甚至，这些内容是古代园林重要的组成部分。名胜古迹中的古迹，就是一大类景观，诸如岳阳楼、孔子手植柏、苏小小墓等。至于园林中的名楼古树，碑石题刻，室内陈设的钟鼎文玩，字画书卷，祖传家具，老瓷古剑之类，更是数不胜数。没有人文内涵的景观，总是让人感到少了点什么，试想沈园若无陆游与唐婉，就不会那么吸引游客。人文景观与自然景观相配合，两者相得益彰，这也是我国古代园林的一大特色。当然，园林法天象地，虽由人作，宛若天开，本身也属于一种人文景观。

近年来，社会上对于历史文化遗产的认知度日渐提高，文化遗产的保护和利用被提到了并列的高度。如何从古代的文化遗产中提炼其文化核心，寻找价值所在；如何突出文物价值，展示亮点与有效保护这些文物；如何将历史文物与园林景观结合，就成为现在和今后很长一段时期的重任。

故本书有意识地推出一批历史文化遗产的保护文章，通过对文化遗产价值的再认识、核心文化内涵的再提炼、保护措施的逐步实施，深入探讨历史文化遗产内涵的深入发掘及古代文人对环境景观取舍的审美观，促进其转化为现代人们游览、学习和品味的对象。敬请各位读者阅读我们精选的文章，希望有更多的文物工作者融入古代园林研究工作，以丰富古代园林的内涵，增加古代园林的吸引力。

李卫　秦建明

2019 年 5 月 18 日

目 录

01 白居易与周至仙游寺之缘

李　卫　张亚军　郑晓祎

一、诗仙长歌出仙游

长恨歌

【唐】白居易

汉皇重色思倾国，御宇多年求不得。
杨家有女初长成，养在深闺人未识。
天生丽质难自弃，一朝选在君王侧。
回眸一笑百媚生，六宫粉黛无颜色。
春寒赐浴华清池，温泉水滑洗凝脂。
侍儿扶起娇无力，始是新承恩泽时。
云鬓花颜金步摇，芙蓉帐暖度春宵。
春宵苦短日高起，从此君王不早朝。
承欢侍宴无闲暇，春从春游夜专夜。
后宫佳丽三千人，三千宠爱在一身。
金屋妆成娇侍夜，玉楼宴罢醉和春。
姊妹弟兄皆列土，可怜光彩生门户。
遂令天下父母心，不重生男重生女。
骊宫高处入青云，仙乐风飘处处闻。

缓歌慢舞凝丝竹，尽日君王看不足。
渔阳鼙鼓动地来，惊破霓裳羽衣曲。
九重城阙烟尘生，千乘万骑西南行。
翠华摇摇行复止，西出都门百余里。
六军不发无奈何，宛转蛾眉马前死。
花钿委地无人收，翠翘金雀玉搔头。
君王掩面救不得，回看血泪相和流。
黄埃散漫风萧索，云栈萦纡登剑阁。
峨嵋山下少人行，旌旗无光日色薄。
蜀江水碧蜀山青，圣主朝朝暮暮情。
行宫见月伤心色，夜雨闻铃肠断声。
天旋地转回龙驭，到此踌躇不能去。
马嵬坡下泥土中，不见玉颜空死处。
君臣相顾尽沾衣，东望都门信马归。
归来池苑皆依旧，太液芙蓉未央柳。
芙蓉如面柳如眉，对此如何不泪垂。
春风桃李花开日，秋雨梧桐叶落时。
西宫南内多秋草，落叶满阶红不扫。
梨园弟子白发新，椒房阿监青娥老。
夕殿萤飞思悄然，孤灯挑尽未成眠。
迟迟钟鼓初长夜，耿耿星河欲曙天。
鸳鸯瓦冷霜华重，翡翠衾寒谁与共。
悠悠生死别经年，魂魄不曾来入梦。
临邛道士鸿都客，能以精诚致魂魄。
为感君王辗转思，遂教方士殷勤觅。
排空驭气奔如电，升天入地求之遍。
上穷碧落下黄泉，两处茫茫皆不见。
忽闻海上有仙山，山在虚无缥渺间。
楼阁玲珑五云起，其中绰约多仙子。
中有一人字太真，雪肤花貌参差是。

金阙西厢叩玉扃，转教小玉报双成。
闻道汉家天子使，九华帐里梦魂惊。
揽衣推枕起徘徊，珠箔银屏迤逦开。
云鬓半偏新睡觉，花冠不整下堂来。
风吹仙袂飘飖举，犹似霓裳羽衣舞。
玉容寂寞泪阑干，梨花一枝春带雨。
含情凝睇谢君王，一别音容两渺茫。
昭阳殿里恩爱绝，蓬莱宫中日月长。
回头下望人寰处，不见长安见尘雾。
唯将旧物表深情，钿合金钗寄将去。
钗留一股合一扇，钗擘黄金合分钿。
但教心似金钿坚，天上人间会相见。
临别殷勤重寄词，词中有誓两心知。
七月七日长生殿，夜半无人私语时。
在天愿作比翼鸟，在地愿为连理枝。
天长地久有时尽，此恨绵绵无绝期。

这就是唐代三大诗人之一白居易写的《长恨歌》。白居易，字乐天，772—846年，有“诗仙”和“诗王”之称。在贞元十六年（800年）29岁时中进士，先后任秘书省校书郎、盩至尉、翰林学士，元和年间任左拾遗，写了大量讽喻诗，代表作是《秦中吟》10首和《新乐府》50首，其中以唐明皇李隆基和杨玉环的爱情故事为题材写下的《长恨歌》，成为唐代新乐府运动的代表作。唐宣宗有凭吊白居易的诗：“缀玉联珠六十年，谁教冥路作诗仙。浮云不系名居易，造化无为字乐天。童子解吟长恨曲，胡儿能唱琵琶篇。文章已满行人耳，一度思卿一怆然。”此诗可作为白居易一生的概括。

白居易为何要写《长恨歌》？在哪里写的《长恨歌》？这就不得不说到西安周至县的仙游寺。

白居易在唐德宗贞元十六年（800 年）29 岁时中进士，唐宪宗元和元年（806 年），34 岁的白居易由宪宗皇帝主持选拔人才，补任周至县尉（图 1）。因为读过中唐诗人卢纶描述仙游寺的诗词，到任后，公务之余，独自一人骑马南驰，前去体味卢纶诗中那行云流水、经声竹韵的人间仙境。

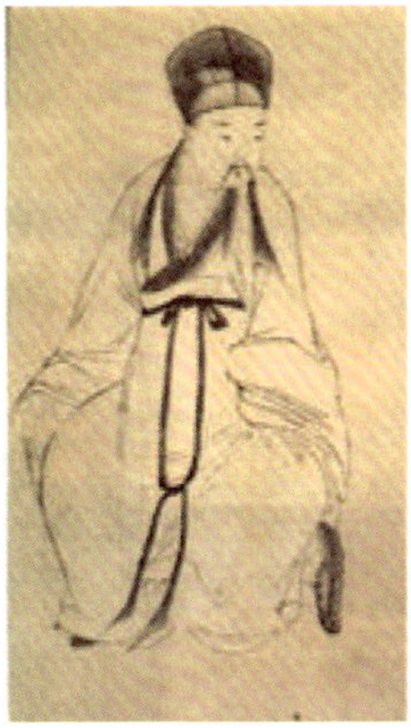
图 1　白居易清代画像

初夜的仙游寺，显得格外雅静，暮色降临，太阳从狮山断崖上敛去了最后一抹余晖；晚风习习，自南向北送来一阵阵清凉；芒水（今名黑河）涛涛，在静夜中听起来格外空旷、幽远；沙鹤飞归，成群结队地站在寺院的台阶上，享受这天赐的静谧和安宁；钟声悠悠，传来了寺僧们诵经的执着和虔诚；玉兔悬空、月辉倾泻，给整个仙游寺的山峰、竹木、殿宇、松柏、宝塔，统统笼上了一层薄绡，显得分外缥缈、空灵而神秘。一入其境，就把周至县尉白居易陶醉得不亦乐乎。以往，他只知道隋文帝崇佛，才选择了这方山清水秀的宝地建起了行宫，后又改作寺院；可没料想，距京城仅百里之遥秦岭北麓的这方处所，竟像天宫仙界，不由感叹不迭：“仙游寺、仙游寺，名不虚传、名副其实，人游若仙、快哉乐哉，不枉此夕、不虚此行！”。

白居易对仙游寺兴致大增，虽想再游，但总因繁忙琐碎的公务而无法成行。一次，他要去骆峪（仙游寺西侧 10 千米）执行公务，刚好从仙游寺旁路过，恰好邂逅挚友王质夫（王质夫乃布衣诗人，山东琅琊人，白居易的 30 年挚友，为其作诗多达 13 首），便与他同游。

这次白居易看到的却是白天的仙游寺，午后的秋日，天高云淡。排排大雁从头顶一呼而过，只剩下眼前画卷一般的山色，由深至浅，绵延不绝。他们二人策马扬鞭，欣喜若狂，迫不及待要赶往仙游古寺。解鞍下马，渡过芒水，往西便是一片金色的稻田。几个农夫正在田中精心耕作，一位垂钓的老翁手持钓竿，悠然自得，专心致志，一心只顾垂钓，漫随天上云舒云卷，一副镇定自若的神情。这时，白居易约来了好友陈鸿，他们三人一起到仙游寺中饮酒聊天，谈起了先皇唐玄宗与杨贵妃在长安以东的临潼骊山享尽人间无数奢华的往事，而一代国色天香的杨贵妃最终落得马嵬坡撒手人寰的悲惨下场，跌宕起伏的爱情故事如同史诗一般壮丽凄美，值得让人思考。爱情与战争漩涡的交织，让一代红颜作古，究竟谁是谁非，喋喋不休，世说纷纭。一个单薄的红尘女子绝命于兵荒马乱与国破家亡之间，让人感慨万千！王质夫借机对白居易说："夫希代之事，非遇出世之才润色之，则与时消没，不闻于世。乐天深于诗，多于情者也，试为歌之，何如？"（陈鸿《长恨歌传》）。白居易就在仙游寺内居住数日，写下了这首千古传诵的《长恨歌》，同时陈鸿作《长恨歌传》。正由于此，仙游寺更是声名大振。广为流传、气贯长虹的《长恨歌》成就了仙游寺的不朽佳话。

白居易还写有《送王十八（王质夫）归山寄题仙游寺》："曾于太白峰前住，数到仙游寺里来。黑水澄时潭底出，白云破处洞门开。林间暖酒烧红叶，石上题诗扫绿苔。惆怅旧游那复到，菊花时节羡君回。"(耳熟能详的美妙诗句竟然写于我的家乡周至仙游寺)。骚人墨客多喜欢这里清幽脱俗，常来仙游寺游览休息，相与酬唱，递作笙簧。岑参（唐代诗人）的《冬夜宿仙游寺南凉堂呈谦道人》中，仙游寺的山光水色如在眼前："太乙连太白，两山知几重。路盘石门窄，匹马行才通。""昨夜山北时，星星闻此钟。秦女去已久，仙台在中峰。箫声不可闻，此地留遗踪。石潭积黛色，每岁投金龙。乱流争迅湍，喷薄如雷声。夜来闻清磬，月出苍山空。空山满清光，水树相玲珑。回廊映密竹，秋殿隐深松。灯影落前溪，夜宿水声中。"(仙游寺的回廊有翠竹掩映，大殿隐藏于松树林中)。 文人士子大都喜欢寻着《长恨歌》的声韵踏进古寺，期望能找到诗人在这里激发出灵感的奥秘，仙游寺成了骚人墨客吟诗作赋、畅咏抒怀的绝佳之地了。

二、秀美终南山 精华仙游寺

仙游寺位于周至县城南17千米的黑水峪口，距西安80千米，位于秦岭北骊的浅山丘陵地带，这里四山环抱，芒水绕流，峰峦奇绝，甘泉飞瀑，是融合自然与人文景观于一体的著名旅游景点。相传秦穆公之女弄玉擅长吹箫，非通晓音律之人不嫁，后来与萧史成婚，二人吹箫，合奏仙曲，引来龙和凤，龙凤载着他们二人飞天成仙，故此地名为仙游。

仙游寺始建于隋文帝开皇十八年(598年)，称“仙游宫”。仁寿元年(601年)，杨坚为了安置佛舍利，于10月15日命大兴善寺的高僧童真送佛舍利至仙游宫建塔安置，改称仙游寺。唐大中年间(847—859年)，宣宗李忱将仙游寺拆建为三寺：黑河南岸的名仙游寺（亦称南寺），河北名中兴寺（亦称北寺），苏东坡《仙游北寺》诗中道“唐初传有此，乱世不留碑”。可见在宋代此寺就因水火而颓败了。另一寺也于宋以后的战乱中损毁。明英宗正统六年(1441年)，仙游寺由少数民族喇嘛桑加巴主持，到这时候，规模宏大，改叫普缘寺。此寺原有大雄宝殿、观音殿、地藏殿、尊贤殿、苏公藏符处、钟楼、鼓楼，当时殿内有泥塑、铜铸和木刻佛像多尊，均极精巧。到清康熙二年(1663年)，又重新募建寺院，恢复了仙游寺的原名。

至1998年，仙游寺保存有清代正殿3间，内有泥塑佛像，前檐东、西两墙画有哼、哈二将，正殿两侧有耳房，东、西两侧还有厢房6间，殿前有一口明代铁铸大钟。在正殿的西北约60米处，有隋代修建的法王塔。塔身7层，通高35米，底层每边长8.7米见方。法王塔的塔檐共7层，塔身逐层收分减高，叠涩出檐，形制属密檐式塔，塔身各层正南面各有一券门，塔刹已毁。法王塔的北面20米处，有一石条砌筑的明代喇嘛式逼水塔，四方形塔座，覆钵形塔身，上有石砌相轮。在正殿东面40米处，有一石砌喇嘛式塔，名为“普通塔”，四方形石座覆钵形塔身，塔刹基本完好。

仙游寺自隋朝建宫，至今已有一千四百多年的历史。它给我们留下了许多珍贵的历史文物古迹。颇有西安荐福寺小雁塔密檐式建筑风格的法王塔，线条柔和优美，是屈指可数的隋唐风格的古塔。历代著名诗人、书法家、画师，如王勃、卢纶、白居易、韩翃、吴道子、岑参、苏轼等都到过这里。“迁客骚人，多会于此；览物之情，得无异乎？”他们在此吟诗作画，舞文弄墨，留下了许多脍炙人口的诗篇和扣人心弦的逸闻趣事。不仅如此，仙游寺还是易守难攻，便于隐藏，且能快速进攻的军事要地，唐末黄巢起义、明末李自成农民起义等军队都曾驻扎于此。秀色可餐的风光景致、氤氲缭绕的谷间烟雾和奇峭险峻的山势地形，又给仙游寺笼罩了一层神秘的面纱（图 2）。

图 2　仙游寺及法王塔原址全景图，由北向南鸟瞰

无论古今，游人进入仙游寺周边，都能体验到仙游寺的美景，以诗词书画或建筑园林等不同的方式，表达了对美景的赞颂、对环境的认可，留下了许多历史记忆和艺术瑰宝。我们在为法王塔搬迁做环境评价时，对仙游寺的山水地势有了更深入的理解。

为西安人民提供了 70% 城市用水的黑河水库，由两条分水岭形成了大约 150 平方千米的汇水面积，这两条分水岭一条起源于西老君

图 3　仙游寺背靠四方台龙脉，面水而立

岭，一条起源于四方台（华山），两条分水岭跌宕起伏，夹持着黑河，在秦岭北边缘、仙游寺旁边形成交汇，形成了大“S”形的曲线水流，蜿蜒的黑河将分水岭分为南北两半，黑河南侧为高大的四方台山脉（图 3），山势突然陡板式下沉，在山脚下形成平缓的冲积扇，约有 100 亩[1]的农田。黑河北侧为西老君岭山脉，由西南方向逶迤而来，在仙游寺南麓低矮平顺，形成仙游寺盆地的“气口”，然后突然转弯升高形成顾盼回望老君岭的形状，回望的山势迫使黑河又弯向深山，再转折流向平原，形成了完整圆润的大“S”形，把两山分为南北两半。从仙游寺南侧山坡顶部看山水格局，如同太极阴阳图在地面的物化。古今文人都知道，山之北、水之南为阴，冲积形成的农田在陡峻的山峰脚下由宽渐渐变窄呈现为鱼形，仙游寺就坐落在阴鱼心脏部位，在阴鱼的阳眼部位，有独立高耸的法王塔，阴鱼的鱼眼为阳，阴中之阳为至阳。以人工建造的至阳之物“塔”配合阴鱼，巧妙地建在阴鱼的鱼眼位置，这个位置的选择和造型敲定，体现了古人对山水环境的理解，折射出中国哲学阴阳变化，达到终极平衡思想，也是对传统阴阳理论在空间形态方面的物化表达。

1　1 亩≈667 平方米。

更为巧妙的现象是在黑河之北岸，老君岭余脉之南坡平地之端，发现了一口井窖，村民夏季将瓜果放入冷藏。在距黑河不到 50 米，取水很方便，没有打井必要的地方，却发现了井窖，令人不得其解。事后看来这是阳鱼的阴眼位置，井窖是人造的极阴之处，正好配阳鱼的阴眼，阳鱼的阴眼“井”与黑河南岸阴鱼的阳眼“塔”相对应，构成自然山水阴阳平衡之中的人造至阴与人造至阳的对应与平衡。可见古人在大自然环境中因山就势选择景观，在最关键之点位，用少量的人工，建造最典型的建筑，配合自然阴阳，完善景观要素，提升文化内涵，构成天地一体、空间对应、阴阳平衡、时空有序、天人合一的理想世界（宇宙小模型）。古人以这样的方式写意山水、述情田园、契合天地、和合万物、成就大美，为我们留下了非常珍贵的景观美学遗产、丰富的人文思想和深刻的哲学理念。 古今文人雅士表现出对仙游寺风光的喜欢，更深层次是四山环绕，一水绕流，天地相合的局部环境高度契合了中国传统思维中理想空间的模式，并且表达了天人互动，阴阳平衡，兼济天下[1]的人生最高目标。这也许是仙游寺在一千四百年的历史长河中总能引人入胜的深层原因。

中国画风格千万，“画中唯山水最高”。山水画体现了中国人独特的思想文化、审美观念，承载着中国人文领域最深邃、最厚重的东方精神和家国情怀。中国画起源于魏晋，南北朝逐渐发展，在隋唐成为独立的画科，在宋元时期形成完备的理论。特别是北宋画家郭熙总结了传统山水景观在山水绘画美学中的表现方式，在他的《林泉高致》中首次提出中国传统山水画论的“三远”之说：“山有三远，自山下而仰山巅，谓之高远；自山前而窥山后，谓之深远；自近山而望远山，谓之平远。”

明代号称“江南四大才子”的著名画家唐伯虎于《六如居士画谱》中说道：“高远之势突兀，深远之意重叠，平远之意冲融而缥缈。”高远表现的是崇山峻岭，深远表现的是重峦叠嶂，平远表现远处山河一线之景。

郭熙（约 1000—1090 年），字淳夫，河阳温县（今河南孟县东），北宋画家。因为有了“三远”之说，成为绘画理论家。但是较北宋早

1 兼济．孟子·尽心上。

四百年的隋唐时期，在仙游寺周边 1 平方千米的范围中，“三远”理论对应的实物景观均有典型的呈现（图 4）。

图 4　仙游寺山水全貌图

仙游寺老址（现在已淹于水面之下）后面，看南侧狮山，既近又高，山势峥嵘，给人心理有压抑、被逼迫的感觉，令人产生敬畏之心、服从之意，是为高远之景，如图 5 所示。

仙游寺南望，重峦叠嶂，由深至浅，意韵深远，是为深远之境（仙游十景之一“九峰叠翠”），如图 6 所示。

5|6

图 5　仙游寺老址

图 6　仙游寺南望

仙游寺北眺渭河平原，视野宽阔，农田平坦，村庄毗连，远处为朦胧的渭河，是为平远之景，如图 7 所示。

图 7 仙游寺北眺渭河平原

郭熙的“三远”山水画理论，源于大自然的景致，是对中国传统山水画表现形式的高度概括和总结，在仙游寺周边约 1 平方千米的范围内，既能看到高山仰止之景，又能看到宽阔平远之景，还能窥视重叠深远之景，说明早在一千四百年前隋唐时期，选景筹建仙游寺之时，“三远”理论对应的实物景观，已经成为文人墨客心中的美学模式。山水实物景观高度契合了古代文人骚客的审美心理，因此，隋唐至今一千四百年间有 20 余位著名诗人，创作了近 40 首诗词，描写仙游的景观。随着时间的流逝，周边其他寺庙渐渐被埋没，唯独仙游寺几经兴衰保留至今，这间接地说明了这一美学模式，聚集了历代文人雅士的共同美好愿望，是他们给仙游寺添加了“生气”。隋唐以来皇家看好仙游寺的山水环境，考虑场地大小和距离，从都城长安出发官府驿马，一天可以往返，而且隐于群山之内，皇帝行踪秘密，住宿安全，百余亩农田能满足日常供养，在此地适合建行宫、立寺庙（唐末黄巢、明末高迎祥、清末曹沛都曾屯兵于此）。仙游寺占有大自然聚集的真山真水真园林，是我们理解古代文人审美、了解早期园林的天然大课堂。

三、仙游新寺藏四宝

千百年来，博大精深的佛法、名扬天下的仙游寺至今完整保留了凛然正气，仙游寺法王塔在 1996 年被列为全国重点文物保护单位，可它还是不得不让位于现代社会城市发展的需要。1998 年 10 月因黑河引水工程修拦河坝，法王塔不得不动迁。按照佛教礼仪，前一天晚上举行法王塔动迁礼佛会，各界信众200多人前来参加。礼佛会一开始，鞭炮声在幽静的山谷喧天动地。临时赶做的供奉着释迦牟尼佛像的神龛，旁书“峰冠紫气灵塔易地国宝光耀万代，川纳祥瑞古寺乔迁先佛永保平安”，横批“佛光普照”。随后由寺院主持果性法师焚香、化表、叩头。住持虔诚礼毕，那个曾雄踞于黑水河畔一千四百多年的法王塔从此易地，而仙游寺原址也只能在黑河水底销声沉默了（图 8）。

图 8　黑河金盆水库全景，2000 年建成，山后水面下 100 米深处为仙游寺旧址

仙游寺法王塔的搬迁，印证了“终南阴岭秀”的灵气。塔拆除过程中，考古工作者在法王塔的 2 层发现 3 枚舍利子，后又在地宫中发现了石函、金棺、琉璃瓶和 10 枚舍利子（图 9、图 10）。舍利子的出土印证了史籍，史籍记载隋文帝杨坚自小养育在冯翊般若寺，长大后返回杨家时，女尼智仙交给他一袋舍利子共 31 粒。601 年，他诏令全国 31 州建舍利塔分别供奉，同时入塔，包括西安仙游寺法王塔。如今其他 30 座塔及舍利子情况不明。法王塔中宫和顶出土的舍利子，印证了史籍记述的真实性。

1998 年 10 月，仙游寺原址所有文物建筑全部拆迁结束。随着法王塔的拆迁和地宫的开启，千年宝藏揭秘，发现的佛祖舍利和三方极为珍贵的碑石资料，人称“法王塔四宝”。

法王塔第一宝为佛祖舍利，为释迦牟尼灵骨。史料记载是隋文帝于仁寿元年所安置，共 10 枚，比大米粒略小，均为洁白透亮的结晶体，当为人类共同的精神财富。

9 | 10

图 9 仙游寺法王塔地宫出土的舍利子

图 10 塔二层中宫出土的金棺、舍利、琉璃瓶

法王塔第二宝为舍利塔下碑。碑约 57 厘米见方，厚约 10 厘米。双面刻文，亦称双面碑。一面为隋《舍利塔下铭》，112 字，内容为隋文帝于仁寿元年 (601 年) 为安置佛舍利敬造灵塔的记事。其文曰："维大隋仁寿元年，岁次辛酉十月辛亥朔十五日乙丑，皇帝普为一切法界，幽显生灵，谨于雍州周至县仙游寺奉安舍利，敬造灵塔，愿太祖武元皇帝、明元皇后、皇帝、皇后、皇太子、诸王子孙等并内外群官，爰及民庶，六道三涂，人非人等，生生世世，值佛闻法。永离苦空，同升妙果。"其书法自然质朴，大有魏碑遗风，瘦硬清寒而神气充腴（图 11）。

隋碑背面为唐《仙游寺舍利塔铭》，248 字，内容为唐开元四年至十三年重出舍利，维修佛塔的记事。其文曰："窃闻天宫敞而七宝明，舍利现而千光彻。八国争立，育王创迹而先置，万塔齐秀，优填忆而写容，实大雄之盛德，即众圣之医王者欤。无得而称，无言而述。此塔即大隋仁寿元年十月十五日置也。至大唐开元四年重出舍利。本寺大德沙门敬玄，道门苦节，远近谢其精诚，神机肃朗，合寺钦其高行乃眷彼前修。情深仰止，谨舍衣钵之资用崇斯塔。奉为开元神武皇帝、太子、诸王、文武百官，爰及含识，并同沾胜福，共结妙因。至开元十三年岁次乙丑十二月十五日甲子朔，庄严事毕，重入灵塔。其塔乃莹以丹青，饰以朱漆，致使固其天地，岿然独存。其铭曰，蜂台构毕，雁塔修工，天花随喜，地塔崇封。开元十三年十二月十五日下”。其书法楷中带行，气韵流畅，有一定的规范与法度，具有大唐文化的气度（图 12）。

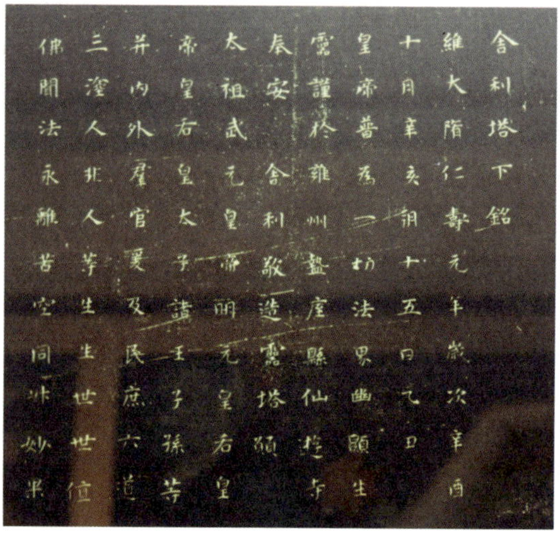

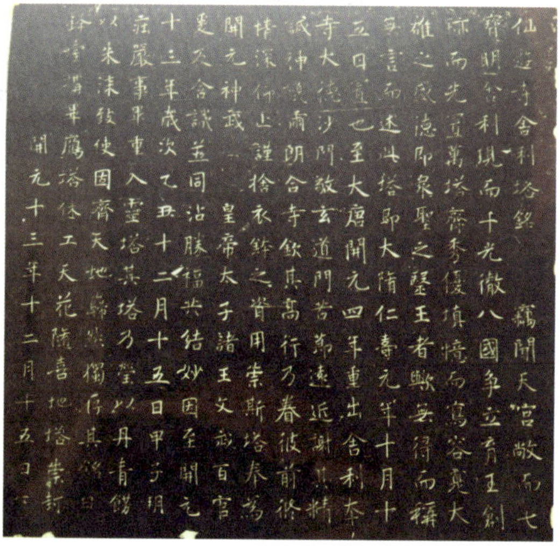

11 | 12

图 11　隋舍利塔下铭

图 12　唐舍利塔下铭

法王塔第三宝为地宫石函壁画。石函为奉安佛舍利之用。四周面长宽相等，各长约 58 厘米，宽 27 厘米，安放地宫正中，四面正对东、南、西、北方位，南为正，朝地宫石门。石函四周分别刻以人物画，均为乐舞场面，共 4 组，每组 2 人、3 人不等，共 10 个人物，有的吹奏乐器，有的手舞足蹈。有的手捧果品及香花，可视为礼佛场景。绘画笔法速写味较浓，线条简练流通放松，人体形态动作把握很准，体现了一种真实而动态的美（图 13）。

法王塔第四宝为吴道子画碑。此碑原藏于法王塔基座东侧，拆迁中发现。碑长 1.05 米，宽 0.55 米，厚 0.10 米。为横幅，刻以两个人物画像，一为吹箫，一为弹琵琶。吴画虬须云鬓，数尺飞动，人称“吴带当风”。宋嘉祐七年（1062 年）苏东坡来仙游寺，他见法王塔南、北两侧逼风塔和逼水塔上镶有吴道子画碑16方，苏轼既叹其神妙，又悲不为世人所识，题记曰“非吴道子莫能至。”后经战乱，画碑失踪。吴道子为唐开元时代人，他的画碑为开元年间维修塔时，由佛弟子刻制，用于供养佛塔，地宫唐碑有“莹以丹青”的话。此碑应视为后代唯一保留的吴道子画碑，藏于塔体基座，得以保存一千多年（图14）。此碑具有非常珍贵的文物价值和艺术价值。

法王塔地宫石函四周礼佛图拓片

图13　石函礼佛图拓片

吴道子乐伎演乐图碑拓片

图14　塔下石碑线刻的“乐伎演乐图”碑拓片（经苏东坡鉴定“非吴道子莫能至”）

关于以上碑石资料的发现，意义非凡，不但是隋代修塔的史证，对于研究我国隋唐时代的书法绘画也是不可多得的珍贵资料。1998 年 11 月，仙游寺文管所所长王殿斌带着碑石拓片，去北京与乡友周明分送我国当代有关名家赵朴初、季羡林、罗哲文、黄苗子、范曾等。诸位大家均认为法王塔地宫佛舍利及有关碑石书画文史资料的发现为一件盛举，是一次伟大的发现。不久之后冯其庸（红楼梦研究所所长、中国艺术研究院副院长、著名艺术家、书法家）先生来仙游寺，王殿斌以碑石拓片相赠。

对于法王塔地宫佛舍利及碑石的发现，冯其庸先生的评价为："己卯三月二十八日，予与友人房、张同游仙游寺。此唐白乐天作《长恨歌》处也，事见陈鸿《长恨歌传》。寺建于隋开皇间，至今已一千四百年传载。近因避水患，迁至近旁高地，因得启法王塔地宫乃见佛祖舍利。此继法门寺佛祖真身灵骨之重现，为又一大盛事也。其佛骨舍利次第现世，实国家昌盛祥和之征也。地宫中有石函，因此咸刻乐舞人物，则隋唐画风也。塔基东侧复得吴道子人物石刻一件。吴道子为开元间人，此塔于开元间维修，则真道子原笔之所刻也。道子真迹世已无存，今重出此刻，无异重见道子真画，且东坡已有题评云：'其顾瞻俯仰睢盱哆冶之状，非吴道子莫能至。'又云：'道子实雄放浩如海波翻，当其下手风两快，笔所未到气已吞。'此画恰如其评。又世云：'吴带当风'。此刻'吴带'之最也。地宫藏隋碑舍利塔下铭，碑为典型之隋代书法，且刻手高妙而未经摩拓，故字口生辣，笔锋刀锋两锋俱存，较之曾经摩拓而失去锋棱者，不可以道里计也。隋碑背面之唐舍利塔铭，以行书入碑，此太宗温泉铭之遗也。且书体极似温泉铭。其'无'字、'崇'字则宛然兰亭圣教。此亦太宗崇尚王字之遗风也。予一日而得拜观四宝，实生平之大幸也。为之欣喜无量，感谢莫名，因拜题所盛云尔。己卯三月三十日宽堂冯其庸拜题于京东且住草堂，是年七十又七。"

冯先生笔端生花，以上500多字的文章，对“法王塔四宝”做了很高的概括性评价，肯定了它的历史文化艺术价值，书文俱佳。书体如行云流水，光彩夺目，当为仙游寺文史中一件艺术珍品，我们将和其他名家题书一起刻石留芳，传之千秋[1]。

迁移重建的隋代法王塔及文物管理所如图15所示，迁移重建后的法王塔近景如图16所示。

15 | 16

图15 迁移重建的隋代法王塔及文物管理所

图16 迁移重建后的法王塔近景

一千四百多年过去了，每次走进仙游寺，总会让人久久驻足，思索着那个让人魂牵梦萦的仙游寺，思索着诞生于此的伟大诗作《长恨歌》，它留给了我们太多的印记，需要慢慢去挖掘。然而，唯一不变的是滔滔不绝的黑河，它始终在向前奔流的进程中不断刷新着人们的记忆。仙游新寺规划建设如图17所示。

1 王殿斌.浮屠探秘。

图 17　规划中的仙游寺

02 唐长安禁苑——概况

秦建明 张亚军 李 卫

唐长安禁苑，是中国古代著名的苑囿，它形成于隋朝建国之初，伴随着隋唐两代王朝，兴盛了数百年之久。唐代的首都长安，大气磅礴，辉煌壮丽，曾是世界上的名都。长安城北的禁苑，殿宇相望，花团锦簇，可以说是这座都城一座巨大瑰丽的后花园。但这处皇家名苑，也随着唐王朝的终结而荒废，最终消失于历史之中。唐王朝灭亡于907年，也就是说，唐禁苑离我们而去，已经有一千一百多年了。

千年之后，我们再来回看禁苑，感受其历史文化、园林艺术，或许别有所获。(图1)

古代帝都之旁，多划有一定面积的帝王直接管辖区，以供天子游猎和其他特殊用途，这种区域，即为苑囿。隋初承北周之旧，定都于长安故城，于城东置大兴苑，后移都大兴城，遂以大兴城北与汉长安故城为大兴苑。《长安志》曰："禁苑，在宫城之北。隋曰大兴苑，开皇元年（581年）置。"[1] 唐都长安，继承隋制，保留了城北隋大兴苑，并更名为"禁苑"。唐禁苑是首都长安一处最大的皇家苑囿，因其中又包含东内苑、西内苑两个小苑，故也称为"三苑"。

---

1 宋敏求．长安志（卷六"宫室"下）。

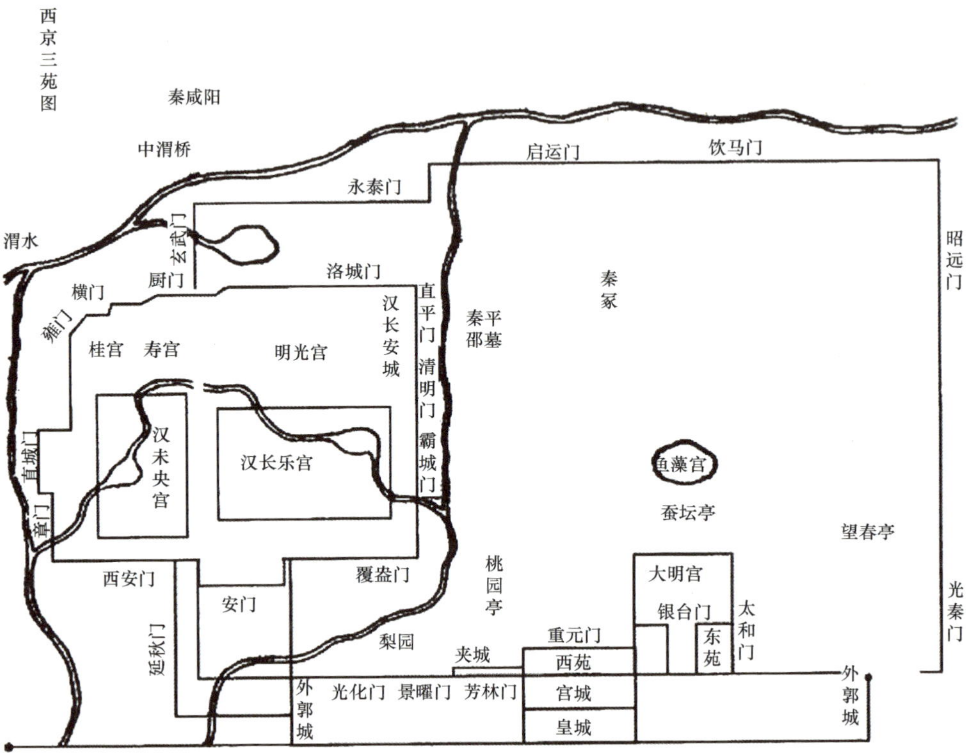

图1　《唐两京城坊考》中的“西京三苑图”

隋唐时期，都以洛阳为东都，洛阳城旁，也设有一处规模宏大的禁苑，等级与长安禁苑相同。长安城之禁苑当为“长安禁苑”，洛阳城之禁苑则可名为“洛阳禁苑”。（本文中凡称“禁苑”者，未注明其地者，皆指长安之禁苑。）

古代的苑囿，并不完全等同于后代的园林，它还具有许多园林之外的功能。在这方面，与唐长安禁苑相关的历史文献较全面地展示了这处皇家苑囿的功能。

唐禁苑位于长安城北，其范围颇大，北至渭河，南抵长安城北郭墙，东达浐、灞，西含汉长安城。估计唐禁苑的总面积，约在一百二十平方千米以上。《旧唐书·地理志》记载：“禁苑，在皇城之北。苑城东西二十七里，南北三十里，东至灞水，西连故长安城，南连京城，北枕渭水。苑内离宫、亭、观二十四所。汉长安故城东西十三里，亦隶入苑中。”[1]《长安志》说禁苑范围：“东接灞水，西接长安故城，南连京城，北枕渭水。苑西即太仓，北距中渭与长安故城相接，（长安故城）东西十二里，南北十三里，亦隶苑中。”[2]（图 2）

宋人吕大防之《长安图记》曰：“禁苑广二十七里，纵三十里，东一门，南二门，北五门。西内苑广四里，纵二里，四面各一门。东内苑广二百五十步，纵四里九十五步，东一门。”[3]

唐时禁苑，设东、西、南、北四监管理之，名为“四面监”，四监之上，又有总监。《长安志》曰：“苑中四面皆有监，南面长乐监，北面旧宅监，东监，西监，分掌宫中植种及修葺园苑等事。又置苑总监领之，皆隶司农寺。”[4]苑监在苑内有办公的官廨。

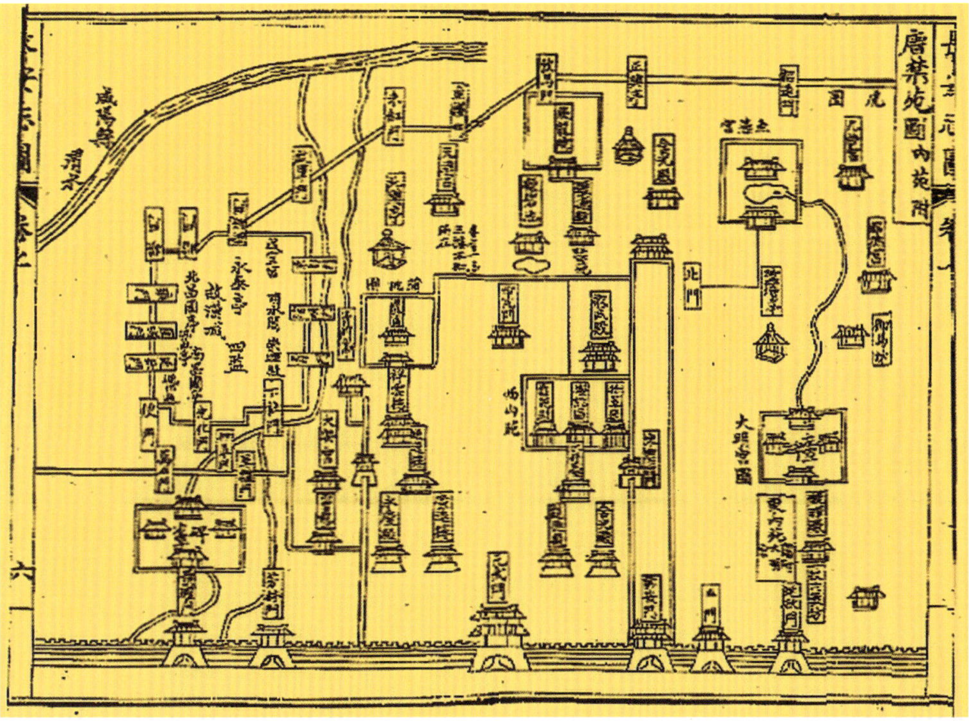

图 2　《长安志图》中的唐禁苑图

1 旧唐书·地理志，中华书局本，1394。
2 宋敏求．长安志（卷六“唐禁苑”）。
3 云麓漫抄（卷八所引《长安图记》）。
4 宋敏求．长安志（卷六“唐禁苑”）。

《唐六典》记载了京城长安与东都洛阳的禁苑管理机构构成："京、都苑总监：监各一人（从五品下），副监一人，丞各二人，主簿各一人。录事各二人，府各八人。史各十六人，典事各六人。亭长各四人，掌固各六人。"[1] 其下属四面监官吏如下："京、都苑四面监，监各一人（从六品下），副监一人，丞各二人，录事各一人，府各三人。史各六人，典事各六人，掌固各六人。"[2] 同时也记载了诸监的职责："苑总监掌宫苑内馆园池之事，副监为之贰，凡禽鱼果木皆总而司之。凡给总监及苑内官属，人畜出入，皆为降差之数。"[3]"四面监，掌所管面苑内宫馆园池与其种植修葺之事，副监为之贰，丞掌判监事。"[4]

古时这种苑囿，就是帝王的私地，如汉时的上林苑归皇室少府管辖，收入与国库有别，隋唐禁苑也有这种性质。禁苑也是皇家的机动用地，许多新规划的宫馆也可以在此布局。如隋太子在苑中建有一城，初唐所建大安宫、大明宫都起建于禁苑之中。

唐长安城的腹心重地皇城、皇宫及大明宫等皆分布在城北部，这一带地势低平，乏险可守。特别是大明宫，建于长安城之外，背对渭河，北方防御是一重大问题。如安史之乱，长安为叛军占据，唐军崔光远部即自西北方向攻进入禁苑。

长安城北部设置皇家控制的禁苑，构筑有绵延的苑墙，无疑为唐帝国的中心增加了一道重要的屏障和缓冲之地。唐禁苑东有浐、灞，北有渭水，西界皂河，这几条天然河流，有如环绕苑墙的护城河一般。其内则驻有神策、羽林等大量禁军，镇守京城北方。所以从广义上看，禁苑实质上也是长安城的一部分，只不过其中是以皇家园林为主而已。

禁苑内分布有许多以游乐为主的宫馆园池，文献记载此处"苑中宫亭，凡二十四所"。可以说有二十四处建筑群。唐代官贵的宅院山池，

1 唐六典（卷十九），中华书局版。
2 唐六典（卷十九），中华书局版。
3 唐六典（卷十九），中华书局版。
4 唐六典（卷十九），中华书局版。

已经异常精美，以皇家的财力人力营造出的景观建筑，比之官贵的山池，更为上乘。所以，禁苑中这二十多处皇家宫馆园池，应当是唐代园林中的代表作。

唐对禁苑的营造不断，唐高祖于中起弘义宫（后改名大安宫），继之太宗也在禁苑起殿阁。《新唐书·姜行本传》："贞观中，为将作少匠，护作九成、洛阳宫及诸苑御，以干力称，多所赉赏，游幸无不从，迁宣威将军。"

唐敬宗性好土木，在苑中大起工程，"自春至冬，兴作相继"，参加工程的总人数没有记载，但宝历二年（826 年），一次就"减放苑内役人二千五百"。穆宗时，苑内也有景观工程，元和十五年（820 年）秋，"苑内假山毁，压死役者七人"，假山倒塌，一下就压死这么多人，那座假山高大的规模，由此可以窥其一斑。可见，除了块石、土上置石、层层叠石的假山外，架空设洞的大型假山在苑内也有存在。

唐人对于假山的营建很是痴迷，许多园林就叫"山池"，似乎无山无池，就不算园林。不仅如此，对于假山的品鉴欣赏，营构技巧，也非常讲究。唐诗中有大量关于山池的景观描写，就是这种状况的反映。故禁苑之中，必然分布有许多大大小小的假山与景观水池。

苑内地域广大，建筑群之间，疏朗辽阔，其间芳草萋萋，花树杂陈，池沼中鱼跃鸟飞，林莽间野兽出没。苑中还有大群马匹、鹿群，有远方各地入贡的珍奇异兽，还驯养有可以表演和观赏的禽兽。所以，这一禁苑，也如同皇家的动物园，具有古代囿的性质。实际上，禁苑也是皇帝狩猎演习、放鹰纵犬的猎场。

禁苑内大量的园池，不仅仅是游览之所，也是生产之地，园有果蔬，池有鹅鱼，果蔬鹅鱼，皆可以供应宫中，成为宫廷果蔬禽鱼的生产基地。苑总监掌宫苑内馆园池之事，副监为之贰，凡禽鱼果木，皆总而司之。开元二十八年（740 年）春，"两京路及城中苑内种果树"，苑中拥有梨园、葡萄园、桃园等许多果园，这一点，又体现出禁苑有可以“奉郊庙、御宾客、充庖厨”的园圃生产功能。

禁苑有漕渠东西贯通，也有几条南北向的渠道，以资运输。苑内设有太仓等大型国家粮仓，还蓄有薪炭等物资，以保障首都粮食供给和宫廷官府燃料。《新唐书·地理志一》记载：“大历元年（766年），尹黎干自南山开漕渠抵景风、延喜门，入苑以漕炭薪。”苑内也有藏冰之井、养马之厩与蓄草料之所。

广阔的禁苑之内，还有许多农田，有官员专门管理生产。《旧唐书·武士棱传》说士棱“勤于稼穑。从起义，官至司农少卿，封宣城县公。常居苑中，委以农囿之事。贞观中卒。”628年夏，京畿大旱，庄稼发生蝗虫之害。唐太宗亲自在苑中捕蝗，说明这次蝗灾，也危害到禁苑中的庄稼。

苑中除了这些农田，还有属于军队的营田，设有营田使。《新唐书·严郢传》“宰相杨炎请屯田丰州，发关辅民凿陵阳渠，郢习朔边病利，即奏：‘旧屯肥饶地，今十不垦一，水田甚广，力不及而废。若发二京关辅民浚丰渠营田，扰而无利。请以内苑莳稻验之。’”这是建议在禁苑开辟水稻试验田，进行种稻试验，可见苑中还可以种稻。《旧唐书·玄宗本纪》记开元二十二年（734年）夏，玄宗带领太子等在苑中种麦，“谓太子等曰：‘此将荐宗庙，是以躬亲，亦欲令汝等知稼穑之难也。’因分赐侍臣，谓曰：‘比岁令人巡检苗稼，所对多不实，故自种植以观其成；且《春秋》书麦禾，岂非古人所重也！’”

禁苑是皇家之苑，其中园林众多，树木丰茂，应当有许多名花异草，珍果奇木。隋炀帝营建洛阳，“采海内奇禽异兽草木之类，以实园苑”。虽然记载的是洛阳之园苑，但隋时大兴之园苑，营建之法，与东都之苑并无二致。所以此苑，在隋时已有许多奇禽异兽罕见草木之类。加之唐时不断地添加充实，禁苑之花树果木等品种当更加繁多。如《旧唐书·苏良嗣传》就记载：“高宗使宦者缘江采异竹，将于苑中植之。”另外，宫廷需求的一些蔬菜，应当也于苑中生产。

唐人好赏花，长安名花甚多，而赏花之诗更是大量存留。皇家御苑，当不乏名花异种。传说武则天曾有催花诗：“明朝游上苑，火急报春知。花须连夜发，莫待晓风吹。”于是凌晨，苑中名花尽开。唯有牡丹不奉命，被武则天贬往洛阳。虽是传说故事，但苑中名花众多，却是实情。高宗时，后苑有异花双头牡丹，上官婉儿赋诗称：“势如连璧友，心似臭兰人。”唐中宗入苑春游看花，上官婉儿亦赋诗曰：“密叶因裁吐，新花逐剪舒。”

但苑中花树，也有遭灾之时，如德宗兴元元年（784 年）秋，关中“螟蝗蔽野，草木无遗”；次年即贞元元年，秋时大旱，井中无水，蝗灾复起，关中蝗食草木都尽。当时，“蝗自海而至，飞蔽天，每下则草木及畜毛无复孑遗，谷价腾踊”；贞元十二年（796 年）冬，长安大雪，平地深二尺，不但德宗珍爱的远国所献犀牛冻死，大批竹子、柏树，是冬亦死。元和十五年（820 年）九月，长安“大雨兼雪，街衢禁苑树无风而摧折、连根而拔者不知其数。”[1]

战乱时禁苑中的植物也会受到破坏。隋末唐军围攻大兴城，为造攻城器械，周边竹木遭到大量砍伐，近在咫尺的禁苑，难逃其厄。《旧唐书·刘世龙传》记高祖初入长安，“时草创之始，倾竭府藏以赐勋人，而国用不足，义节进计曰：‘今义师数万，并在京师，樵薪贵而布帛贱。若采街衢及苑中树为樵以易布帛，岁收数十万匹立可致也。又藏内缯绢，匹匹轴之，使申截取剩物，以供杂费，动盈十余万段矣。’高祖并从之，大收其利。”苑中残存树木，又一次被当做柴火大量砍伐出卖，备受摧残。《新唐书·朱泚传》记朱泚守长安，“取苑中、六街大木为冲车，程役苦甚，人不堪”，此役不知禁苑之中，多少老树大木被伐。

唐禁苑作为皇家苑囿，功能众多，建筑宏丽，其中，也发生过许多重大历史事件，具有较大的历史影响。对于这一遗址，文献资料有限，

1 旧唐书·五行志。

传世的地图像元“唐禁苑图”比较粗糙，宋时吕大防经过踏勘测量绘制的地图，虽然精确，但却残毁，仅存局部。对于禁苑遗址，考古研究展开不多，目前许多地区已为现代建筑覆压，诚为可惜。

本文主要依据文献资料，并结合部分考察，对其全貌进行大致的勾勒介绍，只希望这一历史名苑，能得到世人的进一步重视。

一、隋时禁苑

隋建国初，都长安故城，于城东置大兴苑，后移都大兴城，以大兴城北与汉长安故城为大兴苑。《长安志》曰：“禁苑，在宫城之北。隋曰大兴苑，开皇元年（581 年）置。”[1]

隋文帝好于大兴苑驰射耀武，见史载的即有数次。《北史·文帝纪》记载：隋文帝开皇四年（584 年）正月，“梁主萧岿来朝”，随后，文帝即“大射于北苑，十日而罢”，这种苑中十日大射，既是练兵演武，也是对敌国的一种威慑。

《北史·韩禽传》记有隋文帝灭陈后，于大兴苑中射垛分赏事：“大军之始出也，上敕有司曰：‘亡国物，我一不以入府，可于苑内筑五垛，当悉赐文武百官大射以取之。’及是，上御玄堂，大阵陈之奴婢货贿，会王公文武官七品已上，武职领兵都督已上，及诸考使以射之。”当时的大兴苑中，有“玄堂”建筑。

《北史·元寿传》记载：“（隋）文帝尝出苑观射，文武并从。”“銮舆徙跸，亲临射苑，开府仪同三司萧摩诃幸厕朝行，预观盛礼。”这又是一次隋文帝入苑观射之礼，而且是朝中文武并从的盛大典礼。

《北史·废太子勇传》记载：杨广一直盘算取代杨勇的皇太子地位，指使姬威出面告太子非法，隋文帝使威尽言。姬威说出了数条皇太子

1 宋敏求．长安志（卷六“宫室”下）。

罪状，其中一项是“于苑内筑一小城，春夏秋冬作役不辍，营起亭殿，朝造夕改。”虽姬威是出于其他目的对太子杨勇进行攻击，但必有事实，方敢向文帝告发。太子在苑中既筑城，又营宫室，这算是隋代在禁苑建设留下的一点历史信息。

《北史·王劭传》记隋文帝文献皇后升遐后二日，“苑内夜有钟声二百余处”。

图3 长安图

二、垣墙诸门

禁苑虽然地域广阔，依然设有墙垣，绵延百里，工程亦巨。汉代的上林即有苑墙，隋唐禁苑绕以垣墙，可谓一种传统，有了垣墙，也便于管理。唐禁苑南垣，一般认为全是借用隋唐长安城北墙，但吕大防《长安图》上，西内苑南至汉长安城东南一段，还绘有一段苑墙。禁苑西侧大约以皂水和汉城西墙为界，北侧墙垣西段利用了汉城北墙，东段沿渭水南岸向东北延伸，东面则以浐、灞西岸为界，亦有垣墙。朱泚之乱，李晟自渭北反攻京城，移师渭南，列阵于禁苑光泰门外，派遣骑将史万顷往神麚村，破东苑墙二百余步。失去了苑墙之屏障，朱泚之军为了防御，只好树栅挡之。可证苑墙有一定的军事防御能力，故唐军进攻前，先行破坏苑墙二百余步。

禁苑垣墙之上设门多处，苑东、西各设二门，南、北各设三门。《长安志》记载了禁苑各门之位置与名称："南面三门，中曰景曜门，东曰芳林门（隋曰华林门），西曰光化门。东面二门，南曰光泰门（其地今名为广大门村），北曰昭远门（在今之北辰村附近）。西面二门，南曰延秋门（即汉长安城之章城门，今之雁雀门村），北曰玄武门（即汉长安城之雍门）。北面三门，中曰启运门，一曰苑北门，东曰饮马门，西曰永泰门（即汉长安城之厨城门）。"[1]

禁苑南侧西部设三门，东部很长一段，却无苑门。盖东段有太极宫与西内苑相通，有大明宫与城内相通，这一区域皆为宫禁重地，故无苑门。

《长安志》同时记述了处于禁苑南部的苑中苑"内苑"，即后来的"西内苑"各门之位置与名称："启运门之南有内苑。北曰重元门，东曰东云龙门，西曰西云龙门。"文中特别强调临渭之处的苑北门启运门，其南即内苑的重元（玄）门，有可能两门南北相对，处于一条轴线之上。

这些苑门，控制颇严，甚至要以符节出入。另外，许多历史事件也与苑门有关。安史之乱中，唐玄宗由禁苑西侧之南的延秋门出逃西行。《新唐书·朱泚传》记建中四年（783年）秋，泾阳军叛乱，兵至丹凤门，德宗连夜从苑北门逃至咸阳。史称"帝（德宗）出苑北门，羽卫才数十，普王前导，皇太子、王韦二妃、唐安公主及中人百余骑以从，右龙武军使令狐建以数百人殿。"出苑北门，当夜能逃至咸阳。由此观之，禁苑北门即启运门之外，渭河上或有津梁，可以通往渭北。"启运"二字，又似与码头运输有关，或其地为渭河运输与禁苑间的交通要地。

唐禁苑东侧南门为光泰门，东距浐河不远，此门因环境特殊，曾经发生多次战事。光泰门大致处于今日西安城东北广大门村一带，"广大门"或即光泰门之讹。村北旧有一庙，即名广泰庙，庙中古柏森森，传说是唐初修建的崔判官庙，其庙名似乎与此门有一定关系。广大门

1 宋敏求．长安志（卷六"唐禁苑"）。

村地形特殊，处于龙首原龙脊之上。龙首原自南向北逶迤而来，至此转而西折，向大明宫、未央宫一带伸延。占据该地，对于东方、北方来敌，皆有居高临下之利，可扼长安东北要害。

朱泚之乱时，朱泚占领长安，即委重兵防守此门。唐将李晟自渭北反攻京城，移师渭南禁苑光泰门外，与朱泚军于光泰门对峙。朱泚军主动出击唐军，不意失利，反被唐军追击，攻入光泰门。《唐书》记载："贼来薄，我军争夺击，大败之，蹙入光泰门，斩馘数千计，贼党恸哭而入白华。戊辰，列陈于光泰门外。"《新唐书·黄巢传》记唐军攻长安，亦从此门攻入："诸节度兵皆奋，无敢后，入自光泰门。"

禁苑中还有一"龙厩门"，不在上门之数。杜甫诗有《秋日夔府咏怀奉寄郑监李宾客一百韵》中曰："即今龙厩水，莫带犬戎膻。"句下自注曰："西京龙厩门，苑马门也。渭水流苑马门内。"此渭水即引渭之水，唐自长安西北引渭，东流穿越禁苑，于望春宫下穿浐越灞，注灌漕渠，东可达潼关，入于黄河。自汉至隋唐，多引渭入漕，穿过此地。龙厩门位置不详，也许是禁苑西侧的一处水门。禁苑中还有养殖御马的飞龙院，其旁有骥德殿，皆在大明宫北。古代帝王出行，乘骑车驾皆是上乘好马，如玄宗之"玉花驄""照夜白"等，这些名马神骏，平日均养于其地。马厩之旁，还堆有众多草积，作为御马饲料。开元年间，飞龙苑曾失火，《旧唐书·五行志》记载：元和十一年十二月"未央宫及飞龙草场火，皆王承宗、李师道谋挠用兵，阴遣盗纵火也。"

骥德殿建于马厩之旁，从其殿名看，应当也与马政有关，或许此殿是供奉马神之殿。此地或许与禁苑东北的饮马门相近。

禁苑之门，其上应当皆有门楼。因与宫殿重地相关，故防卫亦很严密。

三、禁苑渠桥

唐禁苑内纵横有数条河渠，如东西向有引渭之漕渠，南北向则苑东有引浐之龙首渠，西有从长安城流入苑内的清明与永安渠。这些渠道，纵横支分，不仅是禁苑的运输水道，同时也是禁苑田园的灌溉用水与景观池沼的水源。

宋人吕大防之《长安图》说到长安城之渠道时曰："以渠道水入城者三，一曰龙首渠，自城东南导浐，至长乐坡，酾为二渠，一北流入苑，一经通化门兴庆宫，由皇城入太极宫。二曰永安渠，导交水自大安坊西街入城，北流入苑注渭。三曰清明渠，导坑水自大安坊东街入城，由皇城入太极宫。"[1] 由此可见这些渠道，多与禁苑有关。

苑内漕渠自汉至唐，或通或断，开辟这条漕渠，主要为船运粮食，以保证京城的供给。秦时关中粮食即不足用，从东方经渭河向咸阳运粮。汉时因渭河水浅，不能保证行船，故在渭水南岸，开辟了一条运粮渠道，名曰漕渠。其上游水源或出渭水，或出昆明池。至隋开皇年间，复开漕渠，《隋书·食货志》记载："命宇文恺率水工凿渠，引渭水，自大兴城，东至潼关三百余里，名曰广通渠。转运通利，关内赖之。"《隋书·郭衍传》亦记曰："引渭水，经大兴城北，东至于潼关，漕运四百余里。"这条渠道，或名富人渠。因旧渠易废，至唐代，再次开辟漕渠，《旧唐书·韦坚传》记载："天宝元年（742 年）三月，擢为陕郡太守、水陆转运使。自西汉及隋，有运渠自关门西抵长安，以通山东租赋。奏请于咸阳拥渭水作兴成堰，截灞、浐水傍渭东注，至关西永丰仓下与渭合。于长安城东九里长乐坡下、浐水之上架苑墙，东面有望春楼，楼下穿广运潭以通舟楫，二年而成。"

长安城北汉唐漕渠之东段，皆行于龙首原之北，东入浐、灞。唐《水部式》中规定："诸州运船向北太仓，从子苑内过者，若经宿，船别留一两人看守，余并辟出。""辟出"当为"避出"之误。这一规定，就是专门针对穿越城北禁苑内那段漕渠而设。

另一条龙首渠则自长安东南的浐河引入，也进入禁苑，流注大明

1 云麓漫抄（卷八所引《长安图》）。

宫与东内苑。《新唐书·地理志一》载："大历元年（766年），尹黎干自南山开漕渠抵景风、延喜门，入苑以漕炭薪。"此渠自南而北，穿越京城，阔八尺，深一丈，可以行船，主要因京城人口众多、薪炭供应不足而开。黎干开渠通航之日，代宗曾亲自登临安福门观看。

这些渠道，令当时的长安城内与禁苑之中，水流清清，船行悠悠，有若江南。而今日西安，几成无河之旱城，与古长安差异甚大。杜甫诗写李白醉卧长安，"天子呼来不上船"，长安行船这种风景，的确让后人难以想象。

图4 敦煌壁画中的墙垣

诸多水渠，给苑中开辟湖池创造了条件，禁苑中的湖池，应当有不少。这些湖池，也吸引了一些鸟类，成为鸟类的乐园。《闫立本传》记载："太宗尝与侍臣学士泛舟于春苑，池中有异鸟，随波容与。太宗击赏，数诏座者为咏，召立本令写焉。"阎立本是大唐第一画手，奉诏之后，奔走流汗，赶至现场，俯伏池侧，在帝王与大臣的注视下，手挥丹粉，立时完成池中水鸟的写生。

这些渠道，与苑内道路相交，必然要建有一些桥梁。汉长安故城各门外，就有跨濠之桥。宫苑中有些湖池，也当有一些景观桥梁存在。《长安志》记禁苑“有青城、龙鳞、栖云、凝碧、上阳五桥”[1]，这五桥，可能只是禁苑中规模较大或者精美之桥梁，但这些桥的位置与具体情况，颇难考证。其中的凝碧桥，或与凝碧池有关。

四、苑中禁军

汉时帝王京城守卫，分南北军。这一制度，为后代仿效，唐代长安禁卫部队，也分为南北军，南军是天子诸卫，北军即禁军。唐代的禁军，大多驻守于长安城北的禁苑中。

唐初，国家中枢处于太极宫，即屯重兵于宫北禁苑，曰北卫七营。贞观九年（635年），驸马都尉阿史那、社尔典卫屯兵于苑内，时设为北门左、右屯营。北门左、右屯营至高宗时，更名为左、右羽林军。后又将骑兵部队左、右万骑营改为左、右龙武军，这四支精兵，皆驻禁苑之中，号为“北门四军”。

《旧唐书·王毛仲传》记载：“及玄宗为皇太子监国，因奏改左右万骑营为龙武军，与左右羽林为北门四军。”

至唐肃宗，又置左、右神武军，也驻苑内，合前四军，谓之“北衙六军”。永泰年间，又有左、右神策军进驻苑中，加上前六军，苑中精锐部队达到八支，形成对都城与宫城北部的严密护卫。实际上，长安城北，还不止这些武装，若加上左、右神威军，则有十军。这些军队，每支设有将军一名，每两军设一名大将军。

太极宫北的西内苑，一直是驻守重兵之处，其有左、右营门，禁军即屯驻于苑之左右。大明宫建成后，作为唐帝国的政治中枢，孤悬城外，实处险地，驻以重兵，方能防御。《长安志》记载了大明宫外

1 宋敏求．长安志（卷六“唐禁苑”）。

之驻军："太和门外之北，从西第一曰左羽林军，第二曰左龙武军，第三曰左神策军。以上左三军。九仙门外之北，从东第一曰右羽林军，第二曰右龙武军，第三曰右神策军。以上右三军。"[1] 大明宫北门亦名玄武门，德宗造门楼，外设两廊，持兵宿卫，谓之北衙。《旧唐书·职官三》记载："永泰元年（765 年），吐蕃犯京畿，朝恩以神策兵屯于苑中。自是，神策军恒以中官为帅。"

按《长安志图》所附"唐禁苑图"，左、右神策军则分驻苑中东、西。所以，唐代禁苑，也算是一处大兵营。帝王除了校猎演武之外，有时也会到这些军营中进行视察，看望将士，收揽人心。

永泰元年（765 年）八月，吐蕃党项羌等入侵关中，逼京城。诸将分守阻敌，唐代宗"亲率六军屯苑内"。

至此，便可以发现：以太极宫而论，宫城北部驻有守卫皇宫的重兵，禁苑与皇宫中间的玄武门，是宫中与禁苑部队连通最便捷也是最重要的通道。李世民政变，起自宫中玄武门内，及斩建成、元吉，其党来攻玄武门，兵锋甚盛。张公谨有勇力，独闭门以拒之。时有掌屯营兵于玄武门的骠骑将军敬君弘，死守玄武门，切断了太子建成部下与禁苑中军队的联系。扼守玄武门，不使北军入内，挟天子以令诸侯，是李世民政变成功的要害。

唐李隆基政变，则是先行控制了禁苑，然后夺取玄武门，攻入宫中。李隆基当夜率数十人自苑南入，禁苑总监钟绍京带领苑中户奴及丁匠，手持刀锯，参加行动。早已成为李隆基心腹的左、右万骑营作为主力，先攻下玄武门，然后攻白兽、玄德等门，斩关而进，左万骑自左入，右万骑自右入，攻入宫内，杀死韦后与其党羽，政变成功。

禁军中的龙武军，官兵多用功臣子弟，待遇颇高，驻于苑内，军中安逸。所以，长安许多富贵家庭子弟，为避征发徭役，都甘愿送钱

1 宋敏求．长安志（卷六"唐禁苑"）。

走后门，混入这支部队。这支队伍人数也就逐渐膨胀。《旧唐书·王毛仲传》记载：“长安良家子避征徭，纳资以求隶于其中，遂每军至数千人。”这样的队伍，战斗力必然减弱。唐代后期，禁军还常常为宦官掌控，此时禁军也越发贵族化，虽锦衣玉食，甲胄鲜明而实不堪一击。《新唐书·黄巢传》记载，黄巢大军西向潼关时，朝廷派禁军守关，“然卫兵皆长安高赀，世籍两军，得禀赐，侈服怒马以诧权豪，初不知战，闻料选，皆哭于家。”这些平日作威作福的禁军，到了真正让上前线，真刀真枪厮杀时，就吓哭了。

苑中既有大量驻军，也就有营房马厩，营田草莱，以维持军用。天宝八年（749年）以王鉷“兼充闲厩使及苑内营田五坊宫苑等使”。

五、畋猎之地

周代天子有四时田猎之礼，曰春搜、夏苗、秋狝、冬狩，其中，特别注重秋天之猎。这种狩猎，主要用于训练部队作战，展示天子权力，耀武扬威。后世帝王，虽然不如周代礼仪繁杂，但也经常进行此类军事活动。后代演习这一仪礼时，常常选择皇家苑囿举行，如汉武帝、汉成帝就在上林大猎。唐之禁苑面积广阔，设有居民，草木葱郁，内生有许多动物野禽，史书记载曾有大群秃鹙鸟集于禁苑，甚至玄武门也发现狐狸。此外苑中还有虎圈，有许多放养的鹿等动物。有些动物，甚至是更早朝代放养之物。如隋文帝开皇年间，就多次有鹿群游荡至宫门，且“逼近人众，安然不惊”。唐德宗时，鹿甚至进入含元殿，被卫士捉住。故禁苑这一广阔地域，也是唐代帝王经常畋猎演武之地。

贞元十一年（795年）十二月，唐德宗猎于苑中，“戒多杀，止行三驱之礼，劳士而还”，将士只是驱赶野兽，而不猎杀，这算是一次礼仪性的演习。

除此之外，闲暇之时，帝王太子、诸王皇孙和一些权贵，也会在苑中打猎游玩。

唐高祖箭术过人，平生好猎，他在位时，苑中就养有许多鹰犬，以供逐猎。《旧唐书 · 太宗本纪》记载，武德九年（626 年），李世民玄武门政变后，掌握政权，立即下令：纵禁苑所养鹰犬，并停诸方所进珍异，政尚简肃，天下大悦。

唐太宗马上功夫娴熟，箭术尤其高超，颇为自负。其生性本好猎，政权稳固后，就常于禁苑中驰骋游射，他写诗道："芳辰追逸趣，禁苑信多奇。"[1]

《旧唐书·张玄素传》记载：贞观年间，太子李承乾沉迷于苑中游猎，而荒废学业。张玄素上书劝谏曰："臣闻皇天无亲，惟德是辅，苟违天道，人神同弃。然古三驱之礼，非欲教杀，将为百姓除害，故汤罗一面，天下归仁。今苑中娱猎，虽名异游畋，若行之无常，终亏雅度……"李承乾嫉恨张玄素多嘴，遣户奴乘夜以马挝击之，险些将他打死。

唐高宗曾在苑中弋猎，一时对捕猎的鹞子很感兴趣，当时就有人建议："晋州出好鹞，刘齐贤见为司马，请使捕之。"

唐高宗时，太子复好入苑射猎，怠懈政务。薛元超谏曰："内苑之地，缭丛薄，冒翳荟，绝磴险途。殿下截轻禽，逐狡兔，衔橛之变，讵无可虞？又户奴多反逆余族，或夷狄遗丑，使凶谋窃发，将何以御哉？夫为人子者，不登高，不临深，谓其近危辱也。天皇所赐书戒丁宁，惟殿下罢驰射之劳，留情坟典，岂不美欤！"

大历七年（772 年）冬十月，唐代宗行猎苑中，一箭竟然射穿两只兔子，"从臣皆贺"。

朱泚之乱，唐德宗由禁苑北门逃出长安，仓皇而出，卫士甚少，当时有一名叫郭曙的，与家奴数十人正巧在苑中打猎，看到这种情况，要求参与护驾，得到德宗许可。说明当时一些权贵，也可以在苑中打猎。

1 （唐）李世民．帝京篇十首（《全唐诗》卷 1）。

唐昭宗时，国家政治混乱，军阀残暴，民不聊生，昭宗却放纵于禽酒，在禁苑中打猎解闷。于是光化三年（898 年），再次引发宫廷政变，唐代气运，此时已经接近尾声。

六、长安故城

汉长安故城，处于唐禁苑中的西北方，自西汉初年建成，历两汉、西晋、前赵、前秦、后秦、西魏、北周，数朝皆以此城为都，是中国历史上著名的古都。长安故城中，宫阁楼宇分布众多。隋王朝建国之初，亦都于该城。自隋文帝移都大兴，故城即划入御苑，平民难入其内，时称长安故城。

降至唐代，这座故城（图 5），亦入禁苑，并且借其西城墙、北城墙作为禁苑之墙垣。唐时，城中依然保留一些河渠陂池、旧台废阁，也是很有怀古情调的游览之地。这里作为唐禁苑的重要组成部分，专门设“旧宅监”掌管这一故城。

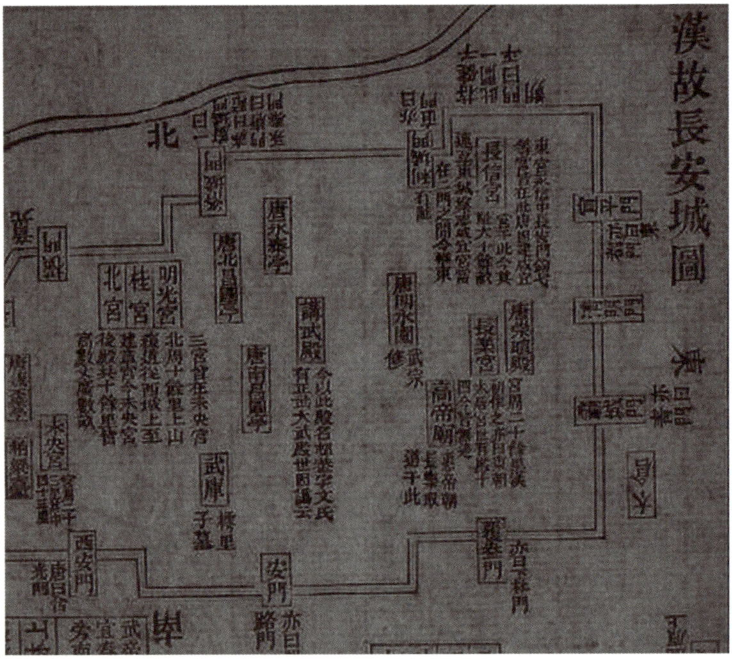

图 5　《长安志图》中的唐长安故城图

自隋至终唐，数百年间，长安故城都处于这种保护状态，所以，隋唐时代，此处可谓是一处古代都城遗址保护区。唐人描写其地景致有“后池无复水，前殿久成灰”。唐太宗尝游览故城未央前殿高台，并赋诗言志。《旧唐书·高士廉传》记高士廉葬，陪葬昭陵，“丧柩出自横桥，太宗登故城西北楼望而恸”。唐高宗游览汉故城，颇有兴趣，详细询问汉故城历史，并要求臣下对古代汉宫进行调查。

但故城之内，还有一些宫殿亭阁，未曾荒废，特别是长乐宫，似乎保存时间甚长。隋大业十三年（617 年），李渊大军准备攻都城大兴。《旧唐书·高祖本纪》记载：“冬十月辛巳，至长乐宫，有众二十万。”则李渊有可能将攻城总指挥部设于汉城的长乐宫。至武德五年（622 年）“夏四月庚戌，秦王还京师，高祖迎劳于长乐宫”。长乐宫初建于秦，至唐初，已经延续了八九百年。禁苑四监之一的南面监，名为“长乐监”，其衙署大概就设于长乐宫。

李世民之后许多唐代帝王，也喜至汉故城登临旧基，怀古玩赏。德宗时发生朱泚之乱，朱泚一度也盘踞于故城中的未央宫（图 6）。

图 6　汉故城中的未央宫台基

《长安志》记载：禁苑“咸宜宫、未央宫二所，皆汉之旧宫也，去宫城二十一里。唐置都邑之后，因其旧址复增修之。宫侧有未央池、汉武库及樗里子墓。武宗会昌元年（841 年），因游畋至未央宫，见其遗址，诏葺之，尚有殿舍二百四十九间。作正殿，曰通光殿，东曰诏芳亭，西曰凝思亭，立端门，命翰林学士裴素撰记。永泰门，去宫城二十三里。西北角亭，南昌国亭，北昌国亭，流杯亭，在未央宫北，汉之旧址，明水园，以上九所，并在汉故城内，隶旧宅监所领也。”[1]这次在未央宫遗址上重建的三座建筑，其形制有点类似于唐大明宫正朝的含元殿和其左右的栖凤、翔鸾双阁。因为汉亡之后，多代都建都长安，我们目前已经弄不清楚修葺依据的是不是汉代朝宫旧制，但不管怎样，这算得上是一次对历史古迹的复原整修。

唐时的汉城，也出土过一些古物，如《唐会要》卷三十所记：“宝历元年（825 年）五月，神策军于苑内古长安城中，修汉未央宫，掘地获白玉床一，长六尺。”作为祥瑞，献给皇家。

从前面记述中，我们也可以看到，汉故城中，已经增添了许多唐人的建筑，按《长安志图》所标，咸宜宫在长安城内东北，明水园在其南。

汉长安故城面积达三十六平方千米。隋文帝迁都大兴，将汉长安故城纳入禁苑，使禁苑之中保存着一座大型古都，也令后人叹为观止。经过隋唐两代数百年保护，使其免遭大的破坏，许多地方城墙尚存，城门遗址也清晰可定，使得国内留下了一处较为完整的古代大型都城遗址，这可以说是禁苑的设立带给后世的好处。近年对汉长安故城内外进行了一些考古发掘，有许多重大发现。随着考古研究的深入，这处宏伟的古都遗址，将有更多的珍贵遗存展现于世。

七、北郊地坛

历代王朝，都有祭天地之大礼，祭天地要设祭坛。唐代的祭天之

1 宋敏求 . 长安志（卷六“唐禁苑”）。

坛在长安城南，明德门外，其坛平面圆形，取天圆之义，故又称“圆丘”；祭地之坛在长安城北，禁苑之中，其坛平面方形，取地方之义，故又称“方丘”。唐之天坛遗址今存，而处于禁苑中之地坛，则遗址所在已经不明。依《旧唐书》所记，地坛在宫城之北十四里。唐代之天坛与地坛，大概都处于长安城中轴线左右。

《旧唐书·礼仪志一》曰：“武德初，定令：每岁冬至，祀昊天上帝于圆丘……夏至，祭皇地祇于方丘，亦以景帝配。其坛在宫城之北十四里。坛制再成，下成方十丈，上成五丈。每祀则地祇及配帝设位于坛上，神州及五岳、四镇、四渎、四海、五方、山林、川泽、丘陵、坟衍、原隰，并皆从祀。神州在坛之第二等。五岳已下三十七座，在坛下外壝之内。丘陵等三十座，在壝外。其牲，地祇及配帝用犊二，神州用黝犊一，岳镇已下加羊豖各五。”

《旧唐书·礼仪志一》又曰：“及则天革命，天册万岁元年（695 年），加号为天册金轮大圣皇帝，亲享南郊，合祭天地。”武则天登基，开始合祀天地之仪，这种合祀，一直延续。合祭天地，祭于南郊，即天坛，此时期城北的地坛，便近乎荒废。至太极元年（712 年），睿宗才想至北郊祭地，但依旧有大臣反对。

开元二十年（732 年），唐玄宗改撰新礼，又正式开始天地分祭。祭地之仪，大致如同唐初旧礼。

《新唐书·礼乐志二》记唐地坛之形曰：“八觚三成，成高四尺，上广十有六步，设八陛，上陛广八尺，中陛一丈，下陛丈有二尺者，方丘也。高、广皆四丈者，神州之坛也。”

《新唐书·礼乐志二》又曰：“夏至祭皇地祇，以高祖配，五方之岳镇、海渎、原隰、丘陵、坟衍在内壝之内，各居其方，而中岳以下在西南。孟冬祭神州地祇，以太宗配。”

禁苑中的地坛，是一规模较大的皇家祭祀场所，唐初之坛，下层方坛，边长十丈，上层方坛，边长五丈，四方设阶。坛外则围有低垣一周，名曰“壝”，壝四面设门。祭祀对象，分为四等，最高者为皇地祇，即大地之神主，处于上层；其次为“神州”，即代表中华大地之神主，处于下层坛上；第三等为五岳、四渎等37座神主，各以方位，分处于坛下壝内；第四等为丘陵、坟衍、原隰等30座神主，皆处于坛壝之外。坛上、坛下计69位神主，加上配祭之唐祖景帝，总共有神主70位。

每年夏至祭祀之时，皇帝不一定每次亲临，但皇帝亲祭，则更加隆重。

《旧唐书》说城北地坛结构为方形，共两层，《新唐书》则记地坛为八角形，高有三重，两说差别很大。也可能开元之前的旧制为方形二重，开元之时，改为八角三重。因遗址未曾发现，只好存疑。《隋书·礼志一》记载：“为方丘于宫城之北十四里。其丘再成，成高五尺，下成方十丈，上成方五丈。”[1] 唐开元前祭祀之地坛，或为隋时所建。

唐长安城北郊还有黑帝坛，其近于禁苑的“中桥”。黑帝是古代祭祀的五帝之一，其坛广四丈，高六尺。《隋书·礼志二》记隋时长安五帝坛，“黑郊，为坛宫北十一里丑地，高六尺。并广四丈”[2]。其黑坛也建于城北，处于禁苑之中，唐人或继承了其坛，故尺度相同。

1 隋书·礼仪志（二十四史本）。
2 隋书·礼仪志（二十四史本）。

03 唐长安禁苑二——苑内宫殿

秦建明 李 卫 张亚军

禁苑面积巨大，苑内建有多处宫殿，如大安宫、鱼藻宫、望春宫、昭德宫、光启宫、咸宜宫、云韶院等。这些宫殿，可以算作帝王的离宫。《长安志》称苑内有离宫、亭观 24 所。宋代的《长安志》记载："梨园在通化门外正北禁苑，南有文宗会昌殿、含光殿、昭德宫、樱桃园、东西葡萄园、光启宫、云韶院。"[1]

咸宜宫在汉长安城内，距宫城 21 里，此宫也是唐代帝王游幸之地。《汉故长安城图》于长安城内西北角标注曰：唐因汉故宫创建，"今其址大十余亩，连亘东城。按志，咸宜宫当在二门之间，今唯东有址"，说明唐咸宜宫处于汉长安城内的洛城门与宣平门间，"十余亩"仅是元人所见之局部残迹。

在唐初太宗、高宗时，大明宫也创建于苑内，并且逐渐成为唐代治理天下的宏伟帝廷。

一、大安宫

大安宫是唐初一座著名的宫苑，位于唐禁苑之内，其东侧即为西内苑。大安宫营建于唐初武德五年（622 年），初名弘义宫。

1 宋敏求．长安志·宫室（卷六，四库本）。

《长安志》记载："大安宫。太宗初居承乾殿，武德五年，高祖以秦王有克定天下功，特降殊礼，别建此宫以居之，号弘义宫。八年帝临幸，谓群臣曰：朕以秦王有大功，故于宫中立山林景胜，雅好之。至贞观三年(629年)徙居之,改名曰大安宫。此宫在城之西,垂拱前殿、戢武殿、文殿、翠华殿、祭酒台。"[1]

《云麓漫抄》卷8引吕大防《长安图》曰:"宫城之西，有大安宫。"唐长安宫城之西，是掖庭宫，实际上大安宫处于长安城外的禁苑中，在宫城的西北，宫城北侧的北苑之西。弘义宫初建时，北苑（即后来的西内苑）已经存在，故其择地，只能紧邻北苑西墙。弘义宫南隔城墙正对唐之掖庭宫，宽度亦当与掖庭宫同，即宽"一里百一十五步"。

图1 唐三彩山池

弘义宫最初是唐高祖李渊为秦王李世民所建的一处宫殿，因秦王功高势强，怕他生事，夸此宫豪华，有山林胜景，让其居之。名为荣耀之，实想把他安排至城外，离开宫廷，以免过多干政。不意武德九年(626年)，秦王李世民发动玄武门之变，射死太子建成，唐高祖无奈，下诏立秦王为太子。不久又传皇位于太子，自己则退位成了太上皇，从此不问国事。贞观三年(629年)，太上皇干脆搬入弘义宫居住养老，弘义宫此时改称大安宫。

高祖当年声称此宫有"山林景胜"，并说连自己都喜欢得很。他建此宫，如此说法，本想把李世民挤出宫廷，结果反倒自己被李世民挤出宫廷。李世民入居于太极宫，当了皇帝，唐高祖则入居大安宫，退位当

1 宋敏求．长安志·宫室（卷六，四库本）。

了太上皇。父子二人，换位易居，高祖弄巧成拙，作法自毙，为天下笑。

李渊与李世民父子二人，自此心存芥蒂，恩义渐薄。李渊失去权柄，成了无事可做的太上皇，李世民也偶尔至大安宫送鹿献禽，表示看望一下。但数年之间，宫中山池冷清，殿宇寂寞，李渊居于其中，如同被软禁。至太宗贞观六年（632年），大臣马周奉劝李世民注意帝王形象，上疏曰："臣伏见大安宫在宫城之西，其墙宇宫阙之制，方之紫极，尚为卑小。臣伏以东宫皇太子之宅，犹处城中，大安乃至尊所居，更在城外。虽太上皇游心道素，志存清俭，陛下重违慈旨，爱惜人力；而蕃夷朝见及四方观听，有不足焉。臣愿营筑雉堞，修起门楼，务从高显，以称万方之望，则大孝昭乎天下矣。"

一句"大孝昭乎天下"，令李世民立即醒悟，畏后人说自己杀兄夺太子，逼父退帝位之恶名，遂于贞观八年（634年），请太上皇宴西突厥使者于两仪殿。太宗在宴会上乘机奉觞上寿，流着眼泪说："百姓获安，四夷咸附，皆奉遵圣旨，岂臣之力！"太宗与文德皇后又各进御膳，并上服御衣物，一同家人常礼。这样，父子关系渐渐缓和。其后复置酒于未央宫，太宗奉觞上寿，称颂太上皇慈圣功德，太上皇大悦。宴上群臣也知趣，皆呼万岁。这场宴乐，直至极夜方罢。

贞观九年（635年），太上皇崩于大安宫垂拱前殿。

大安宫以大安殿为中心，周有四门，宫外复有宫垣。大安宫内除有大安殿、仁政殿、垂拱前殿、戢武殿、文殿、翠华殿、祭酒台外，还有瑶池、蓬莱阁等建筑，这些楼台殿宇间，点缀着苍山绿池，宫中景色，应当不错。

二、鱼藻宫

鱼藻宫是禁苑中一处较大的宫院，处在禁苑之东北部，大约在今西安北郊红旗厂一带。按《长安志》中禁苑图，其位于大明宫之北，禁苑北垣招远门之南，西有含光殿，东有九曲宫，南与蚕坛亭相对。鱼藻宫，外有宫墙，并遥引灞水入宫为“鱼藻池”，池中堆筑岛山，山上建鱼藻宫，经营甚力。《旧唐书·德宗本纪下》记唐德宗贞元十三年（797年）秋，“浚湖渠、鱼藻池，深五尺”。

《长安志》记载：“贞元十三年，诏浚鱼藻池，深一丈。至穆宗，又发神策六军二千人浚之。”[1] 经过两次淘深，池中水光潋滟，水鸟飞翔，王建诗曰：“鱼藻池边射鸭，芙蓉园里看花。”

元《类编长安志》记载：“鱼藻宫，《唐会要》曰：鱼藻宫去宫城十三里，在禁苑神策军后。宫中有九曲山池，贞元十三年，诏鱼藻池，先深一丈，更淘四尺，穆宗初，又发神策六军二千人浚之，又观竞渡。”[2]

鱼藻宫池中起岛，岛上建宫，建筑层层升高，这种造景技法，继承了汉渐台之技，相当于北海琼岛之形势。这里是一处唐皇家开展水上娱乐活动的地方，皇帝常在此处观赏竞渡和水嬉（见《雍录》）。有时活动极为铺张奢侈，唐德宗曾使人在水池底铺满珍贵华丽的锦缎，池中五彩光艳，随碧波荡漾，令人目眩意迷，其上则彩舟往来，鼓乐喧天，热闹空前。

王建宫词：“鱼藻宫中锁翠娥，先皇行处不曾过。而今水底休铺锦，菱角鸡头积渐多。”[3] 则写于水底铺锦之后，当时诗人眼中的鱼藻宫，殿阁冷冷清清，池中水草蔓延，已现衰落之景。

或言鱼藻宫东为正兴亭、元迢宫。

三、九曲宫

九曲宫，亦是禁苑中一处景色颇佳的宫殿。此宫也有一定的规

1 宋敏求.长安志（卷六“唐禁苑”）。
2 类编长安志（卷二离宫下，续修四库全书本）。
3 类编长安志（卷二离宫下引，续修四库全书本）。

模,《新唐书·朱泚传》记李晟攻禁苑,朱泚部张光晟"以精兵壁九曲,距东渭桥十里,密约降于晟"。九曲宫垣可以守卫,当亦不薄。九曲宫之南,可能还分布有昭德宫。

《长安志》记禁苑"九曲宫,去宫城十二里,在左右神策军后,宫中有殿舍山池。"[1] 从"禁苑图"上看,九曲宫位于禁苑东北,其北为虎圈,当是近于灞河的一处宫苑。《唐会要》曰:"鱼藻宫去宫城十三里,在禁苑神策军后,宫中有九曲山池。贞元十三年,诏鱼藻池,先深一丈,更淘四尺。穆宗初,又发神策六军二千人浚之,又观竞渡。"[2]

鱼藻宫与九曲山池都处于禁苑的东北部,距离宫城的远近也相差不多,从鱼藻宫亦有九曲山池看,九曲宫或许即鱼藻宫之前身,贞元年间开鱼藻池而改为鱼藻宫。九曲是形容曲折多变之形态,唐长安城中有私宅山池院,水岸连环屈曲,故名为九曲池。故这里的九曲山池也当是因水道曲折回环,山势萦绕宛转而得名的园林。

九曲宫碧波荡漾,殿宇相映,蛾眉起舞,笙歌阵阵,曾是唐代王室贵族长期纵乐享受之处。但乐极生悲,到了唐运衰落时,这里又成为贵族殒命之所。唐末德王李裕等六王,同日被杀,投尸九曲池中。朱殿碧池,萧瑟阴森,一代豪华,就此终结。

或曰,唐洛阳亦有九曲池,六王身死于洛阳。

四、望春宫

望春宫是禁苑中较为知名的宫殿,建于唐开元二十五年(737年)。望春宫西部地居高原,东部跨过浐水,外有宫城环绕。宫中有漕渠穿越,下有广运潭,元《类编长安志》卷二"离宫"下记载:"望春宫,《长安志》曰:望春宫去京城东北一十二里,在唐禁苑内高原之上。东临浐水西

1 宋敏求.长安志(卷六"唐禁苑")。
2 类编长安志(卷二离宫下,续修四库全书本)。

岸。”[1] 经过开元时期对望春宫的扩展，唐禁苑已经突破了东至浐河的旧界，越过浐河，延伸至浐灞半岛的北部。

望春宫楼宇参差，映以宫梅城柳，景色优异。登高远眺可以看到苍翠南山与宫旁的明净浐水，河岸杨柳青青，垂条摇曳，岸草碧绿，紫花盛开，因下游筑堰，上游形成宽阔的水面，水面之上，则不时有飞翔上下的野鸟。

望春宫的主体建筑当为望春楼，这座建筑规模较大，其最大的特点是邻水而建，楼下可以行船。《旧唐书·韦坚传》记载：“天宝元年（742 年）三月，擢为陕郡太守、水陆转运使。自西汉及隋，有运渠自关门西抵长安，以通山东租赋。奏请于咸阳拥渭水作兴成堰，截灞、浐水傍渭东注，至关西永丰仓下与渭合。于长安城东九里长乐坡下、浐水之上架苑墙，东面有望春楼，楼下穿广运潭以通舟楫，二年而成。”

长安城人口众多，粮食消耗巨大，需要从东部调运粮食补充。汉代与隋代都建有漕渠，经由黄河运送粮食至首都。唐王朝于玄宗时，在韦坚建议下，也踵汉隋旧迹，开通漕渠，直达长安。城东广运潭，就是人工开凿于浐灞的泊船港湾。

为了庆祝这一重要水运工程通航，天宝二年（743 年），于广运潭上举行了盛大的水上庆祝仪式。代表来自全国各地，数百条彩船载着不同的物产，云集长安城东广运潭上，举行一场盛大的水上艺术表演大会，唐玄宗亲自登上广运楼，观赏庆典，热闹非凡。

《旧唐书·韦坚传》记载了这次水上盛会：“于东京、汴、宋取小斛底船三二百只置于潭侧，其船皆署牌表之。若广陵郡船，即于栿背上堆积广陵所出锦、镜、铜器、海味；丹阳郡船，即京口绫衫段；晋陵郡船，即折造官端绫绣；会稽郡船，即铜器、罗、吴绫、绛纱；南海郡船，即玳瑁、真珠、象牙、沉香；豫章郡船，即名瓷、酒

1 类编长安志（卷二离宫下望春宫条，续修四库全书本）。

器、茶釜、茶铛、茶碗；宣城郡船，即空青石、纸笔、黄连；始安郡船，即蕉葛、蚺蛇胆、翡翠。船中皆有米，吴郡即三破糯米、方文绫。凡数十郡。驾船人皆大笠子、宽袖衫、芒屦，如吴、楚之制。”在船上，化妆的歌手领唱，众人和之，歌词云：“得体纥那也，纥囊得体耶？潭里船车闹，扬州铜器多。三郎当殿坐，看唱《得体歌》。”从此，长安城水上运输通道通畅，樯帆不绝，通河连江，达于各地。

望春宫建于城东，与中国古代东方主春有关，同时，都城东郊也是古代迎春和祭祀青帝之所。武德、贞观之制，每岁立春之日，祭祀青帝于东郊。唐玄宗嫌旧青帝坛制度狭隘，移坛于浐水之东。《旧唐书·礼仪志》记载：“开元二十六年（738年），又亲往东郊迎气，祀青帝，以勾芒配，岁星及三辰七宿从祀。其坛本在春明门外，玄宗以祀所隘狭，始移于浐水之东面，而值望春宫。其坛一成，坛上及四面皆青色。勾芒坛在东南，岁星已下，各为一小坛，在青帝坛之北，亲祀之时，有瑞雪，坛下侍臣及百僚拜贺称庆。”

青帝坛位于浐水之东面，则处于浐、灞之间，西对望春宫。这一唐代祭坛群，位置大致在今新建之浐灞国际会议中心处。唐德宗时朱泚据长安叛乱，李晟率领唐军平叛，自长安东侧进逼。据记载，李晟“以卒五千，广张旗帜，列阵于浐水之阳，灞水之阴，游骑至于望春楼下。泚闭垒而守，不敢出对”。李晟麾下五千壮士当年列阵之处，即在此地。

唐玄宗生性奢华张扬，喜于望春宫与群臣春日赏景，诗酒唱和，因此，留诗甚多。从臣崔日用有诗曰：“东郊风物正熏馨，素浐凫鹥戏绿汀。凤阁斜通平乐观，龙旂直逼望春亭。光风摇动兰英紫，淑气依迟柳色青。渭浦明晨修禊事，群公倾贺水心铭。”[1]

此地迎春或有节目表演歌舞杂戏，亦热闹非凡。唐人诗曰：“侍跸妍歌临灞涘，留觞艳舞出京华。危竿竞捧中街日，戏马争衔上苑花。”

1 崔日用．奉和圣制春日幸望春宫应制（《全唐诗》卷四十六一十五）。

唐帝也会在望春宫设宴为出征将士饯行，大将张仁愿出塞时便享受了这一待遇。

除望春楼，宫中其他建筑也不少。《长安志》所记禁苑诸亭，“苑内有南望春亭，北望春亭”，[1] 此二亭当属于望春宫，或为宫东垣之南北观景亭。玄宗曾登临的广运楼，在广运潭旁，与望春楼相近，也可能属望春宫。

《新唐书·黄巢传》记唐军反攻长安：“诸节度兵皆奋，无敢后，入自光泰门。克用身决战，呼声动天，贼崩溃，逐北至望春，入升阳殿闼。”唐军追击黄巢部队至望春宫，一直到升阳殿，升阳殿亦当属于望春宫。升阳殿之东，还有放鸭亭。《唐会要》卷三十记载：“太和元年（827 年）四月，诏毁升阳殿东放鸭亭，望仙门侧看楼十间，并敬宗所造也。”此殿东边的放鸭亭，当是近水之亭，由此可见，升阳殿也距离浐河不远。只是不知何故，放鸭亭建成不过一两年，复又拆毁。

龙首山自西南向东北，漕渠自西北向东南，其山水相交处，即望春宫，故望春宫所据地势，南高北低，西高东低，建筑也层层叠叠，倚势而建。这种有山有水之环境与地势，令其在山水形胜上占据优势。东来漕粮运输至广运潭，便算是进入皇家禁苑，此处也是吐纳京城货物的咽喉，在保障长安经济供给上，广运潭与望春宫可谓是一处防御的要害之地。

望春宫之南不远，应当就是禁苑东南的光泰门。

五、其他殿宇

禁苑中，还有许多园林建筑，如《长安志》就记载：“梨园在通化门外正北禁苑，南有文宗会昌殿、含光殿、昭德宫、樱桃园、东西葡萄园、

---

1 宋敏求．长安志（卷六“唐禁苑”）。

光启宫、云韶院。”[1]《长安志图》附“汉故长安城图”中长乐宫东北部，则绘有“唐崇暄殿”。[2] 有些宫院殿宇，如望秦宫等，因记载不多，已经不易探究。只有白华殿、凝碧池、望陵台几处，稍有相关记载。

（一）白华殿

白华殿亦是禁苑中的一处殿堂，或得名于《诗经·白华》章。白华亦名菅草，绿叶白花，甚是美丽。白华殿具体位置不详，可能偏于禁苑东部，距离禁苑东垣之南门光泰门不远。今广大门村西有白花村，其名或即得自古白华殿，这一殿宇，有此遗名，比之其他殿宇，亦算是少有。

唐德宗时，乱军涌入长安，直逼大明宫门，德宗出宫从苑中逃至奉天，乱军遂拥朱泚为主，移居白华殿。朱泚乘势于长安登基称帝，分官委职，自称“大秦皇帝”。此时之白华殿，成了朱泚之政权中心。

兴元元年（784 年）五月，李晟率唐军渡渭南下，反攻盘踞京城的朱泚，乱军主力坚甲锐兵，聚于禁苑之中，故李晟由禁苑东侧攻之。李晟部队一度攻入禁苑光泰门，斩首数千，泚军被逼退守白华殿。其后，李晟军再次突破光泰门，“贼党大败，追击至白华，朱泚、姚令言率众万余遁去，晟收复京城”，此一战，李晟利用朱泚手下将领，暗为内应，进军顺利，攻至白华殿时，朱泚方知大势已去，乘马狼狈逃走。禁苑中这一白华殿，也因此战而青史留名。

白华殿外设有垣墙，有防御能力，或为一建筑群。

（二）凝碧池

凝碧池，或作临碧池，是禁苑中的一处重要景区。《长安志图·唐禁苑图》上绘其位置在西内苑之北，籝德殿在其东。《类编长安志》

1 宋敏求．长安志·宫室（卷六，四库本）。
2 宋敏求．长安志图（卷上“汉故长安城图”）。

则称池在东内苑。

其地有殿阁楼宇，殿前有大池，中植有芙蓉，夏日莲红岸绿，景色甚美。唐王室有时会在此池举行竞渡之戏，唐代之竞渡，也是轻舟比赛，旗帜招展，众桨齐划，有若后代的赛龙舟。不同的是，当时之船，皆为鹢首舟。

唐人有《凝碧池侍宴看竞渡应制》诗，记一次竞渡："上苑清銮路，高居重豫游。前对芙蓉沼，傍临杜若洲。地如玄扈望，波似洞庭秋。列筵飞翠斝，分曹戏鹢舟。湍高棹影没，岸近榜歌遒。舞曲依鸾殿，箫声下凤楼。忽闻天上乐，疑逐海查流。"[1] 此次竞渡，观赏者不仅有酒宴盛会，还有音乐歌舞相伴。

图 2　北宋《金明池夺标图》描绘的也是古代皇家水上竞渡

唐人张祜《杨柳枝》诗曰："凝碧池边敛翠眉，景阳台下绾青丝。

1 李怀远．凝碧池侍宴看竞渡应制（《全唐诗》卷四十六—十一）。

那胜妃子朝元阁，玉手和烟弄一枝。”[1] 此处似乎还居住有宫妃。诗中的“景阳台”也许就是观看竞渡之台。

安禄山攻占长安后，大宴凝碧池上，观赏梨园弟子演奏取乐。

《长安志》载：“敬宗时幸凝碧池，令军士取鱼，长大者送新浚池。”[2] 则凝碧池中，种有莲花，亦养有鱼，不唯是景观建筑，同时也是一处生产基地。

（三）望陵台

望陵台，是唐太宗在禁苑中所建的一处高阁，民间号为“望陵台”，传说是唐太宗为眺望西北昭陵而建。此阁建成后不久，旋即拆除，存在时间不长。

隋王朝建国时间短暂，又集中财力兴建大兴城，无暇他顾，禁苑中未能进行大的经营。唐初李世民即位不久，营造宫苑之心渐盛，九成宫、翠微宫、玉华宫、温汤宫等，皆起工程。文德皇后葬于昭陵之后，又借口旧宫低下卑湿，在禁苑中建一层观。这处建筑，为一多层高阁，虽为移建，但甚高大，仅钉子、铜板之材即用十来车之多。此阁之建，曾在朝中引起一场风波。民间传言，说太宗思念葬于昭陵的文德皇后，欲登楼台望陵，故名其为望陵台。李世民畏人说其奢侈，闻听此讯后大怒，说朕只不过是迁移一座旧阁，谁人胆大包天，造谣说是“望陵台”！并对传出用铜十车的魏征进行了严厉追究。

《新唐书·魏征传》则曰：文德皇后既葬，太宗即于苑中作层观，以望昭陵，碧天之下，昭陵所在的九嵕山，耸立天际，文德皇后即葬于其山。昭陵是唐太宗为自己选择的陵地，故皇后先行葬入该陵。太宗不但自己上阁远望，还引魏征同登。魏征装作看了一会儿，说：“臣老眼昏花，不能见。”太宗指示之，魏征曰：“此昭陵邪？”太宗曰：“然。”

1 张祜．杨柳枝（《全唐诗》卷二十八一十七）。
2 宋敏求．长安志·宫室（卷六，四库本）。

征曰："臣以为陛下望献陵，若昭陵，臣固见之。"献陵是太宗之父唐高祖的陵墓，魏征借此指责太宗只思皇后而忘记了父亲。这么一说，太宗不由得流下眼泪，竟又将这一高大的建筑拆除。

有意思的是，魏征死后，亦陪葬于昭陵。送葬之日，"太宗登苑西楼，望丧而哭"，写诗道："望望情何极，浪浪泪空泫。无复昔时人，芳春共谁遣。"[1] 则苑西有楼，其楼亦可眺望昭陵。

说起来，唐太宗欲望昭陵，当时太极宫北的玄武门、重玄门，皆为高大建筑，汉旧宫亦有不少高台，尽可登之而望。然而皆弃之不用，另建一台，故此新建台阁，必然雄壮巍峨。这一"望陵台"，后代仅知其处于北门，具体位置不详，北门或指禁苑之北门，临渭之处的启运门。

昔日西安城北有炕底寨村，村北有一土台，其高 6 米，底座东西长 28.1 米、南北宽 20 米，顶上东西长 12 米、南北宽 8 米，甚是荒凉。或云，其即为唐时望陵台之台基。

唐武则天曾经削发为尼的感业寺，亦位于禁苑之中。据明代出土碑石所记，其寺处于汉长安城之西北。

1 （唐）李世民．望送魏征葬（《全唐诗》卷一—四十七）。

04 唐长安禁苑三——苑内园亭

秦建明 李 卫 张亚军

一、禁苑诸园

唐禁苑中，有许多专门的植物园，传名于后世者，以果园为多。禁苑中之果园，隋代就有不少，《隋书·食货志》记载：兴建洛阳之苑时，“课天下诸州，各贡草木花果、奇禽异兽于其中。”长安禁苑，当然也会有许多此类动植物。《新唐书·姜皎传》记载：“帝（玄宗）在殿廷玩一嘉树，皎盛赞之，帝遽令徙植其家。”可见，皇家宫殿禁苑，多有奇花异木，珍稀瓜果。

唐代加大了对禁苑的建设，果园更加丰富。《旧唐书·玄宗本纪》就记载开元年间在苑内种植果树之事：“二十八年（740 年）春正月，两京路及城中、苑内种果树。”禁苑中知名之园有梨园、樱桃园、葡萄园、桃园、枣园、桑园及柳园等，更多的园子名称可能已经失传。这些园子中，也有亭阁，是帝王常常游幸之处，与大臣、嫔妃采摘为乐。园中瓜果蔬菜，有些可以供应宫中，赏赐大臣，有些则作为供果，用于祭祀。

（一）梨园

唐长安城北的梨园，是禁苑里众多果园中的一处，其地在长安北郭城景耀门外正北，汉长安城杜城门之南。《长安志》记载：“梨园在通化门外正北，禁苑南。”[1]“通化门”误，当为“光化门”，光化门在景耀门西，梨园当在二门之北，这里属于禁苑的西南部。

梨园虽为果园，并一度设有皇家作坊，其实这里也是一处风景优美的园林，园里有楼阁殿宇，花红草碧，唐人诗中描写其地不仅有鸳鸯殿、翡翠楼、梨园亭等建筑，可以举办大型娱乐活动，还有可供比赛的球场。唐代帝王经常与臣下游幸其地，看花赏春，饮酒赋诗，欣赏音乐，甚至举行一些拔河、球赛等娱乐活动。唐人崔湜《幸梨园亭观打球应制》诗曰：“年光陌上发，香辇禁中游。草绿鸳鸯殿，花明翡翠楼。宝杯承露酌，仙管杂风流。今日陪欢豫，皇恩不可酬。”[2]

梨园之名，很容易让人想起，玉蕊数里，“千树万树梨花开”的美景。唐中宗于梨花盛开时，就曾驾幸梨园，并赐臣下柳圈以辟疠，柳圈就是带叶嫩柳条编的圆环，可以戴在头上辟邪。景云年间，此地还举行过宫廷球队与吐蕃球队的比赛，李隆基时为诸王，也作为国手亲自下场竞技。景龙四年（710 年），中宗令一众官员由芳林门入禁苑，至梨园分朋拔河为戏。唐玄宗李隆基酷爱音乐舞蹈，也有很高的艺术天分，他在位时，梨园的艺术活动达到鼎盛期。玄宗开元二年，于梨园旁设置教院，亲自培训音乐舞蹈人才而使梨园声名大噪，这些歌伎，又称“梨园弟子”。史称玄宗“教太常乐工子弟三百人，为丝竹之戏，音响齐发，有一声误，玄宗必觉而正之”，这些由玄宗亲授技艺的人，“号为皇帝弟子，又云梨园弟子”，身价亦增。

梨园中数百美貌多姿的梨园弟子，专门攻习音乐舞蹈，整日笙歌阵阵，软舞习习，这里成了皇家高级艺术院校。这些弟子经过挑选，又加以专业培养，表演技艺水平很高。唐人诗中“绣幕珊瑚钩，春开翡翠楼。深情不肯道，娇倚钿箜篌”描写的大约就是梨园弟子。梨园，

1 宋敏求. 长安志·宫室（卷六，四库本）。
2 全唐诗（卷五十四）。

也成了后世戏曲界的代称。

当时的御用文人和名士，也参与节目创作，诗人贺知章、李白的诗也是被传唱的内容。王维诗“清风明月苦相思，荡子从戎十载馀。征人去日殷勤嘱，归雁来时数附书”就是梨园经常演唱的曲目。

唐玄宗以帝王之尊，据说也常常度曲编谱，进行创作并粉墨登场，参与表演。没曾想这么一玩，竟然被后世中国的戏剧界奉为祖师。

安史之乱，玄宗逃往四川，安禄山攻入长安，将梨园弟子押至凝碧池，为其演奏节目。此时的梨园弟子，如同奴隶，乐曲声中，泪流满面。有一乐工雷海青实在不忍，将乐器摔在地下，放声大哭。安禄山大怒，将其活活肢解而死。王维也被拘押于禁宫，他写诗道：“秋槐落叶空宫里，凝碧池头奏管弦。”

唐末战乱，梨园又成为屯兵之地，并多次发生血腥战斗。昭宗时，叛将王行瑜“率兵屯梨园，王师围急”，乾宁二年（895 年）八月，李克用攻梨园，杀邠军数千，获其大将王令陶以献。至十月，唐军攻破梨园砦，俘斩万计，王行瑜战败后逃出禁苑。

随着唐帝国的崩溃，梨园之绚烂繁华，也风流云散。

（二）樱桃园

樱桃园在西内苑中，园中还有看花殿、祥云楼。唐时长安产有好樱桃甚多，著名者有吴樱桃、蜡珠、水樱桃等品种，这些品种，大约在皇家樱桃园尽有种植。景龙四年（710 年），园中樱桃初熟，鲜红晶莹，十分可爱。唐中宗率群臣游樱桃园，置酒高会，品尝鲜果，并令人于马上口摘樱桃为乐。古时有一种小矮马，乘此马可以行于果园树下，故称为“果下马”。果下马常常作为玩物贡献上国，嫔妃、儿童可以乘骑为乐，百济、新罗都曾向唐王朝贡献此类马。中宗游园，令人“马上口摘”樱桃之马，或即此类。

（三）葡萄园

《长安志》记载：“梨园在通化门外正北禁苑，南有文宗会昌殿、含光殿、昭德宫、樱桃园、东西葡萄园、光启宫、云韶院。”[1]则葡萄园分东园和西园。唐时西域一些葡萄名种也传入中国，贞观年间，侯君集攻破高昌，得马乳葡萄种，植于长安内苑。唐中宗曾夏宴葡萄园，赐从臣以朱樱。

（四）芳林园

芳林园，位于禁苑之西南部，长安郭城北墙芳林门外，是禁苑中的一处园林。景龙四年（710 年），唐中宗“游于芳林园”，软风吹春，细柳拂岸，帝王能游之园，景色自然不凡。自芳林门入芳林园，门苑之名相互辉映。从地望上看，芳林园应当处于大安宫之西邻。元和十二年，曾于芳林门南设“新市”。

（五）明水园

《长安志图》附“汉故长安城图”中讲武殿东侧偏北处，绘有“唐明水园”，旁缀文曰：“武宗修。”[2]书中“唐禁苑图”上于其地则标有“明水阁”，或此明水园中建有明水阁。明水，当是古人于月盛时以阴鉴所取之冷凝露水，如汉建章宫即建有承露盘取水。古人以阳燧取火，以阴鉴取水。《周礼》记有：“司烜氏以鉴取明水于月。”据说明水为天地阴阳洁气所化，可以代酒用于祭祀。唐时皇家，常以“光禄卿监取明水、火，太官令取水于阴鉴，取火于阳燧。所取之水、火，用于重要祭祀，火以供爨，水以实尊。”

或唐承汉风，也于明水园建有承露盘之类，以取明水。当年此园，入夜时分，明月映寒阁，铜盘凝清露。人处其境，明月悬天，清影铺地，楼宇参差，如在月宫，亦当别有意趣。

1 宋敏求．长安志·宫室（卷六，四库本）。
2 长安志图（卷上“汉故长安城图”）。

二、禁苑诸亭

禁苑之内，分布有许多可游览休息的亭阁。禁苑中的亭阁，隋时即开始营建，《北史·废太子勇传》中记：姬威向隋文帝告发太子杨勇，说他在苑内筑一小城，“春夏秋冬作役不辍，营起亭殿，朝造夕改”，据《两京新记》所记：“西京苑内有望云亭、鞠场亭、柳园亭、真兴亭、神皋亭、桃园亭、临渭亭、永泰亭、南昌国亭、北昌国亭、流杯亭、青门亭，即邵平种瓜之所也。”[1]

《长安志》亦曰：禁苑“苑内有南望春亭、北望春亭、坡头亭、柳园亭、月坡球场亭子。蚕坛亭，在苑之东，皇后祀先蚕之亭。正兴亭、元沼宫神皋亭、七架亭。青门亭，去宫城十三里，在长安故城之东，邵平种瓜之所。桃园亭，去宫城四里。临渭亭。”[2] 唐玄宗时，王毛仲恃宠，因其妻生育，而提出借用禁苑中亭子纳凉，玄宗竟然许之。《长安志图》所附“唐禁苑图”中还绘有正兴亭、北园亭等，正兴亭即真兴亭，亦作祯兴亭，其地在飞龙院东。

禁苑中的一些亭子，则处于汉长安城中。《长安志图》附有“汉故长安城图”，中于未央宫西北绘有“唐流杯亭”[3]。曲觞流饮，为古代文士之诗酒雅会，此地建流杯亭，与长安东南曲江之流饮活动可谓遥相呼应。“汉故长安城图”中还在讲武殿西南，绘出“唐南昌国亭”[4]；洛城门之南，绘有“唐北昌国亭”[5]。洛城门南，则绘有“唐永泰亭”[6]。唐人曾将汉长安故城洛城门改名永泰门，故此亭也许与永泰门有关。《长安志》说到禁苑时曰：“永泰门，去宫城二十三里……以上九所，并在汉故（城）内，隶旧宅监所领也。”[7] 此外汉故城内还有诏芳亭、凝思亭等。

1 （宋）李昉等．太平御览·居处部（卷一百九十四，四库本）。
2 宋敏求．长安志（卷六“唐禁苑”）。
3 长安志图（卷上“汉故长安城图”）。
4 同 3。
5 同 3。
6 同 3。
7 宋敏求．长安志（卷六“唐禁苑”）。

从文献记载中看，禁苑中的这些亭子，很多都不是后世所见的亭子，而是规模较大的亭阁，有的就叫亭子殿。这些亭子，甚至带有附属建筑，可以举行较大的集会。唐有“山亭院”“亭馆”之名，有的则称为“亭子山池”、有山有亭之院，即园林。长安城郭子仪家园林，或称“大安山池”，或称“大安亭子”，可证这些禁苑之亭，可能即山亭之院。

另外，古代道路沿线设亭，供路人歇息之用，故《字书》曰：“亭者，停也。”而帝王出行，一路则有许多更为豪华的行宫，供其歇息。汉武帝出游上林苑，曾沿路“置更衣，从宣曲以南十二所，中休更衣，投宿诸宫”[1]。颜师古解释这种“更衣”曰：“休息易衣之处，亦置宫人。”[2]唐禁苑之亭，可能即源于这类路途休息站，后来多发展为园林。

禁苑面积广大，帝王在内活动，重要地点，也需要设置有休憩之处。苑中这些星罗棋布的亭，如同帝王的小型行宫，其中也有园林景观，可供游乐。通过这些亭的位置，也可以推测一些苑中的道路情况。《唐六典》记载：唐时禁苑中设有“亭长”4人，亭长就是专门管理这种亭子的吏员。

（一）临渭亭

临渭亭在唐禁苑之北，渭水之滨，是禁苑中著名的景点，唐代君臣，常常于此赋诗作乐。从古诗看，此亭非一般之亭，有一定的规模，下有层台。韦嗣立《奉和九日幸临渭亭登高应制得深字》诗曰：“层观远沈沈，鸾旗九日临。帷宫压水岸，步辇入烟岑。枝上萸新采，樽中菊始斟。愿陪欢乐事，长与岁时深。”[3]诗中用“层观”形容建筑。李峤《游禁苑陪幸临渭亭遇雪应制》诗亦曰：“拂树添梅色，过楼助粉妍。”[4]则其虽号为亭，实为楼阁建筑。楼近水滨，既可登高览胜，也

1 汉书·东方朔传，中华书局本。
2 同1。
3 韦嗣立. 奉和九日幸临渭亭登高应制得深字（《全唐诗》卷九十一）。
4 唐李峤（载《全唐诗》卷五十八—十三）。

可临流吟咏。

唐人亦盛行祓禊之风，三月三日，春风柳绿，城中男女，纷纷出动，临流祓禊，洗濯除垢。《晋书·礼志下》："汉仪，季春上巳，官及百姓皆禊于东流水上，洗濯祓除去宿垢。而自魏以后，但用三日，不以上巳也。"东晋王谢等名士，暮春大会，修禊兰亭，曲觞流水，传下千古佳话。唐代长安，祓禊之仪，但取清流，曲江池畔、浐河灞水，皆可行之。到了后来，这种风俗，实为一种全民春游的节日。唐人有《上巳日祓禊渭滨应制》诗中曰："晴风丽日满芳洲，柳色春筵祓锦流。"[1] 杜甫写曲江之景，"三月三日天气新，长安水边多丽人"。若以东流水而论，长安城旁，当然以渭水最合乎要求，禁苑北侧的临渭亭，也就成了帝王与群臣祓禊之佳地。张说《奉和三日祓禊渭滨应制》诗曰："青郊上巳艳阳年，紫禁皇游祓渭川。幸得欢娱承湛露，心同草树乐春天。"[2]

临渭亭秋日亦是登高佳地，九月九日，君臣相从，俯渭流，观秦墟，丝竹管弦，赏菊饮酒。唐人杨廉有《奉和九日幸临渭亭登高应制得亭字》诗曰："远目瞰秦坰，重阳坐灞亭。既开黄菊酒，还降紫微星。箫鼓谙仙曲，山河入画屏。幸兹陪宴喜，无以效丹青。"[3]

临渭亭在禁苑中的位置，必处于苑北近于渭河岸边。但长安城北一带的渭河，多为缓岸，禁苑垣墙，为防止洪水浸害，或距离河岸甚远。这处临渭亭，从取名看，应当是为了近水而特意修建的，既近渭水，又处苑内，这就要选择渭水河曲流向南岸之处。从杨廉诗中又称其亭为"灞亭"，也许这座临渭亭，近于渭灞之交处。

（二）青门亭

青门亭，也是唐禁苑中一亭，从《唐禁苑图》上看，其位于汉长

1 （唐）徐彦伯．全唐诗（卷七十六—二十七）。
2 全唐诗（卷八十九—二十八），上海古籍出版社。
3 （唐）杨廉．全唐诗（卷一百零四—十四）。

安城东。东与葡萄园相邻，此地有一条小渠，南出唐长安城，北流入渭。青门亭滨水而建，景色应当不错。汉长安霸城门，又称青门，青门之外是邵平种瓜处。《萧相国世家》记载："邵平者，故秦东陵侯。秦破，为布衣，贫，种瓜于长安城东，瓜美，故世俗谓之'东陵瓜'，从邵平以为名也。"昔日王侯，锦衣玉食，权高位重，于朝代更替之际，转瞬之间又沦落为布衣贫民，而种瓜长安城外。人生际遇，忽而九天之上，忽而九地之下，让人感叹不止。幸而邵平善于种瓜，可以维持生计，并因瓜美知名，他的瓜人称"东陵瓜"，亦称"故侯瓜"。邵平虽沦落到种瓜之境，但较之那些改朝换代中身死族灭的王侯，还算是幸运者。

唐代禁苑之中，青门亭下，王侯将相，游览之际，品"故侯"之瓜，思东陵侯事，其中当别有滋味。

（三）**先蚕亭**

禁苑诸亭中，有一先蚕亭，亦名蚕坛亭，这处建筑，虽名为亭，却地位颇高，是皇家祭祀先蚕神之所。此处设祭祀先蚕之坛与采桑坛，其旁植桑养蚕，以供祭祀之用，也可以说是禁苑中的一处桑蚕之园，这处桑园，也称"公桑"。

《长安志》记禁苑有"蚕坛亭，在苑之东，皇后祀先蚕之亭。"[1]《长安志》有"禁苑图"，按图中所绘，其位于大明宫之北，鱼藻宫之南。唐代蚕坛设于都城之北郊，当是依据《周礼》而为。古代帝王、帝后，每年春季要行男耕女织之礼，以为天下榜样。帝王举行的是籍田礼，亲自耕种，大臣随之而耕；而皇后要举行先蚕之礼，亲自采桑饲蚕，命妇随之而行。籍田所收之粮，祭祀先祖；先蚕所得丝绸，缝制祭服。唐代，也保存有此种礼仪，而且是皇后参与的重大礼仪。文献记载，唐太宗贞观元年（627年），文德皇后于三月癸巳日亲蚕，其后，武则天等皇后，也都举行过亲蚕礼。这处位于禁苑的先蚕亭，便是唐王朝

1 宋敏求．长安志（卷六"唐禁苑"）。

举行国家先蚕礼仪之所。

图 出土的宋代“蚕母”图

唐高宗时，为抬高皇后武氏地位，特别提升了先蚕礼的级别。《旧唐书·礼仪四》:“高宗显庆元年（656年）三月辛巳，皇后武氏有事于先蚕。”武则天于显庆年后，又有4次亲蚕礼。唐玄宗则命后宫嫔妃养蚕，以识女工之事。玄宗先天二年（713年）三月辛卯，皇后王氏祀先蚕。肃宗乾元二年（759年）三月己巳，“皇后张氏祠先蚕于苑内，内外命妇同采焉。”

唐之先蚕坛，《唐会要》记其“高四尺，周回三十步”，规模并不大。《新唐书》记载先蚕坛处中心，四下有陛阶，坛上北部设神位，坛周有内壝、外壝两道围墙，上皆有门。其旁则临时搭建有等级不同、数量众多的彩色帷帐，以供有身份者休息。另有采桑坛，建于先蚕坛南二十步所，方三丈，高五尺，四面出陛。

晋代之先蚕坛，记载也较清楚，可以参考。其坛高一丈，方二丈，四面出陛，陛广五尺。坛东为大片桑林，林中有蚕室，蚕室位于坛之东北。坛之西北，则是临时搭建的帷帐群。

东汉先蚕礼，规模最为宏大。皇后出行，率公卿列侯夫人，有羽林鼓吹，卤簿千乘万骑，洛阳令为之前驱。

晋时礼仪，祭祀之日，太祝令质明以一太牢告祠，谒者一人监祠。皇后首插十二笄步摇，依汉魏故事，衣青衣，乘油画云母安车，驾六騩马。女尚书著貂蝉佩玺陪乘，载筐钩。皇后采桑之筐钩，皆精洁华贵，钩为黄金或美玉所制，隋时皇后采桑用金钩。《旧唐书》中记有一件皇后采桑玉钩，其细如箸，顶部弯曲。诸公主、后宫夫人、嫔妃、公卿诸侯夫人内外命妇，皆首插步摇、穿着青衣，各带筐钩，跟从参加礼仪。皇后至西郊升坛，公主诸妇陪列于坛东。采桑仪为皇后东面躬桑，采三条，诸妃公主各采五条，县乡君以下各采九条，然后将桑枝交授蚕母，还蚕室。最后，皇后回到帷幕便坐，公主以下各就位，举行大宴，分祭品给大众，并按地位等级，分赐绢帛。

唐肃宗时，张皇后行亲蚕礼，规模盛大，加入了命妇朝见皇后的大礼。皇后首先率领公主、嫔妃，于距离蚕坛亭不远的大明宫光顺门，接受外命妇朝见，然后大队浩浩荡荡，前往亲蚕苑。古代的亲蚕礼，不仅是对农业耕织活动的尊崇礼仪。也是皇后显示母仪天下和皇家威仪的重要场合。参加仪式的有众多内外命妇，也是以妇女为中心的重大庆典，有如后世的三八妇女节。

唐代亲蚕之详细仪式，《新唐书》亦有记载，祭祀之前，先要卜日，取季春吉日施行。先朝皇后，再祭先蚕，然后行采桑礼。内侍省先行安排场地事项，祭用太牢之礼，规格很高。祭祀时春光明媚，和风微拂，有歌有乐，丝竹钟鼓，余音袅袅。帝后与大群公主贵妇美人，身着青衣，首插步摇，参加仪礼。行步之际，头上步摇，珠明翠艳，步步摇颤。桑园叶碧枝柔，音乐声中，金钩牵条，纤手采桑，其景如画。唐代制度：皇后采桑三条，然后一品命妇代表采五条，二品命妇代表采九条。

祭乐分为迎神、升坛、登歌奠币、迎俎、饮福送神五节。祭献先蚕乐章5首，歌辞是武则天为后时所制，历经千余年，传至今日。其最后一章饮福送神所歌为《昭庆》，其辞曰："仙坛礼既毕，神驾俨将升。伫属深祥启，方期庶绩凝。虔诚资宇内，务本勖黎蒸。灵心昭备享，率土洽休徵。"

先蚕亭遗址未经考古，其遗迹恐已难寻。

（四）桃园亭

《长安志》说禁苑"桃园亭去宫城四里"，则唐时禁苑有桃园，此桃园亭位于桃花园中，当无问题。大将张仁愿朔方立功，归来长安，皇家为其设宴于桃花园，众臣赋七言诗助兴。

桃花园也是帝王常常行乐之处，《全唐诗》收有张说《桃花园马上应制》："林间艳色骄天马，苑里秾华伴丽人。愿逐南风飞帝席，年年含笑舞青春。"[1]徐彦伯也有《侍宴桃花园》诗："源水丛花无数开，丹跗红萼间青梅。从今结子三千岁，预喜仙游复摘来。"[2]说明春日桃花盛开，红艳满目，帝王也与嫔妃群臣会宴桃花园，赋诗作乐。此园当在宫城北侧，且有流水经过。桃花夭夭，流水漂红，园亭赏花，实为春时禁苑一处盛景。

1 全唐诗（卷八十九—二十九），上海古籍出版社。
2 （唐）徐彦伯.侍宴桃花园（《全唐诗》卷七十六—三十）。

05 唐长安禁苑四——东西内苑

秦建明 张亚军 李 卫

唐禁苑中的西内苑、东内苑与小儿坊、十王宅，皆在历史上有一定影响，现依次介绍于下。

一、西内苑

唐西京长安之禁苑，号为三苑，三苑实指禁苑与处于禁苑中的西内苑、东内苑。

西内苑，是唐禁苑中的一处小苑，可以称为苑中之苑。西内苑本名内苑，因位于太极宫之北，又称北苑。可能东内苑建成之后，方称其为西内苑。

西内苑紧依长安城北墙，宽度与宫城相同，东、西苑墙与太极宫宫城对齐。从这一点看，这处内苑，当是隋时旧苑。唐武德五年（622年），大安宫营建时，西内苑应当已经存在，故大安宫择地，只能紧临西内苑之西墙而建。

宋敏求《长安志》记西内苑南北短，东西长，南北 1 里，东西 4 里。宋人吕大防《长安图》中所绘，苑之南北似不止 1 里。吕大防之《长安图》

曰："西内苑广四里，纵二里，四面各一门。"[1]

《唐书》也记其南北 2 里，故《长安志》中 1 里的记载可能有误。

西内苑隔长安郭城与太极宫南北相对。元《类编长安志》记太极宫曰："东西四里。"禁苑亦当东西四里。其后又于"掖庭宫"下曰："《西京记》及《六典》：皇城东西五里百一十五步。今除宫城四里，外即是掖庭宫，东西广一里百一十五步。大安宫东西里数同。"[2] 西内苑处于皇宫之北，与宫城间有城垣分离，但宽度相同，其间有门相通，可视为皇家之御花园。这种宫苑关系，和明清故宫及故宫后的景山公园关系相类。

西内苑内有观德殿、永安殿等。《长安志》曰："内苑，自元（玄）武门外，北至重元（玄）门一里，东西与宫城齐。观德殿在元武门外，永安殿东西外垣门曰日营门、月营门，其北重元门，旧内苑北门也。"[3]《长安志》又曰："（禁苑）启运门之南有内苑。北曰重元门，东曰东云龙门，西曰西云龙门。"[4]

从吕大防《长安图》上看，西内苑之内，东、西各有一道南北墙，将其隔为中间宽，两厢窄的三处空间，大致如横置的"目"字形。故西内苑之东、西，皆有内垣、外垣两道墙垣。东、西内垣墙上所开之门，即东云龙门、西云龙门，东、西外垣墙所开之门，即日营门、月营门。图上西内苑之南墙与长安城之北城墙平行，其上有门，对其南长安城城墙的玄武门，玄武门南即太极宫。西内苑之北墙，辟有一门，遥与玄武门相对，曰重玄门，重玄门之北即为禁苑。

当年宇文恺设计大兴城，没有按古代《周礼》之制，将宫城置于大兴城的中心，而是将宫城置于城中偏北之处，宫城的北墙，借用了

1 云麓漫抄（卷八所引《长安图》）。
2 类编长安志（卷二，续修四库全书本）。
3 宋敏求．长安志（卷六"唐禁苑"）。
4 同 3。

京城的部分北墙，形成了宫城在京城北部居中的形势。这一设计，使得宫城北侧只剩下一道防御线，在遇到外敌围攻时，宫城便会直接受到军事威胁，给后世居于此宫的帝王埋下了后患。宇文恺并不是没有看到这一点，为此，他在京城之北，正对宫城之处，设计了一座小城，以弥补这一设计中宫城北侧防御薄弱之缺憾。这座小城，就是北苑，后称西内苑。小城南对大兴城城墙，筑东、西、南、北四面垣墙，其中构成了一处东西长，南北短的苑区。小城的南门，连通宫城的北门玄武门，小城的北门，则名为"重玄门"。"重玄门"之意，就是玄武门外的"重门"，也就是多出来的一道门。这座小城，比之后代城市的瓮城要大，相当于后代城外的"关城"。小城左右，内外垣墙之间，则驻有重兵，守卫宫城。由此可见，这处小城，具有浓重的军事防御色彩。苑中观德殿和玄武门，都曾举行过尚武的大射之仪。另外，重玄门跨于龙首原上，居高临下，扼京城之要，这是其地为人重视的另一原因。

其东、西苑门称为"营门"，我们也可以感到，其地有兵营驻守之意。当然，重玄门也会驻守重兵。营门之前，再按中国东日、西月的传统，加以日、月之名，便形成了左右对称的"日营门"与"月营门"。古代人在有些绘画中，常常绘有日月，其位置则是左日右月。如出土的许多唐伏羲女娲图上方、马王堆汉墓帛画上方，皆是如此安排。甘肃高台县前秦墓出土有木棺板，上绘伏羲女娲形象，身上书"左日""右月"，在平面方位上，则当为东日、西月。长安禁苑东、西的日营门、月营门即此种传统理念的产物。

唐文宗太和九年（835年），长安曲江池修建紫云楼、彩霞亭，文宗御书匾额赐之。左神策军中尉仇士良排列杂技百戏，一路载歌载舞，喜迎圣书，唐文宗特地登上日营门，欣赏臣下接送御书匾额招摇过市的狂欢。

按《周礼》营国制度，宫城居中，"前朝后市，左祖右社"，大兴城在设计中，基本遵从了这一原则。由于宫城背靠城墙，已经没有了"市"的位置，那么，宫城北多出来的这一小城，也就代表了"市"。

古代的市，是百货汇集，进行交易买卖之地。宫城背后设市，就是对宫城的物资粮食供应进行保障，对于帝王统治来说，最重要的就是有粮草武器的积蓄供给，所谓太仓武库是也。有了这些保障，就有了靠山。所以，这处小城，也可以说是帝王宫廷的古代的市，或者是“库”。其内设有存放冰块的冰井台，即为一证。《长安志》记内苑曰：“鱼粮门，旧重元门。”[1] 说明该苑北门重玄门曾更名“鱼粮门”，此亦为一证。[2] 这也和古代的门市有关。唯唐代储粮的太仓，因水运关系，安置在禁苑之西北。

图1 宋人绘《十八学士图》局部
（十八学士为李世民为秦王时，门下十八学士，后皆任卿相）

这处小城，由于面积较大，也成为帝宫的后花园，是后宫人员安全的游宴之所。太极宫内有河渠，穿城北流入苑，可以营造水景，苑内有亭台楼阁，花园草树，由此而言，也算是一处御苑。因其北部还有更大的禁苑，这一小城，为禁苑三面所围，所以，也就称为“内苑”。同时，“内苑”也有宫中之苑的意思。《旧唐书・职志》记载，宫中女

1 宋敏求．长安志（卷六“唐禁苑”）。
2 （元）长安志图（中，将鱼粮门标注于禁苑北垣，临渭之处，与此说不同）。

官有“司苑，掌园苑种植蔬果”，这种女官，率领宫人，种植蔬果，便宜于在这处近宫的内苑中活动。《西游记》中描写的七仙女入王母蟠桃园采摘蟠桃，可以说就是这种宫女经营内苑果园的一种神话反映。宫女摘花撷露，供奉宫中，也多出入苑中。

内苑之名，大约隋时便有。

到了唐高宗之时，大明宫建成，唐代帝王之政治活动重心由太极宫转移至大明宫，大明宫渐渐取代了唐帝国中枢太极宫的地位。大明宫亦称东内，太极宫为西内，这处内苑，处于大明宫的西侧，同时，大明宫东侧又增设了一处小苑。为了区别这两处皇家御苑，这处禁苑便称为西内苑，而新增之苑，则称为东内苑。

严格地说，唐时被称为西内苑的这处禁苑，虽名为苑，实为一附郭之小城，具有后代城市中“瓮城”或者“关城”之功能。它在隋代和初唐，地位特别重要，可以算是隋唐京城的重要组成部分。

这处内苑，不仅是驻守部队的防区，同时，其中的空间，植花种树，作为囿苑，又如同皇宫的后花园，故以苑名之。内苑之中，尚有宫殿。《长安志》载：“观德殿在元武门外，永安殿……其北重元门 。”[1] 则观德殿与永安殿，皆处于玄武门与重玄门间的中轴线上，是内苑的中心建筑。飞霞殿也处于玄武门北，地形高敞，层阁三重，前有绿池，盛夏避暑，甚是清凉。唐太宗曾于夏时七月设宴此殿，宴饮群臣。

内苑中东侧还有含光殿、球场亭、歌舞殿，东侧的冰井台，则是藏冰之所，冰井台西有通过楼。苑内樱桃园中，还有看花殿、祥云楼。苑西侧有广达楼、永庆殿、翠花殿等。其中含光殿遗址，在现代基建中，曾出土过太和五年（831 年）建“含光殿及球场等”奠基石一方。

唐代，宫中流行打马球，所以禁苑中球场很多。唐代帝王中，玄宗、

1 宋敏求 . 长安志（卷六“唐禁苑”）。

宣宗皆球技超绝，下场比赛，风回电掣，不让一流高手。唐僖宗则自称：天下如有击球比赛，状元非我莫属。上有所好，下必行焉，在帝王的倡导下，不但宫中流行马球，唐代王公大臣，也积极参加，其间名手辈出。唐代近三百年间，马球比赛之风一直炽盛，许多唐代墓葬的壁画中，也绘有马球戏图，甚至绘有宫中女子马球队。

图 2　唐代墓葬壁画中所绘之打马球场景

唐中宗时，梨园亭子球场就进行过吐蕃球队与汉人球队的激烈比赛，李隆基时为楚王，也参与比赛，往来驰骋，尽显手段。为了比赛方便，左、右神策军虽是国家禁卫军，其中却蓄养了不少马球高手，作为表演和陪玩。这些球队之中，球手个个技艺高超，堪称国家队。

二、东内苑

东内苑亦为一处苑中苑，其处于禁苑之中，位于大明宫东南侧。据北宋吕大防《长安图》上看，其为南北长方形，内有池，有宫殿。苑名分东、西，当由两苑处于大明宫东、西而来，而大明宫建于初唐，故东内苑的出现，要晚于西内苑。或曰：东苑近于东内大明宫，故名东内苑；西苑近于西内太极宫，故名西内苑。

《长安志》记载："东内苑，南北二里，与大明宫城齐，东西尽一坊之地。南即延政门，北即银台门，东即太和门。龙下殿、龙首池、凝晖殿（一作承晖殿），宪宗置也。灵符应圣院在龙首池东，会昌元年（841 年）造。"[1] 宋人吕大防之《长安图记》曰："东内苑广二百五十步，纵四里九十五步，东一门。"[2] 诸说尺度不同，但其为南北长，东西短之大形则无疑。

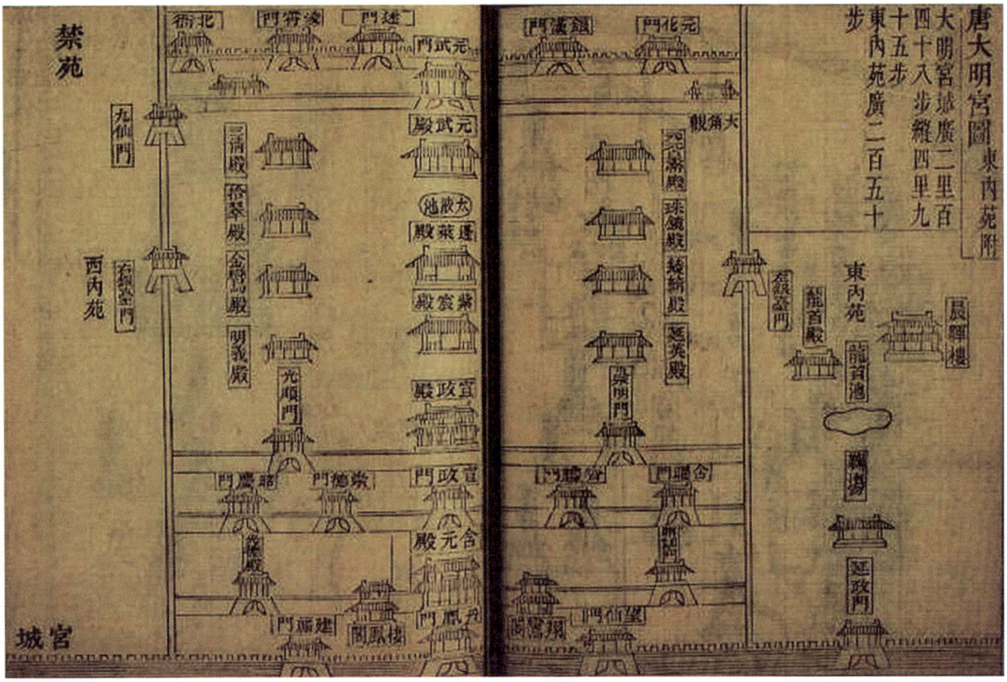

图 3 《长安志图》中所附"唐大明宫与东内苑图"

处在大明宫东南隅的东内苑，除了以上建筑外，还有若干殿宇及教坊、马坊、马球场等。唐代宫中盛行打马球，马球场即比赛马球的地方。

东内苑的龙下殿或许是龙首殿的别名，灵符应圣院或说是供奉老君灵符之地。苑中的龙首池与凝晖殿，是唐宪宗精心营造的园林宫殿，水殿相映，花木葱郁，甚是华美。《旧唐书·裴度传》记载："浚龙首渠，起凝晖殿，雕饰绮焕，徙佛寺花木以植于庭。"唐时佛寺，多有老木古树，

1 宋敏求. 长安志（卷六"唐禁苑"）。
2 云麓漫抄（卷八所引《长安图》）。

也喜种植名花异卉，以吸引信众游客，唐宪宗在禁苑中征集的佛寺花木，必然都是佳种名树。

长安城的风水，据说占据着一条龙脉，这条龙脉，就是历史上有名的龙首原。

古人传说，秦时有黑龙自南山出饮渭水，其行道因成土山，其北即“龙首”。龙首原虽号为土山，其实是一条微高于周边的土岗，为秦岭山前地质运动中一块倾斜的小台原，其形东高西低，南高北低。龙首原主脊自秦岭山前发出，沿浐河西岸，一直向北延伸，将至渭水之滨，然后西折，消失于汉长安城之西。古人称其“首入渭水，尾达樊川”，全长 60 里，龙首所在，即今西安城偏北之地。

不论是汉长安城，还是隋唐长安城，甚至秦咸阳，都在建城之初，即发现了渭水南岸的龙首原高地，珍重而用。秦之章台，即处于龙首之上。汉长安城，承秦人所选，亦倚龙首之原，取其阳坡之势。故汉人班固《西都赋》:“睎秦岭，睋北阜，挟沣灞，据龙首，图皇基于亿载，度宏规而大起。”[1] 张衡的《西京赋》，亦说未央宫“疏龙首而抗殿”。

隋初建新都大兴城，之所以选择此处，也是因为“龙首山川原秀丽，卉物滋阜，卜食相土，宜建都邑”。建都于此还可令“定鼎之基永固，无穷之业在斯”。

隋大兴城虽选建于龙首原南坡，然其位置惜乎微微偏下。唐代君王对此意犹未足，唐人曾多次表示：长安城原核心太极宫之位置，潮湿卑下。所以唐人于都城之外，复建大明宫，将宫址向东北偏移，便是奔着龙首原地势较高处而为。所以，大明宫建成后，借龙首之势而向阳背高，成为唐帝国真正的政治中枢。《新唐书·地理志》便说:“京城前直子午谷，后枕龙首山，左临灞岸，右抵沣水。”

1 文选·西都赋，岳麓书社，1995：4。

为了突出帝王宫阙的壮丽，建筑宫殿之时，不仅选取自然地势之高，还要在朝宫之下，再加高基础。使其更加高大巍峨，具有令天下景仰的威仪。历史给今日所留下的汉未央宫前殿遗址与唐大明宫含元殿遗址，都非常高大，便是古人努力经营的结果。

一道龙首原，被巧妙利用，解决了西安地区建都的地形缺陷，使汉唐古都，日臻完美，成为多代龙兴之地。汉唐帝国在这样的都城中，枕龙首而运机枢，制四方而雄天下。

这条普通的土岗，在这种特殊的都城建筑环境下，竟然演变成为充满神秘意义并且非常尊贵的龙脉。而帝王们极力鼓吹的龙脉背后，也隐含一些古代地学与选址学问的科学道理。隋代在都城上游的浐河引水入城，谓之龙首渠，唐人复沿龙首渠北引至东内苑，掘池注水，名龙首池。龙首山既为龙脉，此地也就是古人心中的龙池。

唐武宗会昌元年（841 年）三月，“造灵符应圣院于龙首池”[1]，这处“灵符应圣院”在东内苑中的龙首池东，《类编长安志》则记苑中有“灵符池，应圣院。”[2]此地也可能是唐王朝供奉龙王之所，其处还有“龙下殿”。正因为如此，此地才成了唐代帝王祈雨之所。

唐玄宗曾至东内苑中的龙首池祈雨，开成年间，此地曾举行隆重的宫中祈雨之仪，由宫女表演祭赛，文宗亲自临池观看。唐代皇家祈雨，常常要向水府投龙简，所谓“岁岁投金龙”之仪。唐代帝王祈雨，也有投宝玉者。传说关中大旱，唐玄宗祈雨兴庆宫龙池，就将皇家至宝“玉龙子”投入池中。故今日深处于龙首池底的青泥之下，说不定还隐含有千年前皇家祈雨之金龙宝玉。

龙首原既为龙兴之地，亦为历代王朝重视，那么，这一“龙脉”，

1 旧唐书·武宗本纪。
2 骆天骧．类编长安志·卷三。

当然也有可能会令未建都于此之帝王，心中有所忌惮。元代的李好文为撰写《长安志图》，专门考察了龙首原之脉络，他发现龙首原自汉长安城向东延伸，至大安宫与西内苑后墙，再东则至唐大明宫之含元殿，再东南沿浐河西岸而南折。但至长乐坡北，这道龙脉却残缺中断，这一段“率多堑掘”。询问故老，则曰：元初修建安西王府时，于此地大规模取土所致。李好文这次考察结果，发现龙首山中断，记录下了这一现象。但有意思的是，他身为元代臣民，不敢说破其中关键。

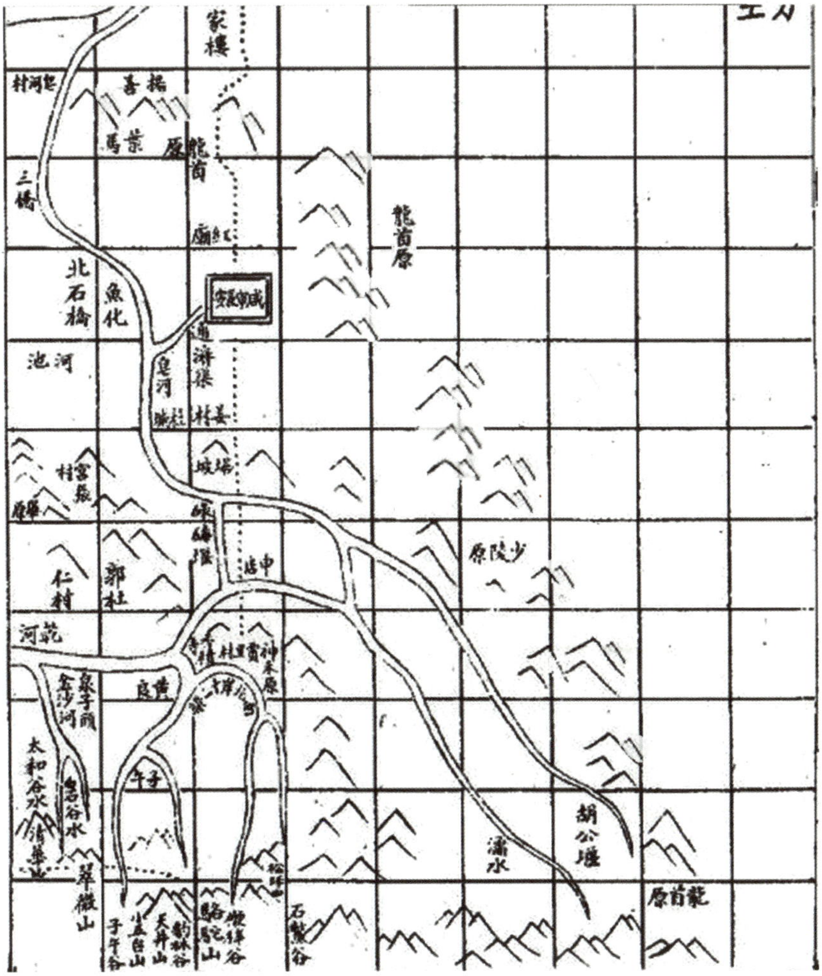

图4　清《长安县志》插图中所绘之西安“龙首原”
（为了加强其脉络感，本文据原图对其山形做了部分修整）

宋改长安为“京兆”，元定都北京，将京兆改名为“奉元”，并在建安西王府时，挖断了长安龙首原之“龙脉”。这其中，也许有古人善用的厌胜之术。

时至今日，长安禁苑故地已经高楼林立，龙脉难寻。历史上人为建设耕作，自然的风化侵蚀，必然逐渐削平地貌。另外有一因，就是数千年来秦岭一直抬升，带动山前地面北倾，致使渭河北滚3000多米。在这种情况下，原本较高的龙首原，也会显得有些降低。但我们由道路起伏，水流分背上，仔细观察，依然能发现这条高岗的踪迹。

东内苑中另有看乐殿、内教坊、球场等建筑。内教坊是培训音乐舞蹈人才之地，看乐殿则是观赏表演之处。看乐殿，或面对有表演之舞台。帝王饲鹰养犬的五坊，大约也设于此苑之内。

三、小儿坊

李唐家族，久处北方，颇具胡风，不仅长于骑射，亦好骋马畋猎。唐高祖李渊，就好鹰爱马，既有天下之后，此风依旧不减。禁苑之中，便是唐代帝王时常游猎之地，也养有许多鹰犬。玄武门之变后，李世民主持国事，即纵禁苑所养鹰犬，并停诸方所进珍异，政尚简肃，天下大悦。说起来，古时帝王囿苑，本有狩猎之礼仪，一年之中，可能要举行数次大型狩猎活动。这种活动，本意是进行军事演习，以保持部队的组织与战斗力。但后世许多帝王往往以此为借口，将这种演习扭曲成了走狗架鹰、寻求消遣的游乐节目。

为了游玩，唐代皇帝特于宫苑驯养驼马、鹰狗、斗鸡等，甚至有“鸡坊”“虎圈”。后又专门设立五坊，这五坊，分别为鹰坊、雕坊、鹞坊、鹘坊、狗坊，皆是养饲训练狩猎用的鹰犬之类玩物。帝王来了兴趣，便架鹰驱狗，游猎苑中。

天宝八年（749 年）：以王鉷“兼充闲厩使及苑内营田五坊宫苑等使”。

当时供役于苑中者，多称小儿。《旧唐书 · 哥舒翰传》记载：安史之乱时，杨国忠曾建议：“选监牧小儿三千人，训练于苑中。”诏从之，遂派二将率领这些人进行部伍训练。

而其中养鹰弄狗之徒，侍候帝王狩猎者，则称“五坊小儿”。《长安志》记载禁苑：“内园小儿坊，傍有看乐殿内教坊，元和十四年（819 年）复置仗内教坊。东下马桥，东头御马坊，文宗诏置。东头御马坊球场，还龙武军直殿及亭子殿。”[1] 此小儿坊即位于东内苑中，与看乐殿相邻。唐玄宗之子李琰，就曾被囚于鹰狗坊。

五坊中训养的可能不止鹰犬之类，还有犀象等动物。唐玄宗在勤政楼举行盛大歌舞宴会，曾有五坊使引大象入场表演，这些大象或拜或舞，踏足摇鼻，一举一动，合于音律。白居易曾写有一首关于宫中“训犀”的诗，诗中说该犀牛由海上蛮方进贡，历经万里，来至长安。犀牛经过 5 年训养，能表演欢呼拜舞。犀牛入苑，“秣以瑶刍锁以金”，待遇很高，帝王甚爱，可惜北方天气寒冷，“饮冰卧霰苦蜷跼，角骨冻伤鳞甲蹜”，最后竟然活活冻死。[2] 唐人常衮《奉和圣制麟德殿燕百僚应制》诗中曰：“云辟御筵张，山呼圣寿长……蛮夷陪作位，犀象舞成行。”[3] 所以，五坊拥有能表演的训象、训犀，也可以说是大唐皇家的马戏团。

唐玄宗好戏马斗鸡之戏，特别欣赏金毫铁距之雄鸡，观其扑飞相斗。故于东、西两宫之间，建立鸡坊，养之数千，选“六军小儿五百人”，为之训养。宫廷除了斗鸡，还流行斗鹌鹑。唐僖宗不仅

---

1 宋敏求 . 长安志（卷六“唐禁苑”）。
2 白居易 . 训犀（《全唐诗》卷四百二十六）。
3 常衮诗 . 奉和圣制麟德殿燕百僚应制（《全唐诗》卷二百五十四）。

好斗鸡，又喜斗鹅。王铁之子王准，以斗鸡为玄宗宠爱，势焰熏天，作恶甚多。他敢于在长安弹人为戏，一次竟然故意用弹弓瞄准驸马，将其头上玉簪打断，如此威胁，驸马与公主不唯不敢发怒，还要赔上笑脸。

五坊小儿恃仗皇家威势，极是骄横，其中许多人完全是流氓无赖。在唐贞元年间，扰害民间尤其酷烈，他们四处敲诈勒索，不但京城百姓畏之如寇盗，连官吏见了他们也战战兢兢。《旧唐书·裴度传》记载："宣徽院五坊小使，每岁秋按鹰犬于畿甸，所至官吏必厚邀供饷，小不如意，即恣其须索，百姓畏之如寇盗。""先是，贞元末，此辈暴横尤甚，乃至张网罗于民家门及井，不令出入汲水，曰：'惊我供奉鸟雀。'又群聚于卖酒食家，肆情饮啖。将去，留蛇一箧，诫之曰：'吾以此蛇致供奉鸟雀，可善饲之，无使饥渴。'主人赂而谢之，方肯携蛇箧而去。至元和初，虽数治其弊，故态未绝。"

五坊小儿敢于如此胡作非为，可见，唐时天子脚下，长安百姓日子亦不好过。五坊小儿的大本营就处于禁苑，民间甚至将龙首原呼为小儿原。

内苑小儿受宠骄横，引人愤恨。《新唐书·陈敬瑄传》记载："黄巢乱，僖宗幸奉天，敬瑄夜召监军梁处厚，号恸奉表迎帝，缮治行宫。令孜亦倡西幸，敬瑄以兵三千护乘舆。冗从内苑小儿先至，敬瑄知素暴横，遣逻士伺之。诸儿连臂欢咋行宫中，士捕系之，呼曰：'我事天子者！'敬瑄杀五十人，尸诸衢，由是道路不哗。"国破家亡，皇帝逃难，还带着一群只知玩耍戏弄的内苑小儿，这种皇帝，也只有亡国一途。更可笑者，君臣蒙难，生死未卜，内苑小儿还不知死活，连臂作歌，直至被大杀一通，50人尸横街头，方才老实。

图 5　宋人所绘《明皇斗鸡图》，图右下方即为斗鸡小儿

四、十王宅

十王宅（后称十六王宅），初设于玄宗时，取长安城东北角一坊，作为安置帝王子孙的专门区域，内设院落，外有围垣，如同一小城。十王宅虽说在长安城内，但宋人吕大防之《长安图》记载：早在唐高宗营大明宫之时，已经将"东北隅永福一坊，筑入苑。先天以后，为十六王内宅"[1]。因此坊连通禁苑，故号为"入苑坊"，亦称"附苑城"。此坊处于唐代禁苑之东南，北、东皆与禁苑相邻，其北专门开有通禁苑之门，故也可视为禁苑的一部分。

1 云麓漫抄（卷八所引《长安图》）。

帝王嫔妃成群，子孙众多，如唐玄宗即有30子，玄宗一子李玢，有子女36人，另一子李琬，更有子女58人。这些龙子龙孙，小则衣食奢华，斗鸡走狗，大则开府封王，钟鸣鼎食，贵为公卿。但帝王子孙，为了争权夺利，常常相互倾轧，其中有野心者，更是窥伺帝位，结党异谋，甚至造反叛逆。唐初太宗即兄弟相残，父子有隙，至玄宗，复宫中血刃，争斗纷纭。唐代，太宗、玄宗，都搞过政变，夺取政权，深知宫中争斗之利害。

皇室兄弟子侄，虽为手足骨肉，转眼之间，也可能化为你死我活的仇敌。玄宗是过来人，深明其道，对于心腹之患，也精于防范。于是下令在禁苑中设“十王宅”“百孙院”，将这些子孙，进行集中管理。配以教师，灌以圣人忠孝之道，令其熟读苦吟，断其野心；委以心腹，隔离其友朋羽翼，锯角拔牙，防止坐大。唐玄宗还特地在太学建立巨碑，亲笔书写《孝经》，刊刻其上，以倡君君臣臣、父父子子之道。说来也好笑，自己夺权时所为，就是无君无臣，干的就是父不父、子不子的勾当，为了保住自己的皇位，却反过来对子孙和臣民严格要求，要他们遵守君臣父子之道。

《旧唐书·玄宗诸子传》记载：“先天之后，皇子幼则居内，东封后，以年渐成长，乃于安国寺东附苑城同为大宅，分院居，为十王宅。令中官押之，于夹城中起居，每日家令进膳。又引词学工书之士入教，谓之侍读。十王，谓庆、忠、棣、鄂、荣、光、仪、颍、永、延、济，盖举全数。其后，盛、寿、陈、丰、恒、凉六王又就封，入内宅。二十五年，鄂、光得罪，忠继大统，天宝中，庆、棣又殁，唯荣、仪等十四王居院，而府幕列于外坊，时通名起居而已。外诸孙成长，又于十宅外置百孙院。每岁幸华清宫，宫侧亦有十王院、百孙院。宫人每院四百，百孙院三四十人。又于宫中置维城库，诸王月俸物，约之而给用。诸孙纳妃嫁女，亦就十宅中。”

据说玄宗当时设院选址，曾请术士参谋。术士知其内情复杂，关系重大，不敢介入，极力推脱而去。

对子孙提防限制的并非个别皇帝，到唐代宗时，更是明令："禁王公、宗子、郡县主之家，不得与军将婚姻交好，委御史台察访弹奏。"德宗时有一李广弘，据说也是唐宗室之后人，他勾结朝中一批军官，阴谋发动一场宫廷政变，为人告发，连同一众党羽，皆被斩首。

玄宗诸子女，常不离深宫，金枝玉叶，衣食无忧，王子王孙，也尽可斗鸡走狗、蹴鞠弹射于苑中。禁苑之中，也就成了王子王孙的游乐场，所以，王子王孙中出些马球、蹴鞠高手，也就不足为奇。然而这些子孙，平时不得外出，自由不足，更不敢卖弄治国理政之术，须深自收敛。这些王子王孙中，不乏封王开府者，然而封王开府也就是个样子，所谓"时通名起居而已"，大多没有什么实权。王子王孙处于这种环境之中，真是形同囚禁，欲当一平民而不可得。玄宗第四子棣王李琰，玄宗怀疑他对自己密行厌胜之术，将他囚禁于鹰狗坊中。并且绝朝请，不与他见面，让他连喊冤的机会也没有，李琰最后忧惧而死。不唯帝王诸子孙有此禁限，公主、郡主等女子也有此厄。德宗登基后，发现一些公主、郡主、县主久困其中，竟然头发已经斑白，尚未婚嫁。遂命在诸王院久而未适人者，全部以礼出嫁。

可见，玄宗自己身居皇位，作威作福，风流放荡，为防止内部发生政变，却不惜对子孙进行摧残般的监视管制。后来暴发安史之乱，一些子孙方得解脱。此时玄宗也被迫退位，当了太上皇，凄风冷雨，居于深宫，实际上是被软禁。他在宫中，但见"西宫南内多秋草，宫叶满阶红不扫"，过着"孤灯挑尽未成眠""迟迟钟鼓初长夜"的生活。当年迫害子孙的玄宗，被儿子"以彼之道，还施彼身"，也饱尝了十王宅、百孙院的那种富贵囚笼滋味。

《旧唐书·玄宗诸子传》记载："广德元年（763 年）十月，吐蕃凌逼上都，上将幸陕州，自苑中而出，骑从半渡浐水。将军王怀忠遂闭苑门，横截五百余骑，拥十宅诸王西投吐蕃。”战乱之中，昔日尊贵的十宅诸王，竟然被当成了人质。德宗时，朱泚反叛，“害郡王、王子、王孙七十七人于马璘宅”，皇室子孙，死亡惨重。

唐末，昭宗子“德王已下六王皆为玄晖所杀，投尸九曲池”。

看上去富丽堂皇、锦绣荣华的十王宅、百孙院，内里却杀机重重，阴森可怖，这种表里之巨大反差，非常人所能窥见。

06 周灵台

秦建明 张亚军 李 卫

天文观象台，古曰灵台。三千多年前的商代末期，周文王姬昌建丰京时，于陕西关中的沣河之旁，建起了一座灵台。在此时期，文王还在丰京旁建有周的苑囿，名曰灵囿。灵囿之中，有清泉涌出，形成一处湖泊，名曰灵沼。灵台、灵囿、灵沼，后人或合称“三灵”。扬雄《羽猎赋》记成帝于上林校猎：“非章华，是灵台。”[1]就是指此。灵台是丰京之旁著名的建筑古迹，也是历代为人称道的一处关中名胜。

灵台，传说是周文王姬昌在位时所建，用于测天颁时，观星望气。这种灵台，后代或称之为天文台、观象台。丰京之灵台，是中国古代文献中记载较早的国家天文台，在中国古代天文史上具有很大的影响。

发源于秦岭的沣河，水流清澈，这条河流出山后，进入关中平原，悠悠北流，最后注入渭河。当年，高大的灵台，即矗立于河岸，远远即可望见。然而，历经数千年风雨，这座建于商代末期的灵台早已废毁不显。历史记载，其旧址处在今西安市西南，长安区与户县交界处的沣河西岸，南距户县秦渡古镇不远。今其地有一寺院，名曰平等寺，寺院所处，即灵台旧址。

1 文选·羽猎赋，岳麓书社版，1995：308。

平等寺处于秦渡镇之北，邻沣河，四周开阔，皆为耕地。沣河西岸有上下两级阶地，临河的一级阶地甚宽，二级阶地距离河岸较远，高于一级阶地五六米，两者过渡处为一陡坎。平等寺寺院即坐落于二级阶地的上缘。二级阶地之上，有一道与河流垂直的和缓土梁，自西而来，至二级阶地边缘而止。这道土梁之形势，犹如一条长龙之脊，自西向东，垂直伸向沣河，平等寺恰建于其首，形胜绝佳。20 世纪 80 年代初，这里仅存破庙三间，内尚有一老尼，艰难度日。今则寺院面貌大改，然依旧为尼寺。寺院坐西面东，朝向沣河，前有山门，内有前殿殿基，其后建左右偏殿，寺后为一小台，上建文王阁。这处新建之文王阁，体量亦不大，只能算是小庙。但文王阁与阁后一带，却是历代相传之灵台故址。清《长安县志》记灵台曰："今县西南五十里平等寺后有台，即其故址。"[1] 可见当初灵台选址，亦对地形进行了勘察。

图 1　自沣河河岸远眺灵台遗址

1 （清）长安县志卷 20（嘉庆十六年修，民国二十五年重印），成文出版社（《中国方志丛书》版）。

《诗经·灵台》记载了周文王建筑灵台的事迹，“经始灵台，经之营之。庶民攻之，不日成之。”

何谓灵台？古人解释说：“神之精明者称灵，四方而高曰台。”古人观日月星辰以定时间，观天象以占吉凶，天垂象而圣人则之，颁时布政，以教万民。万物春生夏长，秋收冬藏，百姓也日出而作，日没而息，仰天之灵，顺道而行。故古天文台，要完成测日星而制历，观天象而求吉的任务。后代的天文台，都是建一高台，在台上安置仪器，进行天文观测。周之灵台，性质大致与后代的天文台相同。

据说，只有权力最高之帝王，才能设立灵台，诸侯则只能建立望气之“时台”。何休解释《公羊传》时说：“礼，天子有灵台以候天地，诸侯有时台以候四时。”汉代许慎《五经异义》云：“天子三台，诸侯二。天子有灵台以观天文，有时台以观四时施化，有囿台以观鸟兽鱼鳖。诸侯当有时台囿台，诸侯卑，不得观天文，无灵台。”[1]从历史上看，这种说法很有道理。帝王为了维护自己最高的统治权威，自称天子，将其统治行为美化为代天行令，是奉行上天的旨意行事。天文台是观星察辰之所，古人往往以天象预测人事，以为日月天星有变，则人间也会有相应的变动。因此，灵台观测，就是接受上天之神意，“候天意也”，让万民在帝王指引下，顺天而行。灵台观测，关系到天下国运，如此大事，通天权柄，必由帝王掌管，诸侯当然不能染指。

灵台也是观天测时之地，通过观测日月星辰的运动，以制定历书，颁布时间，让天下臣民一体遵守。古代帝王，设有明堂，帝王在明堂按月举行仪式，向诸侯臣下发布“时令”，也就是发布统一的时间与提示当月宜于进行的工作。公布时间，古代简称颁正朔。要管理国家，必须有统一的时间，统一的货币，统一的政令，在此方面，对所有的臣民必须一致。使用统一的时间，是一个成熟国家的重要标志。运用国家颁布的统一时间，除了实用外，也表示应用者臣服于帝王之统治。

1 诗三家义集疏（卷二十一），中华书局，1987：863。

如果不奉帝王之正朔，则表示不属于帝王管辖。在这种情况下，帝王的臣民如果另搞一套，则会被视为反叛行为。

所以，只能帝王有权拥有灵台，也就不难理解了。

商代末期，商王纣在位，周国是商的属国，周文王姬昌当时算是商的臣，被封为西伯，管理西部诸侯，故称西伯昌。如果文王以臣下之身份，建立灵台，就属于僭越行为，自然引人注目。所以，当时周人设立灵台，是否为商王朝认可，便成了很大的疑问。

历史记载中，常常提到文王“受命之年”，受命是指“受天之命”，也就是自立为王之意。据《史记·周本纪》记载：“诗人道西伯，盖受命之年称王而断虞芮之讼。后十年而崩，谥为文王。改法度，制正朔矣。”[1]《正义》载：“二国相让后，诸侯归西伯者四十余国，咸尊西伯为王，盖此年受命之年称王也。”[2]《易纬》云：“文王受命，改正朔，布王号于天下。”[3]这些文献，都提到西伯昌有称王之事，而且“改法度”“制正朔”。《帝王世纪》亦曰：“文王即位四十二年，岁在鹑火，文王更为受命之元年，始称王矣。”[4]西伯的这些举动，用今天的话说，就是脱离商王朝，建立周王朝，宣布国家独立的行为。如果这样，文王建立灵台，测天授时，改制正朔，则是新王朝必不可少的举措。故郑玄说：“文王受命而作邑于丰，立灵台。”“文王立灵台而知人之归附。”

《尚书·武成》记载：“我文考文王，克成厥勋，诞膺天命，以抚方夏，惟九年，大统未集。”“诞膺天命”，是说受天之命。“大统未集”，就是指没有灭商，没有完成统一大业。

所以，文王建立的灵台，就不仅仅是一座普通的观天测时建筑，

1 史记·周本纪，中华书局本。
2 史记·周本纪，张守节·正义，中华书局本。
3 同2。
4 同2。

它还是一种建国独立的标志。对于商王朝来说，这是一种大逆不道的反叛行为，由此而论，这座灵台，还有着重大的政治意义。

纬书《乾凿度》称，文王十五年作灵台。按理，灵台当作于受命之年，即文王四十二年。虽说法不一，但灵台初建之时，距离今天至少已经有三千多年的历史了。

灵台筑土为台，或曰其取土之地，即为灵沼。《孟子·梁惠王上》曰："文王以民力为台为沼，而民欢乐之，谓其台曰灵台，谓其沼曰灵沼。"后人解释为周文王筑灵台取土而地势低洼，故成池沼。如按此说，则灵沼与灵台相距不会太远。实际今日所见灵台与灵沼，二地相距甚远，尚有数里之遥。取土远堆，甚是劳民，文王可能不会干这种无效之事，所以前人之说法，也不一定可靠。

周文王虽受命称王，建立灵台，但至文王去世，也未能灭商，甚是遗憾。文王之子姬发即位，是为周武王。武王即位当年，就车载文王木主（灵位），自称太子发，出师伐商。武王之所以这样出师，就是想以文王之名伐商，完成其父未竟之大业。周师此役，直至盟津而返，未能与商人接战，后世称之为"观兵盟津"。两年后，周师再出，至商郊牧野，与商王进行了一场大决战，一举攻入朝歌，纣王自杀，商王朝终于灭亡。

灭商之后，周武王在沣水之东，建成了镐京，作为首都。《诗·文王有声》曰："考卜维王，宅是镐京。维龟正之，武王成之。"可见文王不仅作邑于丰，建立了丰京，连镐京也是文王时规划的，至武王完成建设。此时周的镐京与丰京，隔水相望，史称丰镐二京。《楚世家》载："康王有丰宫之朝。"《集解》引杜预曰："丰在始平鄠县东，有灵台，康王于是朝诸侯。"丰镐二京在武王时，成为号令全国的天下之都，进入了它最辉煌的时代。

公元前770年，申侯勾结犬戎，杀死周幽王。诸侯共奉太子为平王，放弃丰镐，都城东迁洛邑。从此，兴盛了二百多年的丰镐二京，经过这场大乱，想必皆成为废墟。而周之灵台，亦寂然无闻。

一百多年后，周之灵台，突然出现在历史记载中。当时秦国占据了关中，秦晋二国交战，秦穆公俘虏了晋君，将其安置在灵台。《左传》僖公十五年记载：秦伯舍晋侯于灵台。杜注："在京兆鄠县，周之故台。"秦囚晋君于灵台，说明春秋时周灵台尚有房舍，可以住人。

后至西汉晚期，平帝在位，政自莽出。《汉书·平帝纪》记元始五年正月，"羲和刘歆等四人使治明堂、辟雍，令汉与文王灵台、周公作洛同符。"王莽有强烈的复古意识，此次于长安新建灵台，就是仿效周文王灵台。周之灵台旧址，距离长安不远，少不了要对其进行考察，可能还会受到保护治理。至此，文王灵台已经屹立千年之久。

《汉书·王莽传上》记元始五年太后诏文，称颂王莽之功曰："《诗》之灵台，《书》之作雒，镐京之制，商邑之度，于今复兴。"王莽所建灵台，大约在长安城南。

《史记集解》引徐广曰："丰在京兆鄠县东，有灵台；镐在上林昆明北，有镐池，去丰二十五里。皆在长安南数十里。"[1] 徐广是南朝刘宋时人，他对灵台情况的记述也很准确。

由于灵台突出地表，当周代许多宫苑文物都沦亡之后，灵台就成了周遗址的重要地标，观瞻者不绝。唐时此地存有灵台乡，也有文献记载当时灵台的尺度。为宋代《长安志》作序的赵彦若，就曾经游览过镐京、灵台。

灵台与国都的方位关系，前人也有研究。清《长安县志》卷 20

1 史记·周本纪，中华书局本。

引古曰："《诗正义》谓灵台在国之西郊，《公羊》说谓在东南，今以丰邑证之，当从《公羊》说。"[1]文王所建灵台，与丰邑有关。灵台近于沣河，其间不可能再有城邑，如说其在国都丰邑之西郊，必然有误。按《公羊》之说，灵台处在丰邑之东南，则比较合理。如果今日周灵台遗址无误，那么，其西北就是丰邑之所在，丰邑具体位置的探寻，或可由此得到启发。

《水经注》在"丰水"下，倒是提到了灵台："丰水出丰溪，西北流，分为二水，一水东北流为支津，一水西北流，又北，交水自东入焉。又北，昆明池水注之。又北，经灵台西。"（注：丰水即沣水。）但《水经注》所说的这处灵台，处于沣水之东，不属于丰邑之地。文王都丰时所建灵台位于沣水西岸，秦渡镇之北，属于古丰京范围，汉昆明池遗址在其下游。也许，《水经注》等所说的沣东灵台，是镐京时期的国家天文台，而非文王时期的灵台，所以《史记正义》认为，灵台在国之西郊。另一种可能，就是《水经注》所说的灵台是汉代的清台。清台是汉代的一座天文台，也号为清灵台，位于昆明池下游的汉长安城西北，距城八里。

唐初，编写《括地志》时，这座周初所建之灵台还"高二丈，周回一百二十步"。自唐宋至今，已有千年，其地旧台已然不显。今人所见灵台，乃平等寺中文王殿下之小台，台殿系近年新建。

周之灵台，可谓承载着数千年丰富的历史信息。

如今的灵台，处于平等寺中，俗曰"文王台"，高约一丈，台上建有小殿一座。寺中钟鼓悠扬，梵唱不绝，时有游人，来此焚香，瞻仰古迹。灵台旧址变为寺院，不知始于何时，或曰唐时所建。《关中胜迹图志》曰：灵台改寺乃秦藩所为。秦藩，是指明时受封为秦王的朱元璋子孙。或曰此台神灵，明王朝畏其天子之气，故设

1 长安县志（卷二十），成文出版社（《中国方志丛书》版），嘉庆十六年修，民国二十五年重印。

寺以镇之。清建国后，于乾隆三十九年，亦曾重修佛寺。同治年间战乱中，寺院曾遭重创。中华人民共和国成立后，寺内尚存有古柏、古钟，现皆不存。

今其灵台遗址，为陕西省文物保护单位。

图 2　平等寺中的文王台

07 灵沼与灵囿

秦建明 张亚军 李 卫

灵囿是周文王之苑囿，始建于三千多年前的商代末期，为中国最古老的苑囿之一，在中国古代园林史上，具有很大的影响。与灵囿齐名的还有灵沼，它也是文王所建丰京时之旁著名的湖池景观。与此同时，文王还建有周的天文观象台，名曰灵台。灵囿、灵沼、灵台，后人或合称“三灵”。扬雄《羽猎赋》记成帝于上林校猎：“方将上猎三灵之流，下决醴泉之滋。”所说的三灵，可能就是指此。

今将灵沼与灵囿简介如下。

一、灵沼

灵沼，是陕西关中一处著名的古迹，已经有三千多年的历史。

史载灵沼为周文王所开，其处于周的苑囿之中，由此而言，它应当算是中国早期园林中的池。文王是中国历史上的圣君，而灵沼又体现了文王之德，故这处池沼为人称颂不已，在历史上有很大的影响。

这一池沼，位于今日西安市长安区灵沼镇海子村一带，其西与户县赵王镇相邻，近年其水虽枯，沦为农田，但其址犹存。如果说，在历史学家眼里，周的镐京具体在哪里，还有疑问；丰京具体在哪里，还有疑问；灵台位置在哪里，也难以完全定论；灵囿在哪里，范围说不清楚。但周之灵沼，有相应的历史记载，其具有独特结构，位置也是没有多少疑问的。

灵沼是比较特殊的一处池沼，它处于秦岭北麓的关中平原上，东侧是一条较大的河流沣河，西侧有一条小河，名曰苍龙河。两条河流皆源于秦岭，北流入渭。就在两河之间的平地上，有一个海子村，村旁涌出一股清泉，形成一个小小的湖泊，这一湖沼，即名灵沼。灵沼溢而北流，其北流之水，就叫灵沼河。沣河和苍龙河之间，宽约七八里，其中海子村地势低洼，平地涌泉，并形成湖泊，的确算是比较奇怪。古人称其为“灵沼”，怕也是此原因。

灵沼的产生，大约是一处天然的涌泉，被古人发现，并加疏浚而成。商周之时，气候温暖，雨量丰沛，关中沣河之水，流量甚大。那时的地下水位也远比今日为高，涌泉颇多，所以许多洼地，都成池沼。最初的灵沼，应当就是这样一处涌泉之池。涌泉之地，古人视为吉祥，甚是珍重，故以灵为名。

但也有传说，周文王筑灵台取土于此，故成池沼。《孟子·梁惠王上》曰：“文王以民力为台为沼，而民欢乐之，谓其台曰灵台，谓其沼曰灵沼。”

《诗经》曰：“王在灵沼，于牣鱼跃。”《毛传》释灵为：“灵沼，言灵道行于沼也。”是说文王德厚，泽及地方，不但受到人们的称颂，连鱼儿在这种环境下，也活得逍遥自在。

灵沼不但在周时为王室苑囿的重要景观，秦汉之时，此处也属于皇家禁苑上林重地。

1|2

图 1　旧时积水之灵沼

图 2　平日无水的灵沼河道

《汉书·杨雄传》说成帝于上林围猎，就提到灵沼："营合围会，然后先置乎白杨之南，昆明灵沼之东。贲、育之伦，蒙盾负羽，杖镆邪而罗者以万计。其余荷垂天之毕，张竟野之罘，靡日月之朱竿，曳彗星之飞旗。"

灵沼与文王之盛德挂上了钩，就不仅仅是处普通的景观，而成了天下的圣迹。这种地位，使得历史上无数园林景点灰飞烟灭之际，而灵沼却大名长存，寻访者不绝。

历史上战乱频频，王朝更迭，此类距离都城丰镐、咸阳、长安不远的苑囿也会随之兴衰浮沉。灵沼的历史，应当非常复杂，但历史上对于灵沼的记载却大都比较简略。

明人咏灵沼诗中有"烟水回环四望周，当年画舸此中游"的句子，沼中旧有画舫，很有可能，明代的灵沼，曾经是一处名胜风景区。

据说，明清时灵沼之中，还堆有小岛，岛名"瀛台"，上建有文曲阁，有虹桥与岸相接。莲池暗香，烟水蒙蒙，加上小桥秀阁，景色引人。那时的灵沼，不但是一处古迹，同时也是处于村落旁的一处乡间园林。

清代灵沼水盛时，广约"数顷"，湖池阔大。据记载，清时其中广种莲藕，所种莲花，花呈黄色，甚是少见。当年碧水悠悠，莲荷摇曳，映着幽幽南山，蓝天白云，其景甚佳。但传说灵沼之莲并不常开，灵沼如果莲花盛开，则当地士人多科甲者，因此，赴考生徒，多至其地，祈求吉利。当地之人则以花盛为祥，预兆五谷丰登。沼中莲花，也号为"灵沼瑞莲"，被列入户县十二景中。清人诗曰："荷花烂漫致轻盈，秀濯污泥出水萍。绿萼丛中朝露渥，可人时节午风清。地灵还忆奉京泽，种异宜膺君子名。为羡爱莲周茂叔，钟怀坐对月初明。"

帝王御苑，多引种奇花异木，养育珍禽怪兽，《西京杂记》称："初修上林苑，群臣远方各献名果异树。"灵沼中生长的这种不太常见的瑞莲，说不定还是珍贵的上林遗种。唐时，长安户县一带，藕粉曾作为重要贡品，与这一带湖池密布，莲藕广种也有关系。灵沼之莲，当是其类。

灵沼虽为乡间小池，其所积淀的丰厚历史文化，所体现的文王圣德，在漫长的历史中，却一直为后人向往，为诗人颂扬。清时海子村有村寨，寨门石匾题写有“灵沼真境”四字，今寨门虽不存，其匾尚为村人珍藏。灵沼池北，有一小村，名曰董村。村西南旧时有文王庙，庙宇毁于清同治年间的战乱之中，未毁之前，香火甚盛。

灵沼以泉为源，泉有旺衰，故其水面也有涨落变化。有的文献记灵沼水面有数顷，甚至有称其数十顷者。唐《括地志》曾记载：“辟雍，灵沼今悉无复处，惟灵台孤立。”可能唐时灵沼也一度近于枯竭，不易寻找。

图 3　灵沼遗址区田间断面上可见古池沼沉积层

元人著《类编长安志》说灵沼曰：“今为水泊。”嘉庆《长安县志》记清时灵沼：“今沼东西里余，南北五十步。沼东南界长安，西北界鄠县。地势低湿，葭苇滋生，积水北流……注苍龙河。”[1] 则其水已浅。

近年灵沼逐渐干枯无水，灵沼河平日也早已断流，这可能与当地机井众多，过分抽取地下水有关。但在清代的地图上，还绘有灵沼和灵沼河。

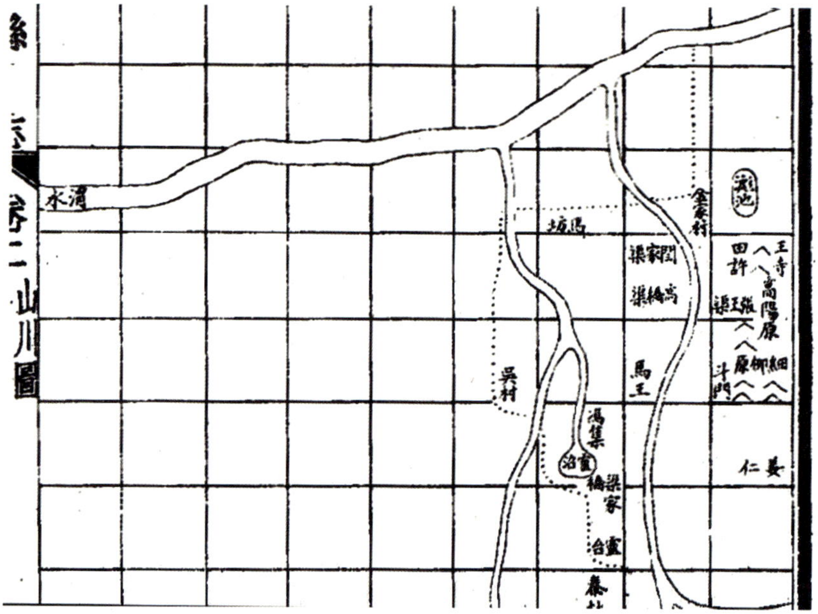

图 4　清《长安县志》中所绘之灵沼与灵台

灵沼被当地人称为“海子”，其旁小村，亦名海子村。将湖泊称为海子，是蒙古民族的习惯。一些旧图经记载，灵沼处在真花硙村之北，而后却在海子村北，颇疑海子之名，出现在元代。池沼未变，而村名改易，但称其池为灵沼，则是古今正名。

周代的灵沼，是当时灵囿的重要景观之一，甚至是中心景观。

二、灵囿

灵囿，是周文王始建的苑囿，《三辅黄图》记载：“周灵囿，文王

1 （嘉庆）长安县志（卷十三，灵沼条下，民国《关中丛书》本）。

囿也。”[1] 它位于周人初建的都城丰京一带，属于王室苑囿。灵囿面积较大，古人称其“方七十里”。灵囿位于沣河之西的丰京之旁，据文献分析，大致处于今日长安区与户县交界处。《三辅黄图》记载：“文王灵囿，在长安县西四十二里。”[2] 清《长安县志》卷20记载：“灵囿，在县西南五十里。”[3]

从历史文献看，灵囿之中心，当在西安长安区灵沼乡与户县赵王镇一带，其范围，东至沣河，北不过马王镇，南不过秦渡镇这一范围之内。

图5　从空中俯视灵沼一带

1 三辅黄图校释（卷四），中华书局，2005：229。
2 同1。
3 （清）长安县志（卷二十），嘉庆十六年修，民国二十五年重印。成文出版社（《中国方志丛书》版）。

据说文王建立的这处苑囿方七十里，在当时帝王与诸侯苑囿中，属于中等规模。孟子曰：“文王之囿方七十里，刍荛者往焉，雉兔者往焉，与民同之，民以为小也。”这是说文王之灵囿，是开放的，平民也可以进入，放牧打柴，并无禁止，所以深受百姓欢迎。其地清流碧池，草木旺盛，环境优越，鸟飞兽伏，也是动物的天堂。古帝王之苑囿，多为帝王私苑，不许百姓入内，像唐之苑囿，即名“禁苑”。帝王私苑，占地广大，又禁人入内，完全私有，故人怨其大。而文王之灵囿，已经有七十里了，人们还感到太小。这是夸赞文王之囿与民同利，深得人心。文王对于王室苑囿不视为己有，而是全面开放，作为全民的园林，受到历代称颂。《汉书·扬雄传》记载：扬雄以为“文王囿百里，民以为尚小；齐宣王囿四十里，民以为大；裕民之与夺民也。”这一观点，至今尚有其深刻意义。

在中国，古人一直向往圣主明君，希望他们简政为民，爱惜人力；希望他们说话算数，答应百姓的事，不要赖账；希望他们爱民如子，体恤下情。而周文王建灵囿，就是这方面的典范。

诗人说到文王建筑灵台，能与民同心同德，百姓乐于其成，建设速度很快，“不日成之”。文王开辟灵囿，自然也因地制宜，不大兴土木，“因原野以作苑，顺流泉而为沼，发苹藻以潜鱼，丰圃草以毓兽”。

《太平御览》引《贾谊书》曰：“文王昼卧，梦人登城而呼，己曰：‘我东北陬之腐骨也，速以人君葬我。’文王曰：‘诺。’觉，召吏视之，信有焉。文王曰：‘速以人君葬之。’吏曰：‘此无主，请以大夫。’文王曰：‘吾梦中已许之矣，奈何其背也。’士民闻之曰：‘我君不以梦之故背腐骨，况于生人乎。’”[1] 为了实行梦中诺言，一具无主枯骨，竟被文王以人君重礼重新安葬。这一故事，或曰即发生于文王建灵囿时。刘向《新序》记此事曰：“周文王作灵台及为池沼，掘地得死人之骨，吏以闻于文王。文王曰：‘更葬之’。吏曰：‘此无主矣。’文王曰：‘有天下者天下之主也，

1 太平御览（卷八十四），四库本。

有一国者一国之主也，寡人固其主也，又安求主？'”文王这一举措，被后人称颂，说其德厚，爱人能“泽及枯骨”，爱物能惠及鸟兽昆虫。

文王遵道修德，被视为中国历史上最有德行的古帝王之一。故郑玄说："文王立灵台而知人之归附。作灵沼灵囿而知鸟兽之得其所，以为音声之道与政通，故合乐以详之。”后人歌颂文王盛德，历代不绝。如《诗经》有《灵台》篇，诗曰："王在灵囿，麀鹿攸伏。麀鹿濯濯，白鸟翯翯。”唐人徐元弼也写有《灵囿赋》。

周灭商，建都镐京，与丰京隔河相望，史称丰镐二京，则丰京亦可视为西周京城之一部分。文王、武王、周公、成王曾长居于丰。《逸周书·酆保解》："维二十三祀庚子朔，九州之侯咸格于周。王在酆，昧爽，立于少庭。”[1]说明丰京也是大会诸侯施政之所。灵囿处于二京之间，水碧泉清，景色优美，王侯官贵，往来其间，津渡桥船，亭舍建筑，必不可少。

三千年前，沣河穿行于丰镐二京之间，清澈的河流，滋润着这座周代的王都，使之更加壮丽。秦始皇对于丰镐旧都很是向往，他所规划的新咸阳，夹渭河而建，法天象地，气势恢弘，号称“渭水贯都”。秦代都城这种创意，也许曾受到丰镐之制的影响。

周的这处苑囿，历史记载简略，内中布局不详，但面积甚大，灵沼与灵台可能均处其中。从历史文献上看，灵囿也应当有一些比较高级的景观建筑。这种高级景观建筑，在提倡节俭的文王时期，可能已经出现。

商纣王残暴无道，征敛无度，引起天下怨恨。同时又奢侈无度，大兴园池，建酒池肉林，为长夜之饮。周文王姬昌立志要推翻不得人心的商王朝，所以反其道而行之，节俭爱民，以德服人，“修德以倾商”。

1 黄怀信．逸周书校补注译（第二十一），三秦出版社，2006：89。

文王受到天下人的爱戴与拥护，实力与领土日增。但这种现象，也引起了纣王的警惕，遂开始对文王进行打击。

《淮南子》记载：文王姬昌发愤图强，艰苦砥砺，积德修政三年，各地诸侯服之，三分天下有其二，名声卓著。商纣王知道后非常担心，说“余夙兴夜寐，与之竞行，则苦心劳形，纵而置之，则恐伐余一人。”[1]意思是说：要收揽民心，不但得花费心血，还要艰苦朴素，我才不愿意和姬昌进行这种难以忍受的政治道德比赛。但是不进行这种比赛，我又要倒霉，干脆把他抓起来。于是商王朝拘文王于羑里。后经文王臣下散宜生等献珍宝美女，行赂于纣王，乃得归。于是文王“为玉门，筑灵台，相女童，击钟鼓。”纣闻之而喜，曰“周伯昌改道易行，吾无忧矣。”[2]

文王受到威胁，不敢公开“积德修政”，只好大兴园池音乐，表示自己移心改行，不再关注政治，没有野心，而注重于享受了。这样，才避免了纣王的猜疑与继续迫害。此处所说的“玉门”，大约是以美石为门，说明在商代晚期，丰京不仅有城，还有华贵之园林宫苑建筑。周之灵囿，也可能是在这种背景下进行了许多较为华丽的景观建设。

周建国后，历经十多代周王，这些周王中不乏好大喜功者，亦有奢华昏庸者。如周穆王就喜建宫室，周厉王好利，重用荣夷公，搜刮了不少民脂民膏，弄得国富民穷，怨声载道。周幽王亦好利，更是好色好玩，歌舞不休。这些周王，可能都会在苑囿中，增建一些华丽的游乐建筑。

上古时期，方国众多，可能大部分方国都拥有自己的苑囿。据记载，夏王朝时曾出现许多喜好打猎盘游之首领，其打猎盘游之处，多为苑囿。户县在虞夏时为有扈氏之国，作为中原西方的强国，曾和夏启对抗，夏启亲征，方才将其制服。商代末年，此地又是商王朝西方重要

1 淮南子·道应训，四库本。
2 同 1。

侯国崇国所在地。崇国也很强大。《史记》称“西伯受命曰文王，伐崇、密须、犬夷，大作丰邑。天下三分，其二归周”。[1]《诗》曰：“文王受命，有此武功，既伐于崇，作邑于丰。”据《诗传》记载，文王伐崇之时，数次攻之不克，最后使用攻城利器“冲车”“钩援”，方才打下。

古代帝王有自己的苑囿，诸侯也有自己的苑囿，只是比之帝王，规模较小而已。上有所好，下必行焉，天子无道，不恤民力，追求享乐，大兴园池，诸侯也会学样，大力美化自己的苑囿。像夏之有扈，商之有崇这样的强国，都应当有自己的苑囿。而这二处古国，都位于沣河之旁的户县，户县东部一带，沣河蜿蜒，流水清澈，灵沼则涌泉不绝，芷兰吐芳，具有建立苑囿的良好条件。夏代之扈国，商代之崇国，都有可能在此设立苑囿。所以灵囿一带设立苑囿的历史，或远远不止于文王时期，或者夏时即已开辟。文王之灵囿，也有可能是在崇国苑囿旧址上复建而成。如果这样，此地设立苑囿的历史，就不止于三千多年，而可能在四千年之前。

周的灵囿，自文王初设，至西周末年犬戎之乱后方才废弃，其间沿用了二百六七十年。其后，秦人也曾以其地为苑囿，秦末，这里大约属于上林，汉武帝扩大上林，此地又成为上林苑的中心。秦汉时期，其地作为苑囿也在二百年以上。其后，地近京都的户县长安间的这一风水宝地，也曾间断作为一些王朝之景区禁苑。所以，这一地带，可谓是中国历史上长期作为大型苑囿之一处中心，在中国园林史上，占有不可忽视的重要地位。

1 史记·齐太公世家，中华书局本，1479。

08 安定堡故城

白海峰　巨　东　千思佳　田原曦

安定堡故城位于陕西省子长县安定镇内，自古被称为“边镇之咽喉，西塞之要经，秦关之保障”。堡城始建于北宋庆历中叶，依山筑城，到元宪宗二年(1252 年)，现内城的布局结构基本形成。明嘉靖时期在东、西门修筑瓮城，明崇祯时期修筑东关城，形成了现在堡城外城的布局结构。后经明、清数次修葺，最终形成现“周围长 5 里 3 分，联东关城共 9 里 7 分，墙高 2 丈 8 尺，池深 1 丈 5 尺”的规模（图 1）。

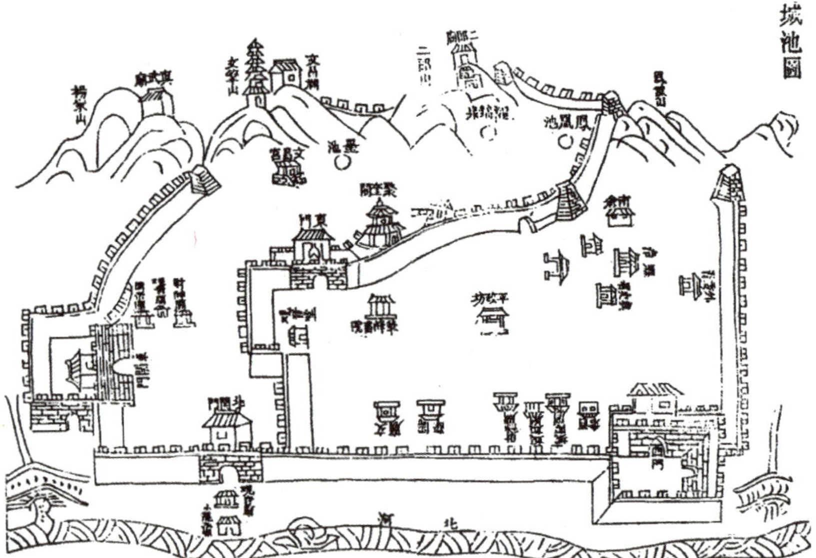

图 1　道光二十六年制安定堡故城城池图

安定堡故城依山而筑，一半建于凤翼山上，一半建在秀延河川道，南高北低，呈不规则形状。南侧山上主要建有烽火台、敌台、屯兵寨等防御性建筑，北侧川道上则是衙署、文庙、城隍庙等公共建筑和居住区。

一、安定堡故城内遗存概况

根据对安定堡故城现场实地调查可知，堡城内的遗存分为城防体系、道路体系、建筑体系、古树名木四大类。

（一）城防体系

城防体系包括城墙、城门、敌台、角楼、马面、烽火台及古屯兵寨等。

城墙为夯土修筑，外包砖石，分为内城墙、外城墙两大部分。内城墙共开3门，西门瓮城部分墙体已被破坏，但整体格局保存较完整；南门已被现代建筑叠压；东门瓮城地上遗迹已被破坏。外城墙是在内城墙的基础上，往东、南两个方向扩建而成，平面呈不规则的四边形。外城墙共开2门，北门保存较完整，东关门及瓮城地面遗迹已被破坏。

除城墙外，安定堡故城还保存有马面10座、角楼5座、敌台2座、烽火台2座，墙体均为夯土修筑，外包砖石。现大多数遗存外包砖石脱落严重，夯土层暴露。在内城墙与外城墙的制高点，均发现有古代屯兵寨遗迹。

（二）道路体系

故城的道路系统由一条东西向的主干道和若干南北向的巷道组成，呈鱼骨状。东西向的主干道被现状道路叠压，辅道位于主干道两侧，自西向东有二街里、王家巷、赫家巷与张家巷等。

这些道路不但仍保留着历史尺度，而且其名称也保留了部分历史印迹。如水巷由南向北直通北门，是古代洪涝期迅速排出凤翼山汇水的主要通道，因此，北门也被称为水门；而在王家巷与赫家巷之间的孙家壕，原为内城墙的外环壕。

（三）建筑体系

建筑体系分为县衙、寺庙、宗族祠堂、民居等。

县衙位于安定堡中心位置，始建于清代，民国十三年（1924 年）重修，是故城中现保存完好的公共建筑。大堂坐西向东，平面呈长方形，内部结构为“十”字形拱券相交，外侧南北各开嵌有木窗的券洞，木窗上有两块石匾，分别阴刻楷书“青天白日”“光风霁月”。南、北厢房各有三孔窑洞，位于大堂东边。三堂为椭圆形坐西向东的三孔窑洞。监狱现存有两处，小学大门北侧三孔窑洞，坐西向东，为道光之前使用；小学校园内三孔窑洞，坐北向南，为道光之后使用。

安定堡故城内原有文庙、城隍庙、关帝庙、华佗庙等多处寺庙建筑，现仅文昌宫保存了部分建筑基址。故城内还有清至民国时期修建的张氏祠堂、孙氏祠堂，但其地面以上的遗存全部损毁，均保留了遗存基址和部分建筑构建。

古民居依据院落布局及建筑形制，可划分为 7 种类型，共计 78 个院落（表 1）。依据古民居院落布局统计，“一”字形场院占总数的 34.6%，是所有民居形制中数目最多的民居；依据古民居建设年代统计，明清时期的古民居占总数的 42.4%，说明堡城内明清时期古民居现保存仍较多。

表 1　古民居年代与形制占总数的比例关系表

民居形制	明清时期	民国时期	20 世纪 70 年代以前	总计
“一”字形场院	6.4%	2.6%	25.6%	34.6%
“L”形场院	1.3%	3.8%	3.8%	8.9%
对立两排窑洞场院	2.6%	2.6%		5.2%
三合院		1.3%		1.3%
四合院	14.1%	3.8%	1.3%	19.2%
二进（三进）院落	9%	6.4%	1.3%	16.7%
布局不明	9%	3.8%	1.3%	14.1%
总计	42.4%	24.3%	33.3%	100%

（四）古树名木

安定堡故城内树龄超过100年的树木约有15棵，主要树种有臭椿、榆树、槐树等。除两棵位于县衙外，其余13棵古树均位于民居之内。

二、安定堡故城的价值评估

（一）历史价值

安定堡故城（图2）具有优越的地理位置，在隋唐时期就是北方重要的边关要塞。宋代建城后一直沿用到明清，历时近千年，是我国宋、明、清时期军事边关防御体系的重要组成部分。作为丝绸之路北线著名的商贸物流中心，安定堡故城不仅是北方游牧文化与汉文化交流融合的重要节点，更是研究宋、明、清边疆史、民族交流史和安定地方史的重要实物。同时，由于谢子长等革命先驱早期曾在此活动，还见证了我党早期党员传播革命火种，创造红色根据地，号召劳动人民推翻三座大山的重要历史事件。

图2　安定堡故城全貌

（二）艺术价值

安定堡故城依山就势，临水筑城，与自然环境完美融合，造就了其具有强烈艺术魅力的边关要塞景观特色。城内建筑布局严谨，轴线明确，左右对称、主次分明、轮廓起伏，展现了14～19世纪前后，我国北方地区堡城建筑的艺术特色。融合了具有陕北地区剪纸艺术特色的精巧木雕、砖雕和石雕，惟妙惟肖、栩栩如生，体现了浓厚的陕北地方艺术风格，具有较高的美学价值。

（三）科学价值

故城的建城模式和所在地区的整个环境相适应，符合了陕北川塬峁梁地区特有的修筑特征，形成了陕北地区特有的防御体系。县衙作为官式建筑，整体格局采取了严格对称的四合院布局，但其公堂则吸收陕北窑洞的部分建筑元素，建成多孔砖窑套间的独特结构，使其既符合官式建筑的规制要求，也具备了陕北地区窑洞建筑的风格。古民居在建筑选材与朝向方面，则体现了因地制宜、就地取材的设计思想。

（四）文化价值

在漫长的历史长河中，这块土地上的人民创造了民歌、唢呐、道情、说书等灿烂的文化。安定堡故城还是宋代理学先声胡瑗及被明神宗誉为“天下廉吏第一”薛文周的祖籍所在地。

（五）社会价值

安定镇是陕西省旅游文化名镇之一，不仅有丰富的物质遗产，还有大量的非物质文化遗产，对安定堡故城科学有效地保护与规划，加快对旧县衙、故城遗址的保护和开发利用的步伐，不仅能够充分发挥其旅游文化的资源优势，带动子长县的快速发展，还能够进一步带动陕北旅游文化的宣传与开发。

三、安定堡故城的保护措施

（一）本体保护措施

根据现行相关法律、法规要求，在充分考虑安定堡故城保存现状和可操作性的基础上，对遗存本体提出分三级保护的措施，包括日常保养、现状修整和重点修缮。

1. 城防体系

对保存现状较好的城门、角楼及马面等，实施加固、日常养护和生物保护等保护措施。对保存现状一般的城墙、角楼及马面等，在不扰动整体结构的前提下，优先使用传统技术修补，把歪闪、坍塌、错乱的构件恢复到原来的状态。对保存较差的城墙及附属建筑、敌台、角楼、马面、烽火台与屯兵寨等，采取恢复稳定的状态，增加必要的加固结构，修补损坏的构件，添配缺失的部分，保证较长时期不再修缮。

2．道路体系

对所有古街巷进行重点修缮，严格保持故城内街巷走向、基本形态及空间层次，按照原道路的分布格局、尺度与形状进行修复；采用传统材料、传统工艺恢复原道路的地面，保护每个街巷的历史名称。

3．建筑体系

对县衙及古民居进行重点修缮，尽量多地保存各时期有价值的痕迹，修缮的部分应以现存实物为依据；寺庙及宗室祠堂采取覆盖保护，并采用植物或非植物方式进行标识展示。

4．古树名木

现存的古树名木保存较好，需进行挂牌标识和围栏维护，同时要加强日常养护。

（二）环境保护措施

环境保护的总体目标是将规划区内的自然景观与历史人文景观有机协调，改善安定堡故城的保存环境、景观环境和生态环境，为故城营造良好的自然生态环境和优美的历史人文景观。

1．山体

安定堡故城周边分布着祖师山、锦屏山、凤翼山等自然山体，需要按照当地植被景观特点，因地制宜开展山体绿化，涵养水源，防治水土流失，同时也可减少因为强降雨带来的山体滑坡与泥石流等自然灾害。

2．河流

秀延河流经故城北部，故城东西两侧还有田家沟、石家沟、南家沟等季节性小溪。为了保护自然景观环境，沿河流两侧需尽可能加强绿植建设，保持河流沿线景观的延续性，优化故城的传统景观风貌。

3．道路

在故城内街巷及重要景观节点布置带状绿地或沿街绿地，街道两侧还可布置一些组合花坛及环境小品，以提高景观质量，增加绿化的休闲功能，营造与故城相适宜的绿化环境氛围。

4．建筑环境

提高安定堡故城内居民的生态意识，整治庭院空间的环境，倡导进行绿化布置。庭院绿化要选择生长健壮、具有地方特色、便于管理的传统树种，也可以栽植自然式树丛或盆栽花卉等绿植。

对故城内与窑洞建筑风貌一致的建筑进行保留，同时可允许在其内部进行窑洞建筑局部修缮改造。针对建筑高度超过一层但低于 7.5 米的非传统民居建筑，进行立面整饬，恢复传统墙面材质及色彩，恢复传统门窗形式等。拆除影响整体景观的建（构）筑物，埋地敷设故城内的电力电线等各种管线。

5．卫生环境

修缮和更新故城内外不完善的给排水设施，在西门广场及祖师山顶部各修建一处公共卫生间，并在街巷两侧设置垃圾箱。

四、安定堡故城的利用

安定堡故城的利用，要依据协调性、可逆性、统一性及地方性原则，通过规划具有各种特色的车行及人行路线，穿插于堡城的城防体系、街道、古建筑及古树名木之中，展现故城的历史信息、人文风貌及文物的当代价值。

（一）城防体系

安定堡故城的城防体系中，现状保存较好的遗迹采取原状展示；地面遗迹已不存在的城门及山下的城墙，均采用基址模拟展示；地面遗迹已消失的城墙段采用植被标识等方式，展现故城的布局特点。

（二）道路体系

在遵守不改变街巷历史名称及历史格局原则的基础上，对故城主街道、支巷道及道路两边的文物点、公共建筑、明清至民国时期的古民居建筑、古树木等逐一进行标识，以展现历史格局特有的文化内涵。

（三）建筑体系

在对县衙实施保护措施的基础上，建立县衙文化的场馆展示，展现故城县衙的格局、形制及古代办公文化等；在城内原城隍庙遗址的位置，更新现有民居建筑为传统历史建筑，展示安定堡故城从有文字记载开始至今的历史发展变化过程。民居建筑以原状方式展现陕北古民居的文化底蕴。

（四）古树名木

古树名木作为故城内凝聚历史的重要组成部分，对其进行挂牌展示，使其在故城历史文化的展现上，形成锦上添花的点缀效果。

五、结语

完整保护安定堡故城的布局形态，突出故城从创建、发展到传承的特殊历史过程。安定镇现为省级重点文化旅游名镇，具有丰富的旅游资源。将历史文化与自然景观相结合，更有利于实现古城展现的现代与历史、情感与理智的交流，提高人们对文物保护重要性的认识，增加公众参与感。

09 府谷文庙

白海峰

府谷文庙位于府州古城内，整个建筑群占地面积约 12000 平方米，建筑面积 2100 平方米，格局完整，是府州古城内规模最大、保存最好的名胜古迹，也是榆林地区规模最大、保存最好的一座孔庙。作为府州城的一部分，1981 年被县政府列为重点文物保护单位，1993 年被省政府列为省级文物保护单位。1996 年又被列为全国重点文物保护单位。

明洪武十四年（1381 年），府谷知县齐翔创建府谷儒学，始建府谷文庙；天顺五年知县秦纮，成化十二年知县贺昭、十六年知县田璋修；嘉靖十九年知县柳联芳，万历十四年知县范学颜相继增修；清顺治八年知县魏震、十四年知县龚荣遇重修；康熙五年知县杨许玉、二十四年知县徐恒继修；乾隆三年（1738 年）知县刘杜昭、三十四年（1769 年）皇甫武生邓志敏、四十七年知县麟书，光绪二年至八年（1876—1882 年）续修。文庙在 20 世纪 60 年代曾作粮站用，80 年代粮站搬走后实施了保护修缮，使得文庙能较为完整地保存。

《乾隆府谷县志》记载："文庙在县治南，正殿五间，东西庑各五间，前为戟门，门前为泮池，跨以石桥，桥前为棂星门，门上为大牌楼，东西角门各一。"又载："崇圣祠三间，东西庑各一间，在大成殿东""名宦祠一间，在戟门外东偏”“乡贤祠一间，在戟门外西偏”“忠孝祠二间，在戟门外乡贤祠西”“明伦堂五间，东西两斋舍各五间”“文昌祠三间，在明伦堂西偏”“节孝祠三间，在明伦堂西偏”。

现存府谷文庙坐北朝南，平面形制为两出三进院落群，两出院落均为中轴对称的四合院。主体院落位于西侧，以大成殿为中心中轴对称，中轴线上自南向北排列有九龙壁、圣时门、泮池、金水桥、戟门、大成殿、明伦堂。主体院落共三进：第一进院落由圣时门和戟门合围而成，中间有泮池，池上有金水桥，左右各有大型花池一个；第二进院落由戟门和大成殿合围而成，大成殿前有月台，两侧为东、西庑；第三进院落由大成殿和明伦堂合围而成，两侧为东、西厢房。东出院落由戏台、文昌阁、崇圣祠形成另一条中轴线，亦为三进：第一进为花园，第二进由戏楼和文昌阁合围形成，第三进由文昌阁和崇圣祠合围形成。整个建筑群布局合理、主次分明、对称和谐（图 1）。

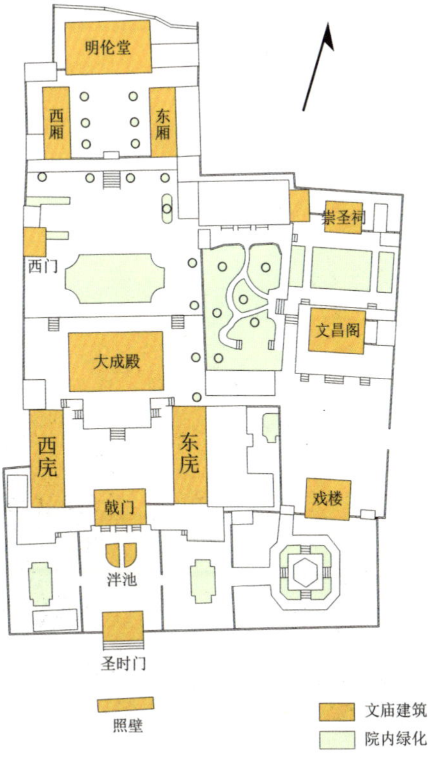

图 1　府谷文庙总平面图

在功能上，主体院落为前庙后学的格局，东出院落则为文庙的专祠部分。主体院落由圣时门到大成殿的两进院落组成，为文庙部分，主要用来祭祀孔子；大成殿后则为学宫部分，是学习儒家文化的场所。主体院落在布局上采用文庙固定的平面形制和我国传统庭院的程式化布局相结合的方式，将以大成殿和明伦堂为主的两条轴线合成为一条完整的文庙主轴线，把两组功能不同的建筑群所形成的三进主要院落沿着南北纵深主轴线串联布置，组成一个有机的整体。建筑的另一个特点是结合了地形，巧妙地利用地形布置了两出三进院落，使得整个建筑群错落有致而又严密紧凑。

一、府谷文庙现存古建筑

（一）泮池

泮池（图 2）位于圣时门北，第一进院落的中间，其形如半璧。泮池北为弦，南为弧，通长 4.2 米，宽 2.08 米，深 1.61 米。泮池周围有石栏围护，外砌砖栏宽 0.24 米，高 0.77 米。泮池东西有两个对称的花池，长 5.2 米，宽 3 米。

图 2　府谷文庙的泮池与戟门

（二）戟门

戟门位于金水桥北，大成殿南，建于明代；清咸丰八年（1858 年）三月维修，现保存完好。建筑坐北面南，面阔 3 间，8.4 米；进深 2 间，4.9 米。正次门各南连垂带踏步 5 级，明、次间均有棂花隔扇门四扇。梁架为五架梁（前带廊），鼓形柱础，柱高比柱径为 19∶1，明、次间平身科斗拱各一朵，均为一斗二升三幅云，施旋子彩画。墙体由小停泥砖砌筑，山墙灯笼墀头，砖雕麒麟、喜鹊登枝等，有砖雕山花、木望板。单檐硬山式黄绿琉璃瓦顶，正脊琉璃捏花，中为三层太公楼，正吻为云龙、螭吻兽。

（三）东、西庑

大成殿两侧对称配建东、西庑（图 3、图 4），早为供奉孔子的弟子和儒家先贤之所，现为书法展厅。始建于明洪武十四年（1381 年），乾隆三十四年（1769 年）重建，1990 年维修，1991 年绘彩画，现保存完好。两庑各 7 间，17.8 米，明、次、稍、尽各间面阔基本相等；进深 2 间，5.7 米。两稍间各置棂花门 4 扇，明、次间及尽间均下为槛墙，上为隔扇窗 4 扇。梁架为五架梁（四架梁前带廊），鼓形柱础，柱高比柱径比 15∶1，柱头科斗拱均为一斗二升麻叶头，平身科均置荷叶墩，施苏式彩画。墙体由小停泥砖砌筑，山面砖雕垂莲，披水排山，灯笼墀头，木望板。封护檐硬山式，灰瓦顶，印花脊、张口吻兽。

3|4
图 3　东庑
图 4　西庑

（四）大成殿

大成殿(图 5)位于戟门北,是文庙的正殿,为文庙古建筑群的中心。大成殿为明代建筑,清光绪二年重建,1988 年维修,1991 年绘彩画,现保存完好。

大成殿坐北面南，下有月台，月台利用地形高差自然砌筑，长 13.2 米，宽 5.5 米，高 1.22 米，正中为御路，浮雕二龙戏珠，两侧为石栏踏步，东、西设石栏踏步。月台外置大理石栏杆，台南踏步，东、西各置大理石龙首出水口。

大殿建在月台之上，面阔 5 间，17.3 米；进深 3 间，10.1 米。明、次间为门,稍间砌墙,明、次间各置权花门 4 扇。两侧山墙山尖有垂龟、惹草、木望板。梁架为七架梁 (五架梁前后插金)，鼓形柱础，柱高比柱径为 14∶1。明间平身科斗拱双昂五铺作二朵，次间如意斗拱一朵，稍间与角科连为鸳鸯交首拱,柱头科斗拱均为 22 昂五铺作。旋子彩画，走马板上绘彩画山水，拱眼壁上绘彩画松鹤图。殿门正中上方悬挂康熙皇帝御书“万世师表”巨匾。单檐九脊歇山顶，飞檐挑角，琉璃瓦覆顶，闹龙正脊中为二层太公楼，两侧为狮象宝瓶，正吻为云龙，戗脊上置四走兽，兽前为仙人骑凤，黄绿琉璃瓦顶，琉璃脊兽。

大成殿殿内正中两柱之间悬有“至圣先师”，左右分别悬有“道冠古今”“法体天地”横匾。殿中置孔子塑像及其牌位，其左右和东西为“四配”“十哲”塑像和牌位。殿内还立有府谷县每年考取大学学生名单的排版，廊柱上还挂着许多考取大学的学生家长为了还愿而赠送的锦旗。

（五）西门

西门（图 6）位于大成殿西北，明伦堂南，砖拱结构，平顶。因其位于大成殿之后，明伦堂之前，推测应该为进入儒学的大门，儒学学生可不经文庙直接到达明伦堂。

5 | 6

图 5　大成殿

图 6　西门

（六）东、西厢房

大成殿后有一座单独的小院落，院落与大成殿之间有 12 级石阶的高差。院落正房为明伦堂，两侧对称配建东、西厢房，1990 年维修，1991 年绘彩画，现保存完好。

东、西厢房（图 7、图 8）各为 5 间，12.8 米；进深 1 间，4.2 米。次间 4 扇棂花隔扇门，明、稍间均下为槛墙，上为 4 扇隔扇窗。墙体由小停泥砖砌筑，木望板，披水排山。梁架为三架梁，柱高比柱径为 12∶1，鼓形柱础，柱头科斗拱均为一斗麻叶头，施旋子彩画，纸糊天花。单檐硬山顶，绿琉璃瓦，一脊两兽印花脊。

7 | 8

图 7　东厢房

图 8　西厢房

（七）明伦堂

明伦堂（图 9）位于大成殿北的单独小院内，始建于乾隆三年（1738 年），1990 年维修，1991 年绘彩画，现保存完好。明伦堂原是儒学的学堂，今为文物陈列室，陈列着府谷境内各个历史时期的实物遗存和名胜古迹图片，其中一座府谷地区出土的完整犀牛骨架，具有很高的研究价值。

建筑坐北面南，面阔 5 间，15.95 米；进深 3 间，8.5 米。墙体小停泥砖砌筑，灯笼墀头，披水排山，木望板，砖雕山花。明、次间为棂花隔扇门 4 扇，稍间下为槛墙，上为棂花隔扇窗 4 扇。梁架为六架梁（五架梁前带廊），柱高比柱径为 11∶1，鼓形柱础，平身科斗拱各一朵，均为一斗二升三幅云，雕花雀替，施旋子彩画。硬山式琉璃瓦顶，琉璃捏花脊，正吻为鸱尾。

（八）崇圣祠

崇圣祠（图 10）位于大成殿东北，文昌阁北，始建于乾隆三年（1738 年），1990 年维修，1991 年绘彩画，现保存完好。建筑坐北面南，面阔 3 间，6.9 米；进深 2 间，5.15 米。明间棂花隔扇门 4 扇，次间下为槛墙，上为 4 扇棂花窗。墙体由小停泥砖砌筑，木望板，披水排山，砖雕垂莲山花。梁架为四架梁（三架梁前带廊），柱高比柱径为 16∶1，鼓形柱础，平身科斗拱各一朵，一斗二升麻叶头，施旋子彩画。硬山式灰瓦顶，琉璃捏花脊，张口吻兽。

（九）文昌阁

文昌阁（图 11）位于大成殿东，崇圣祠南，戏台北，1990 年维修，1991 年绘彩画，现保存完好。建筑坐北面南，面阔 3 间，10.4 米；进深 2 间，7.4 米。明间棂花隔扇门 4 扇，次间下为槛墙，上为 4 扇棂花窗。灯笼墀头，勾滴排山，砖雕山花，砖博风每块均向外伸出砖质小柱头。梁架为六架梁（五架梁前带廊），柱高比柱径为 13∶1，鼓形柱础，平身科斗拱各一朵，一斗二升麻叶头，施旋子彩画。硬山式灰瓦顶，正脊为琉璃捏花脊，正吻为鸱尾。

（十）戏台

戏台（图 12）位于大成殿东南，文昌阁南的梨园中。戏台坐南面北，台高 0.69 米；面阔 3 间，8.14 米；进深 3 间，6.8 米。台前置小木栏，后台置木隔断，木望板，东、西墙各置小门。墙体由小停泥砖砌筑，砖雕山花，琉璃勾滴排山，砖博风每块均向外伸出砖质小柱头。梁架为五架梁，柱高比柱径为 16∶1、14∶1，鼓形柱础，明间平身科斗拱四朵，次间一朵，均为一斗二升三幅云，施旋子彩画。单檐硬山式灰瓦顶，正脊为琉璃捏花脊，正吻为鸥尾。

9	10
11	12

图 9　明伦堂

图 10　崇圣祠

图 11　文昌阁

图 12　戏台

二、府谷文庙复原、改建建筑

（一）照壁

照壁（图 13），又称九龙壁，位于文庙圣时门南，1991 年 9 月重修。九龙壁原应为文庙万仞宫墙的一部分，是西进院落中轴线的南端起点。照壁长 9.1 米，宽 0.6 米，通高 3 米。下为灰白色大理石束腰须弥座；中嵌青石，面北浮雕九龙；上为庑殿式“一”字形琉璃瓦顶。照壁的面侧，还围有大理石栏杆。（图 13）

（二）圣时门

圣时门（图 14）位于九龙壁北，是文庙现在的大门，重修于 1990 年。圣时门为单檐硬山式砖木结构建筑，平面呈矩形，东西长 7.52 米，南北宽 1.86 米，面阔 3 间，进深 1 间，两侧稍间略小于明间。建筑下有台基，台基下连垂带踏步 6 级；两侧山墙由青砖砌筑，中间南北各有两根柱子，上覆三架梁；明、次间各有木质板门两扇，八角形门替两个，天花每格均绘彩画变形花卉一朵，南北均有木质雕花挡板。（图 14）

13 | 14
图 13 照壁
图 14 圣时门

（三）泮桥

泮桥也称金水桥，跨于泮池之上，为单孔拱桥结构。泮桥重建于 1990 年，净跨 3.2 米，宽 1.58 米，高 3.45 米。泮桥旁有石栏围护，外砌砖栏宽 0.24 米，高 0.77 米。

参考文献

[1]（清）杨许玉（纂修）. 府谷县志［M］. 清康熙、雍正年成书 .

[2]（清）郑居中、麟书（纂修）. 乾隆府谷县志（刻本影印本）［M］. 乾隆四十八年（1783）.

[3] 王为垣（修）. 府谷县乡土志［M］. 民国初年成书，民国十三年 (1924) 府谷知事严用琛传抄本 .

[4] 高志恭（纂修）. 府谷县志［M］. 民国三十三年 (1944).

[5] 府谷县志编纂委员会 . 府谷县志［M］. 西安：陕西人民出版社，1994.

[6] 师立德 . 府谷古城与古建筑研究［C］. 西安：西安建筑科技大学，2005.

10 明秦王府

张宏志

明秦王被誉为明代“天下第一藩封”，其府邸明秦王府为明代规模最大的王府建筑群，位于陕西省西安市市中心——陕西省人民政府新城大院，东邻皇城东路，南接南新街，西为皇城西路，北近西五路。新城大院作为近1500年来西安的政治中心，其间现存全国重点文物保护单位——西安事变旧址（指挥部、黄楼）、省级文物保护单位——明秦王府城墙遗址等多处文物保护单位，具有重要的历史文化价值。

2011年陕西省省政府开展公民代表走进省政府活动，为充分展示新城大院的历史文化内涵，陕西省文化遗产研究院受委托制作明秦王府总平面复原图（铜板，1∶1000）和明秦王府复原模型（木质，1∶500）。本文作为项目的前期工作，首先需对明秦王府的建筑形制进行研究，同时也确定了本次研究的深度——总体格局层面。

一、明秦王府历史背景概述

（一）藩封建国

明太祖洪武三年（1370年），朱元璋吸取历代治国的经验教训，采取藩封的办法巩固其朱家天下，其认为“惩宋元孤立，失古封建意，于是择名城大都，豫王诸子，待其壮而遣就藩服”[1]。按照明制：“皇子

1 明史（卷一百零八）·列传三·诸王传。

封亲王，授金册金宝，岁禄万石，府置官属。护卫甲士少者三千人，多者至万九千人，隶籍兵部。冕服车旗邸第，下天子一等。公侯大臣伏而拜谒，无敢钧礼。亲王嫡长子，年及十岁，则授金册金宝，立为王世子，长孙立为世孙，冠服视一品。”[1]

同时，明太祖认为“西北辽远，非亲子弟不足以镇抚而捍外患，其他则分王内地，以资夹辅焉”[2]。这样，明朝第一代秦王——朱樉（1356—1395 年），就成为洪武三年第一批分封的诸王之一，8 年后即洪武十一年（1378 年）就藩西安。其年五月赐玺书曰：“关内之民，自元氏失政，不胜其弊。今吾定天下，又有转输之劳，民未休息。尔之国，若宫室已完，其不急之务悉已之。”[3]

洪武二十二年（1389 年），改大宗正院为宗人府，因朱樉在朱姓诸王中最为年长，明太祖授其为宗人令。洪武二十八年（1395 年）三月二十日朱樉病死，其父皇特下诏说：“朕封建诸子，以尔年长，首封于秦，期永绥禄位，以藩屏帝室。夫何不良于德，竟殒厥身，其谥曰愍。”[4]

秦王位号由朱樉子孙承袭，共传 11 世，16 王。第一代明秦王作为明太祖次子，且为嫡生，分封于西北军政重镇西安，“受命得专关西军事，躬巡边塞，自大将以降，皆属节制，有军功者先拟封拜然后以闻。”[5]

（二）建筑历史沿革

第一代明秦王受封于明洪武三年，就藩于洪武十一年。《明太祖实录》载：“（洪武三年秋七月辛卯）诏建诸王府。工部尚书张允言：‘诸王宫城宜各因其国择地，请秦用陕西台治，晋用太原新城，燕用元旧内殿……’上可其奏，命以明年次第营之。”[6]这个时间应该就是明秦

1 明史（卷一百一十六）·列传第四·诸王一。
2 同 1。
3 同 1。
4 同 1。
5（明）赵廷瑞 . 陕西通志·皇明藩封。
6 明太祖实录（卷五十四）。

王府开始兴建的时间。8 年之后，也就是明洪武十一年，朱樉就藩西安时，朱元璋叮嘱他“尔之国，若宫室已完，其不急之务悉已之”。《明史》载：“(洪武）十二年，诸王府告成”。《明太祖实录》载：“(洪武九年三月)《免山西、陕右二省夏秋租税诏》……外有转运艰辛，内有秦晋二府宫殿之役愈繁益甚，自平定以来，民劳未息……特将山西、陕西二省民间夏秋租税尽行蠲免”[1]，其中显示洪武九年是秦王府大规模兴建的关键时期。

综上所述，我们基本可以认为明秦王府的建筑形制和主要建筑初步形成于明洪武三年至十一年，即 1370—1378 年。

二、明秦王府复原研究依据

（一）遗存现状及考古调查

明秦王府是历史上一座占地广阔的建筑群，但目前保留下来的地上实物遗存主要为城墙类遗址，有东城墙、西城墙、南城墙和北城墙的部分段落，特别幸运的是保存了西南城角，为我们确定府城的位置、规模和形制提供了有力的证据。

东城墙保存有两段，两段城墙底宽约 10 米，现状高为 6 ~ 9 米，顶部最宽处可达 2 米，城墙内外原包砖已无存。南城墙保存较为完整的段落较多，共有四段。西城墙保存有三段。北城墙保存有新城大院北门两侧的两段。

新城大院现为陕西省政府驻地，其地面大部为现代建筑所占压，考古发掘资料较少。有文字资料详细记述的有《明秦王府北门勘查记》，北门为单一门洞，摘要如下：“我们根据残存的遗迹测得门洞东西宽 4.6 米、南北长 15.9 米，门洞两侧的墩台东西长约 10.47 米，墩台南北宽与门洞长度相等……”

1 明太祖文集（卷一）。

其他还有 1982 年少年宫基建工地遗存灰坑和明秦王府遗址出土的残瓷（陕西省政府北门东北侧华翔公司综合楼建筑基坑内）。

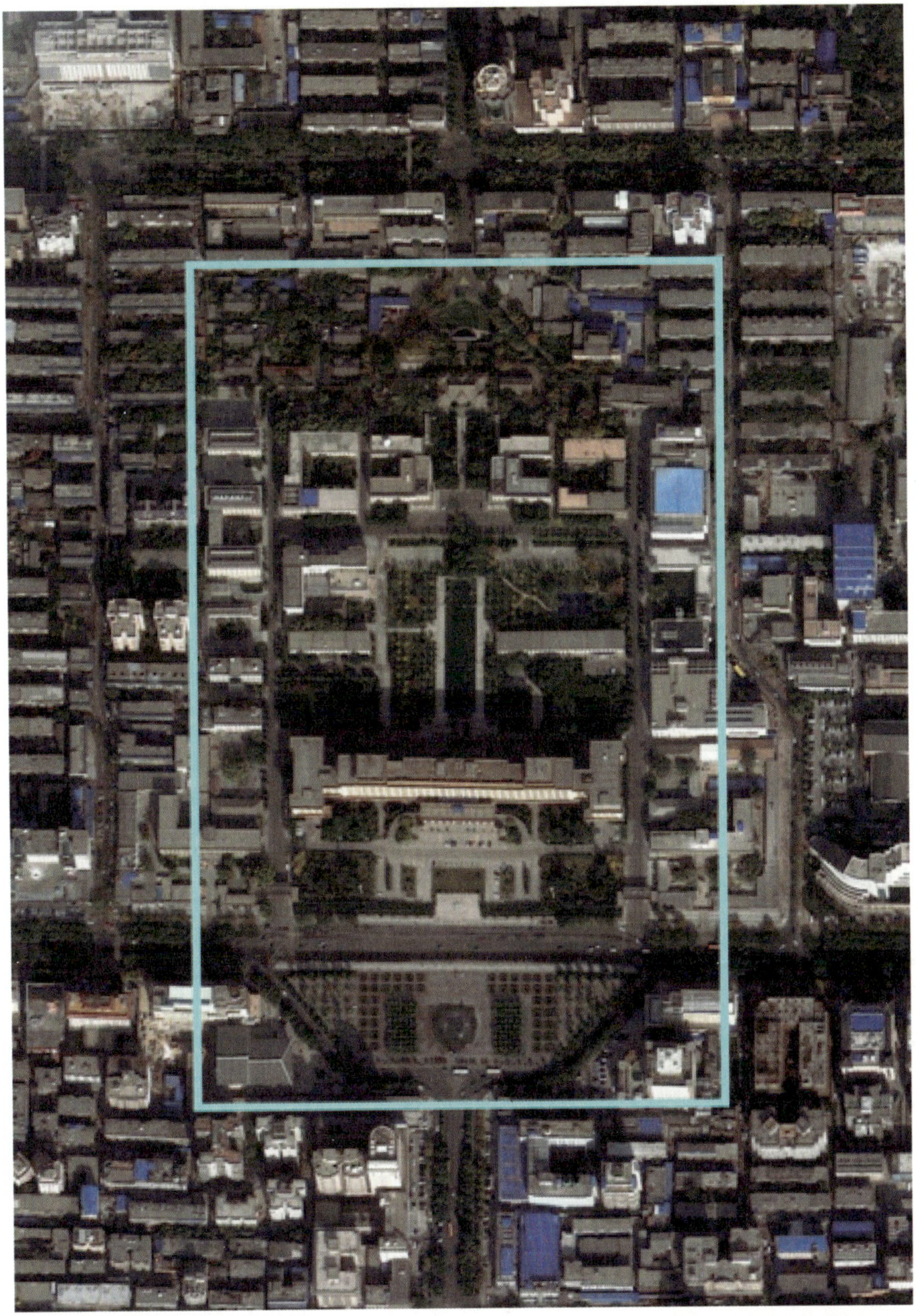

图 1　明秦王府城墙分布图

（二）文献和图像资料

关于明秦王府的历史文献较为丰富，有《明史》《明会典》《明太祖实录》等文献对其历史规制的记载，也有明嘉靖《陕西通志》、清康熙《咸宁县志》、民国《续修陕西通志稿》及《长安史迹研究》等地方史料对其也有直接的描述。

1. 历史文献

明代对王府建筑有严格的规制和等级，据《明会典》载："凡诸王宫室，并依已定格式起盖，不许犯分"。明秦王作为明洪武朝第一次分封的亲王，在《明史》中对其等级的规制有较为详细的记载："亲王府制：洪武四年定，城高二丈九尺，正殿基高六尺九寸，正门、前后殿、四门城楼……立山川、社稷、宗庙于王城内。

七年定，亲王所居殿，前曰承运，中曰圜（即'圆'，作者注）殿，后曰存心；四城门，南曰端礼，北曰广智，东曰体仁，西曰遵义。太祖曰：'使诸王睹名思义，以藩屏帝室。'

九年定，亲王宫殿、门庑及城门楼……

十二年，诸王府告成。其制，中曰承运殿，十一间，后为圜殿，次曰存心殿，各九间。承运殿两庑为左右二殿，自存心、承运，周回两庑，至承运门，为屋百三十八间。殿后为前、中、后三宫，各九间。宫门两厢等室九十九间。王城之外，周垣、西门、堂库等室在其间，凡为宫殿室屋八百间有奇。

弘治八年更定王府之制，颇有所增损。"[1]

在《明会典》中对上述亲王王府的规制记载得更为详细具体："洪武四年议定：凡王城高二丈九尺，下阔六丈，上阔二丈，女墙高五尺五寸。城河阔十五丈，深三丈。正殿基高六尺九寸，月台高五尺九寸。

1 明史（卷六十八·志第四十四·舆服四）。

正门台高四尺九寸五分。廊房地高二尺五寸。王宫门地高三尺二寸五分。后宫地高三尺二寸五分。正门、前后殿、四门门楼饰以青绿点金；廊房饰以青黑。四门、正门以红漆金涂铜钉…… 立社稷、山川坛于王城内之西南，宗庙于王城内之东南。

七年定，亲王所居……

九年定，亲王宫殿……

十一年定，亲王宫城，周围三里三百九步五寸。东西一百五十丈二寸五分，南北一百九十七丈二寸五分。

弘治八年定王府制：

前门五间，门房十间，廊房一十八间；端礼门五间，门房六间；承运门五间；前殿七间，周围廊房八十二间，穿堂五间，后殿七间……”[1]

由以上可见，明代亲王王府的规制经历了一个不断调整完善的过程。关于明代王府规制的研究，请详阅王贵祥著《明代王府及署廨第宅的基址规模》[2]一书。

在嘉靖《陕西通志》中对明秦王府的规制有如下记载：“萧墙周九里三分。砖城在灵星门内正北，周五里。城下有濠，引龙首渠入。灵星门即萧墙南门。端礼门，砖城之南门，前有左右廊。承运门在端礼门内正北南向，嘉靖十四年奏准修复。体仁门，砖城之东门，有左右廊。遵义门，砖城之西门，有左右廊。广智门，砖城之北门，前有左右廊。东过门在体仁门前，左右廊东。东外门，萧墙之东门，在东过门之东。西过门在遵义门前，左右廊西。西外门，萧墙之西门，在西过门之西。北过门在广智门左右廊北。北外门，萧墙北门，在北过门之北。承运殿在承运门正北，南向九间，高九丈九尺九寸，嘉靖十四年奏准修复。圆殿在承运殿后，存心殿在圆殿后。东殿在承运殿东廊

1 明会典（卷一百四十七·工部一·营造一）。
2 王贵祥，等. 中国古代建筑基址规模研究（上编·第七章）。

之中，西殿在承运殿西廊之中。王宫在承运殿之后，嘉靖八年奏准修复。承庆宫在长春园之后，世子未受封时处此。西宫在西过门之西。山川坛在砖城外西南隅，内有太祖高皇帝御制碑文一道……社稷坛在砖城外西南隅，与山川坛相近。旗纛庙在端礼门外西南。秦祖庙在灵星门内东北。宗庙在后宫之左。书堂在承运门之东，左右两廊内置钦赐书籍”[1]。

比较《明会典》和《陕西通志》的记载，秦王府的规制基本符合规制的要求，但其等级稍高于规制，并有一些特有的建筑。

2. 图像资料

关于明秦王府的图像资料可以依时间分为两类，一类为同时代亲历者的记录，一类为后来的记录或现状的图示。其中属于第一类的有：明嘉靖二十一年（1542 年）《陕西通志 · 陕西省会图》（图 2）和清康熙七年（1668 年）《咸宁县志 · 会城图》（图 3）；第二类有：清光绪十九年（1893 年）《陕西省城图》（图 4）、1949 年《西安城图》、现代地形图和卫星地图。

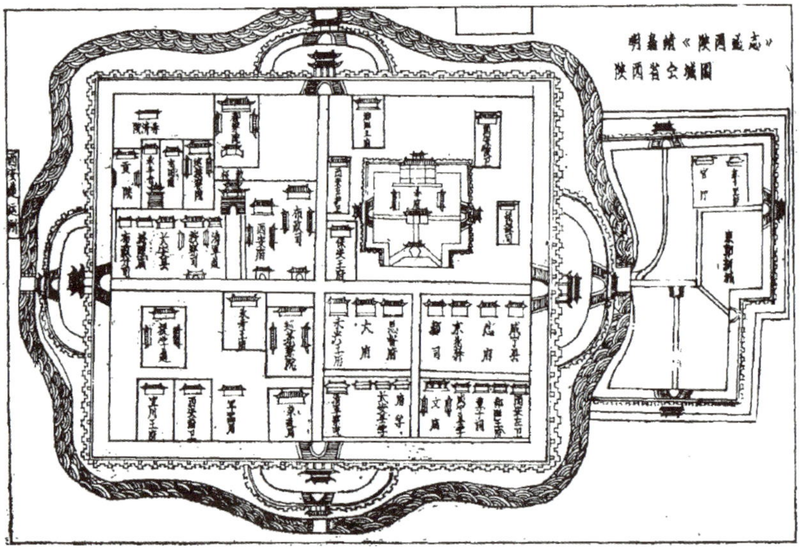

图 2　明西安城图·嘉靖《陕西通志》

1　（明·嘉靖）陕西通志（卷五·封建下·皇明藩封）。

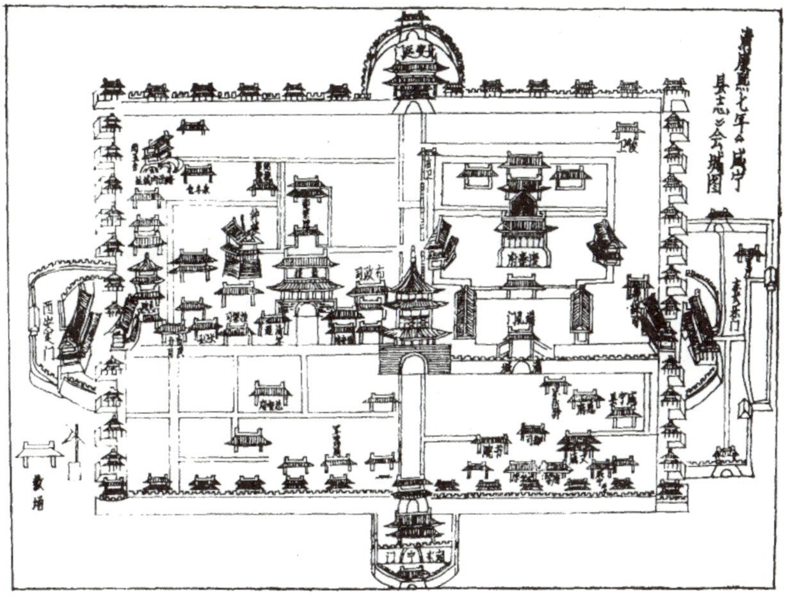

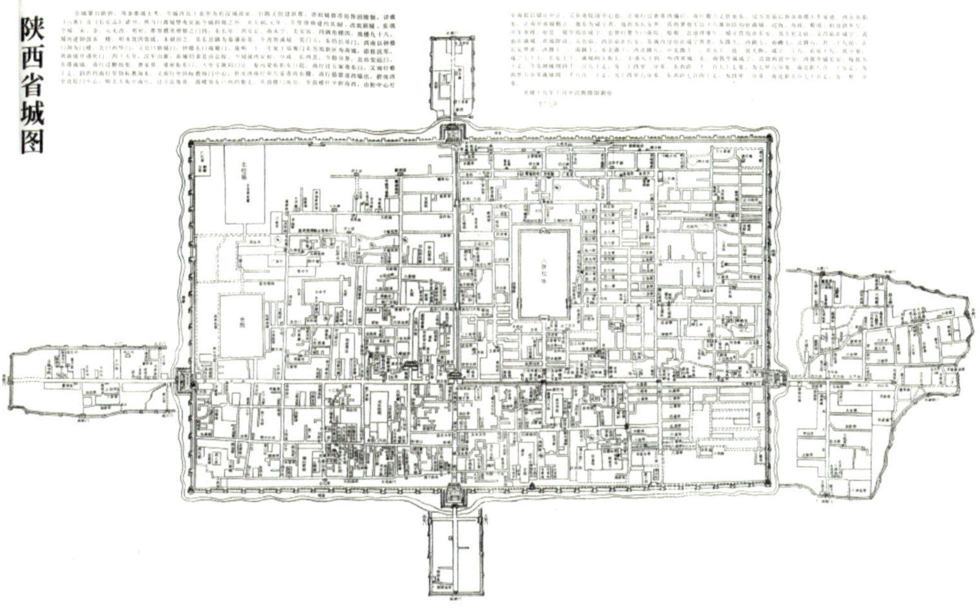

3|4

图 3 清西安城图·康熙《咸宁县志》

图 4 清西安城图·清光绪十九年（1893 年）

1）明嘉靖图具有以下特点：首先，图上标示了明代西安府城的城墙、道路和城内主要建筑；其次，图以传统舆图的形式绘制，方向为上北下南，主要建筑均以立面图的形式显现，建筑形制的特征也有显示，但图纸比例并不严谨；最后，秦王府的向南凸起城墙轮廓、“丁”字形的府内前部道路系统也有较为明确的呈现。

2）清康熙图具有以下特点：首先，图上标示西安城的主要特征（城墙、满城和城内主要建筑等）；其次，具有传统舆图的特征；最后，秦王府的区域已被标注为废秦府，向南凸起的城墙轮廓继续保留，体仁门、遵义门均为两层歇山顶城楼，主体建筑为“工形殿”形制，屋顶为单檐歇山顶。

3）清光绪图具有以下特点：图纸为浣舆图馆光绪十九年十月测绘所得，城市平面图纸比例较为严谨，标识信息量大，推测应已采用现代地图的测绘方法进行绘制，地标性建筑延续传统立面图绘制的方法进行绘制，但准确性较强；根据现场考察，在八旗校场区域（原明秦王府）路网体系与现代路网具有很强的延续性；同时图上为我们探索明秦王府原有形制也留下了很多线索：天地坛、龙虎庙、龙虎巷、南濠坑巷的位置，端礼门为三门洞，体仁门、遵义门、广智门为单门洞，规模较其他三门小等信息。

4）民国图上显示民国时期的一些特点：城门更名，城墙的主要段落继续留存等。

5）1∶500 西安城市地形图为本文形制研究的工作底图，卫星图提供了更多的图像信息。

（三）参考的明代官式建筑

明秦王府作为明洪武朝的国家工程，应为典型的明初官式建筑，其内涵盖城墙、宫殿、坛庙和苑囿池沼等类型。其中，可以参照的时代和类型近似的建筑有：明南京宫殿、明北京宫殿、明桂林靖江王府等。

明洪武时期朱元璋“使诸王睹名思义，以藩屏帝室”和遵循儒家

“仁义礼智”礼制的思想，使明秦王府与明南京宫殿、明北京宫殿之间存在如下对应关系：

名称	南京宫殿	北京宫殿	明秦王府
三大殿	奉天殿	奉天殿	承运殿
	华盖殿	华盖殿	圜殿
	谨身殿	谨身殿	存心殿
四个城门	承天门—端门—午门	承天门—端门—午门	灵星门—端礼门
	东华门	东华门	体仁门
	西华门	西华门	遵义门
	玄武门	玄武门	广智门
坛庙	太庙	太庙	秦祖庙
	社稷坛	社稷坛	山川坛、社稷坛、旗纛庙

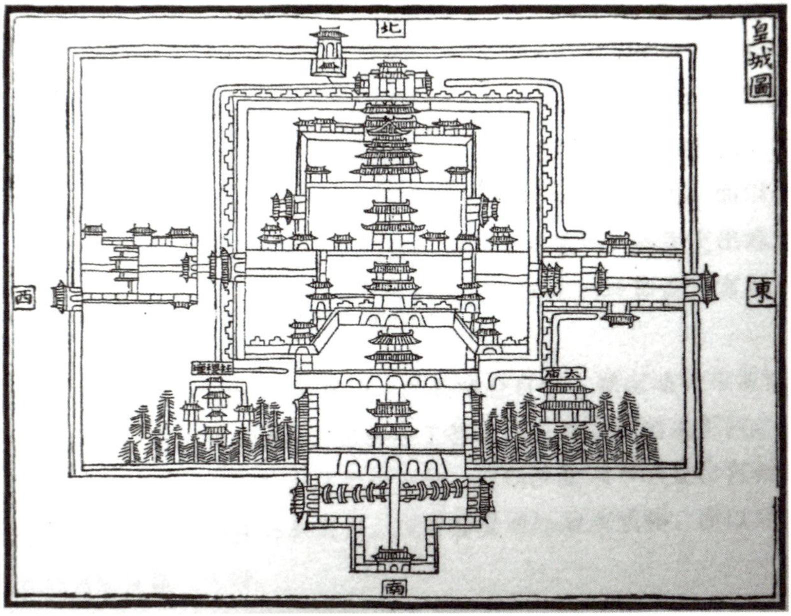

图 5 《洪武京城图志》载南京皇城图

前有“奉天承运”取义于天，后又“谨身存心”昭告于人，都将深厚的含义溶注于殿宇名称之中。帝王所居之皇宫三大殿与秦王府城三大殿一一对应，也可见秦王府是明代都城南京、北京皇宫在西安城内的缩影。从明北京宫殿的布局可以为秦王府的形制复原提供重要的参照。

明代的王府均毁于明清之际的兵燹，现仅有明靖江王府遗址保存较好，可以提供重要的参考。 第一代明代靖江王作为明太祖的侄孙，其级别为郡王，位于广西壮族自治区桂林市独秀峰前，现为广西师范大学的校园，1996 年被列为第四批全国重点文物保护单位。

此外，西安鼓楼、西安碑林戟门、明太原崇善寺、北京明十三陵、青海乐都瞿昙寺、明武当山建筑群等，虽然有地域、类型或时间上的差异，但它们还是能够为我们构建明秦王府形制的历史原状提供线索。

（四）相关研究综述

研究本项目时，我们参阅了大量的方志舆图、碑刻、史书、论著、论文等资料，从傅熹年院士的《中国古代城市规划、建筑群布局及建筑设计方法研究》、王贵祥教授的《中国古代建筑基址规模研究》和史红帅教授的《明清时期西安城市地理研究》三本专著中收益良多。

傅熹年院士认为明代宫殿、坛庙等大型建筑群具有以下共同特点：主体建筑居中；建筑群的中轴线；各组宫殿间在面积上的模数关系；方格网为基准（视规模尺度和重要性，利用方 10 丈、5 丈、3 丈网格）。[1]

王贵祥教授在《明代王府及署廨第宅的基址规模》一文中对明代王府的基址规模、规制、空间格局等方面进行了研究。[2]

史红帅教授在书中对明代西安秦王府城的选址与规模、形态与规模、格局和环境等方面进行了研究。[3]

关于明秦王府的研究还有：景慧川、卢晓明的《明秦王府布局形式及现存遗址考察》[4]，吴宏岐、党安荣的《关于明代西安秦王府城的若干问题》[5]等。

本文在上述研究的基础上，侧重对明秦王府的建筑形制方面进行

1 傅熹年．中国古代城市规划、建筑群布局及建筑设计方法研究（第二章 建筑群的平面布局）。
2 王贵祥，等．中国古代建筑基址规模研究（上编·第七章）。
3 史红帅．明清时期西安城市地理研究（第一章第三节：明代西安秦王府城）。
4 文博［J］.1996（6）。
5 中国历史地理论丛［J］.1999（3）。

图像化和定量化的复原研究。

（五）其他相关实物遗存

明清之际，秦王府大部湮灭无存，但与明秦王府直接相关的实物遗存还有多处：明秦藩王陵、西安城隍庙正殿、西安化觉巷清真寺、西安博物院和西安碑林博物馆。

明秦藩王陵位于西安城东南的少陵、凤栖塬等处，地势高敞爽垲。其中，第一代秦王朱樉墓位于西安市南郊杜陵原上，长安区大府井村东北。原有建筑已无存，地面遗存仅剩巨大封土和神道，神道两侧的石像生和望柱保存完整。

图6　秦愍王——朱樉墓照片

三、明秦王府建筑形制复原研究

明秦王府建筑形制的研究主要体现在三个方面：王府与城市的关系；王府的形态和规模；王府内部的空间格局。

（一）明秦王府与明西安城

明代西安城墙是在隋大兴城、唐长安城、五代新城、北宋京兆府城、金京兆府城、元奉元路城基础上改建、扩建而成的。明初“洪武三年秋七月辛卯，诏建诸王府，工部尚书张允言诸王宫城宜各因其国择地，请秦用陕西台治……上可其奏，命以明年次第营之”[1]“国之亲王府基……要之必取郡地之最广与风气最适中者用之”[2]，秦王府遂选址在元奉元路东北隅陕西诸道行御史台署旧址，直接影响了西安城墙的形制布局。

明秦王府与西安城墙几乎同时兴建、同时完工，并由长兴侯耿炳文主持。当时，耿炳文官拜秦府左相都佥事，并为西安大城拓建的工程负责人之一。

在明洪武六年（1373 年）长兴侯耿炳文等为西安城墙事向朱元璋奏表“陕西城池已没，军士开拓东大城五百三十二丈，南接旧城四百三十六丈。今又再拓北大城一千一百五十七丈，而军力不足，西安之民耕获已毕，乞令助筑为便。上命俟来年农隙兴筑，仍命中书省考形势，规划为图以示之，使按图增筑，无令过制，以劳人力”[3]。可见当时西安城墙的拓建是按图纸规划进行的，并经中书省考察，符合当时的规制要求。

秦王府的修建，形成了西安城南北大街（永宁门—钟楼—安远门）相对于城市中线偏西，东西大街（安定门—钟楼—长乐门）偏南，都不在城墙中点等城市形态格局。（图 7）

（二）明秦王府形态与规模

从嘉靖《陕西通志》、康熙《陕西通志》和雍正《陕西通志》等相关志图中，可以明显看出，秦王府城的城郭形态是呈内外二重城垣，

1 明太祖实录（卷五十四）。
2 （明）朱国桢 . 涌幢小品·王府条（转引自史红帅著《明清时期西安城市地理研究》第二节）。
3 明太祖实录（卷八十四，转引自史红帅著《明清时期西安城市地理研究》第二节）。

东西窄、南北长，并且南面稍向外凸出呈倒“凸”字形。这一形态当是仿照南京皇城和宫城而建造的，其后并被明北京皇城和宫城相承袭。

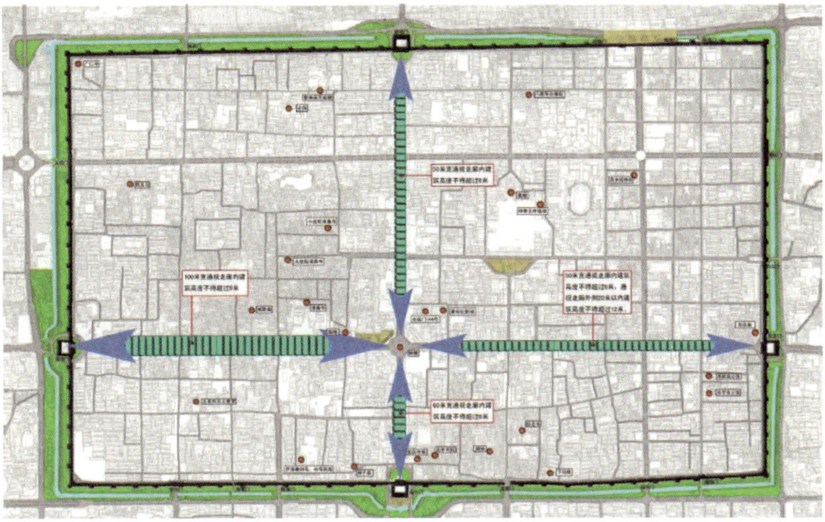

图 7　西安城墙空间结构图（黄线为明秦王府城墙）

在前文嘉靖《陕西通志》对秦王府城的记载中可知，明秦王府包括两重城墙，外侧为夯土的萧墙，内侧为包砖的城墙，在两者之间有城壕。比较同时期的明中都、明南京和明北京宫城，明秦王府的规模也是非常大的，而且也令其他城市诸藩王府难以望其项背。“明中都、南京、北京宫城的基址规模在设计初衷上是一致的，都以周回 6 里的规模建造的。”[1] 明秦王府砖城周 5 里仅次于皇帝宫城一级，其萧墙周 9 里 3 分，似与北宋、金、元至明清宫殿建筑中沿用的外垣周回 9 里 30 步的传统相一致。[2] 同时，作为明洪武朝亲王府规制的晋王府，远小于秦王府的规模。

史红帅教授在《明清时期西安城市地理研究》一书中对秦王府的规模进行了分析，书中认为：“暂以砖城为规整长方形以上述数据计算，则面积约为 0.32 平方公里有奇。”

1 王贵祥，等．中国古代建筑基址规模研究（上编·第九章·第六节）。
2 同 1。

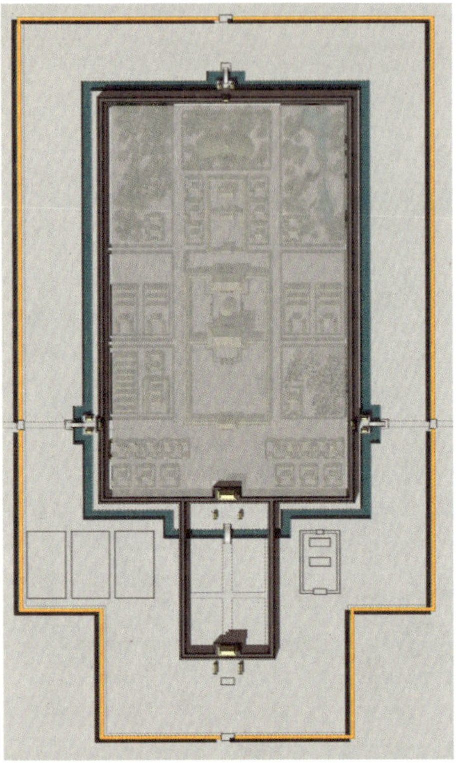

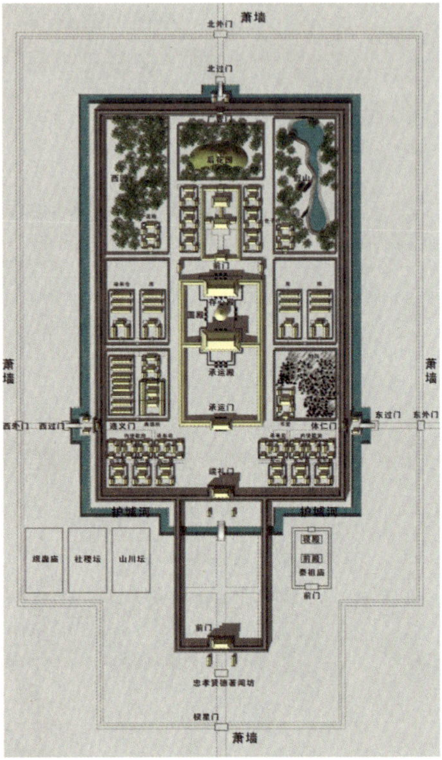

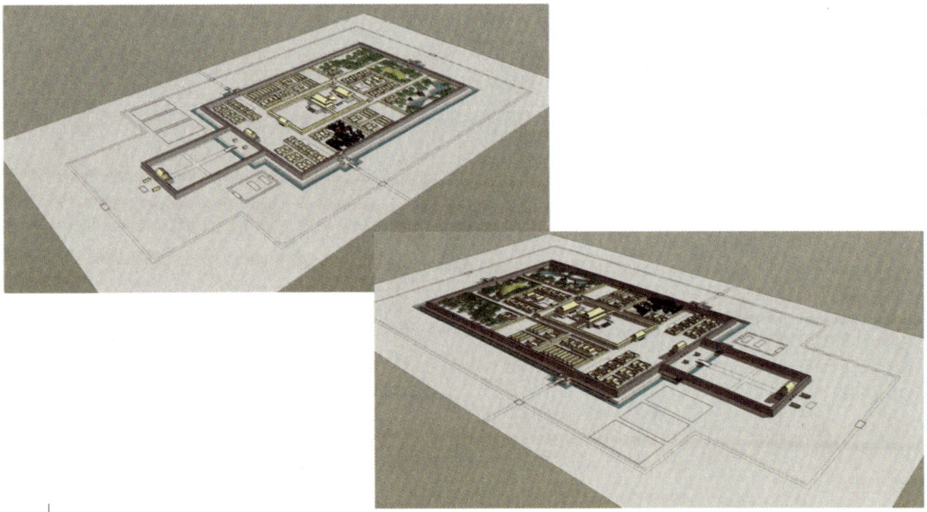

8 | 9
10

图 8　明秦王府重图（砖城—城河—萧墙）

图 9　明秦王府复原总平面图

图 10　明秦王府复原鸟瞰图（上图东南角，下图西南角）

根据西安城墙以内1：500地形图和现场勘测，参照西南城角、北城墙和东城墙的位置，在地形图上量取北墙（外墙皮）长约424米，约合133.6丈[1]；东、西墙长约673米，约合212.1丈。又据城墙宽约3.6丈，秦王府城墙东西宽约130丈。上述取值均在不同时期报告的区间范围内。

因砖城墙总周长为5里，1里为360步，总长为1800步。南北墙总长度应为527.2步，由此可知，东西墙总长636.4步（318.2丈），城墙应向南凸出106.1丈。向南凸出部分的宽度确定较为困难，现参考北京紫禁城午门的情况，午门墩台东西外壁间距为40丈，而中间空档宽为24丈，如采用5丈方格网的话，取值可能为35、30、25丈等，现暂定为30丈(下皇宫一等)。相比同时期明晋王府的"150丈2寸5分"及明弘治规制，东西方向的宽度稍微狭小，南北相对"197丈2尺5分"的规制则更为宽敞，故其周长也更长。

由此根据复原精度，将明秦王府城平面简化为东西宽130丈（260步），南北分两段，北部长210丈（420步），南部向南凸110丈（220步），凸出部分宽度为30丈（60步）。

明秦王府砖城墙内基址规模为：260×420＋220×60=122400步，以一亩为240步计，则可合为510亩（凸出部分宽度取值为25丈时，总面积约为500亩），大于晋王府492.6亩的规模，近于明代天子宫城基址规模1000亩的一半，可作为明洪武朝建筑群规模等级制度的形象体现。

秦王府外围萧墙至清初已废弃，现无地面遗存和考古资料，仅依据现有文献较难确定，有待下一步工作。

（三）明秦王府空间格局和单体建筑尺度

确定了秦王府外部的形态和规模之后，如何确定其内部的空间格

1 本文尺长参考傅熹年院士《中国古代城市规划和建筑群布局及建筑设计方法研究》书中明代前期尺长为0.3173米的数值。

局？本文主要依据明代以来的历史地图、新城大院现状格局和明清宫殿的布局形式确定。

秦王府内各部分按类型划分为四类：城墙城门、宫殿区、宫苑区和附属功能区。府城外分布有祭祀区：山川坛、社稷区、秦祖庙和旗纛庙等。

1. 城墙与城门

根据史红帅教授在《明清时期西安城市地理研究》一书的研究："秦王府砖城实际高度约 11.5 米（3 丈 6 尺）比藩王府城的统一规定高出 2 米余……"

现场勘察和工程实践中，明秦王府城墙的保存状况较差，高度、宽度均达不到文献记载，但最高和最宽处也有 10 米以上，复原以上文确定的高、宽均为 36 尺准。

秦王府城墙和城门消逝的时间并不算久远，1921 年，冯玉祥督陕时，拆用城砖设督军署，建"黄楼"，秦王府由砖城变为土城；1950 年，端履门一带的城墙被拆除；1956 年，东西两城门及城墙被拆除；1985 年，秦王府北城门（广智门）被拆除。根据现有道路系统和访问年长者，体仁门（俗称东华门）、遵义门（俗称西华门）、广智门（俗称北门）三处城门较为容易确定，端礼门位于南北轴线上，需依赖南墙来确定。

城门下部城台高度由城墙来确定，为 3 丈 6 尺。

秦王府城门楼的规制应较高，但无相关文献和考古资料，现城门楼形制主要依据明弘治年间王府规制，据清康熙图城楼可能为重檐建筑，又据光绪图城台下为三个城门洞，门洞宽度推测为 1.5 丈（据秦府北门发掘）。

推测端礼门城楼应为重檐歇山建筑，屋面布青色琉璃瓦，定端礼门城楼面阔 5 间，进深 3 间左右，通面阔 10 丈以内，总高度 3 丈以内。端礼门前有门房 6 间，即上文中的左右廊，每边 3 间。

在城河外侧有前门 5 间，门房 10 间，廊房 18 间（左右各 9 间）。

体仁门、遵义门城楼同端礼门，但其城台为单一门洞。

据长者回忆，广智门城楼为单檐歇山顶，面阔 3 间，进深 2 间。城台据发掘为单一门洞，规模远小于其他城门。

城墙、城门布局的确定，为府城内部空间划分提供了有利依据。

2. 宫殿区

根据明代宫殿布局特点，考察现有新城大院布局，通过道路将秦王府（总宽度 130 丈）分为东、中、西三路；中路宽 50 丈，分布有前殿、王宫、后花园等主要建筑；东、西两路宽 40 丈，分布有东、西三所等次要建筑。

中轴线上的布局基本上是萧墙上的棂星门—端礼门—承运门—承运殿—圆殿—存心殿—王宫—广智门。

据前文中记述，秦王府的外朝宫殿创制于明洪武朝，但嘉靖时期均曾复修过，并改变较大，其形制布局应可分为“洪武规制”和“嘉靖规制”，明孝宗弘治时期的布局介于两者之间，鉴于研究范围限制，本复原主要依据“洪武规制”，洪武规制不详的参照“弘治规制”，都没有的参照“嘉靖规制”。

参照王贵祥教授《中国古代建筑基址规模研究》一书，依洪武规制“……空间格局，其承运、圜殿、存心三大殿至承运门，有屋 138 间，其可能的间数分配为：

承运门 5 间、承运殿 11 间、圜殿 9 间、存心殿 9 间

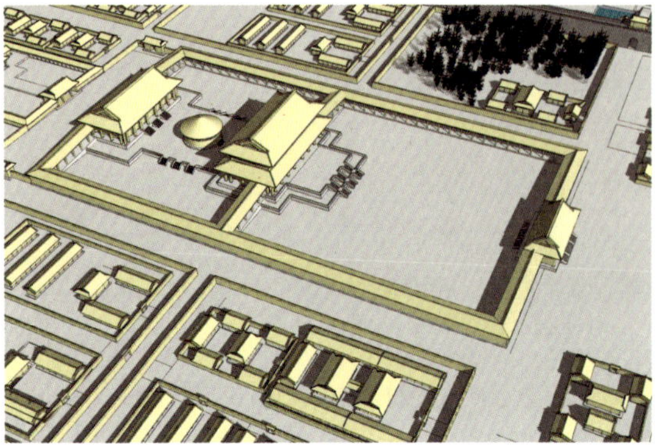

图 11　明秦王府宫殿区鸟瞰图

承运殿两庑左右二殿，不详，假设为东西庑各 5 间；周围两庑不详，当与弘治规制中的‘周围廊房 82 间’相类，故假设为 82 间。”

本次复原研究，外朝部分：采用 5 丈方格网的基准（北京紫禁城为 10 丈方格网），内庭宽度为 40 丈（紫禁城为 60 丈），进深 90 丈（紫禁城为 60 丈）。

承运门：面阔 5 间，台基高 4 尺 9 寸 5 分。通面阔 99 尺，明间面阔 27 尺，次间为 18 尺。进深两间 36 尺。单檐歇山顶，屋面为青色琉璃瓦。

承运殿：面阔 9 间，正殿基高 6 尺 9 寸，月台高 5 尺 9 寸，台基总高度为 12.8 尺。承运殿、圆殿、存心殿三殿位于工形殿基，殿基高度应相同。因殿高为 9 丈 9 尺 9 寸，初步判断应为重檐庑殿顶，建筑部分高为 87.1 尺，上檐柱高为 45 尺，下檐柱高为 22.5 尺，明间面阔 30 尺，次间 22.5 尺，尽间 9 尺，通面阔 180 尺。进深 5 间，共 84 尺。

圆殿：面阔 9 间，直径为 60 尺，推测为单层圆攒尖顶，青色琉璃瓦。

存心殿：面阔 9 间，尺度应小于承运殿，青色琉璃瓦。初步判断应为重檐歇山顶，明间面阔 27 尺，次间 19 尺，尽间为 9 尺，通面阔为 159 尺。进深 5 间，共 75 尺。上檐柱高为 38 尺，下檐柱高为 19 尺，高 54 尺。

廊房：面阔 82 间，地高 2 尺 5 寸。廊开间宽为 12.5 尺。

王宫部分：采用 3 丈的模数，台基同样为工形殿基，高 3 尺 2 寸 5 分。总宽度为 21 丈，进深 36 丈。

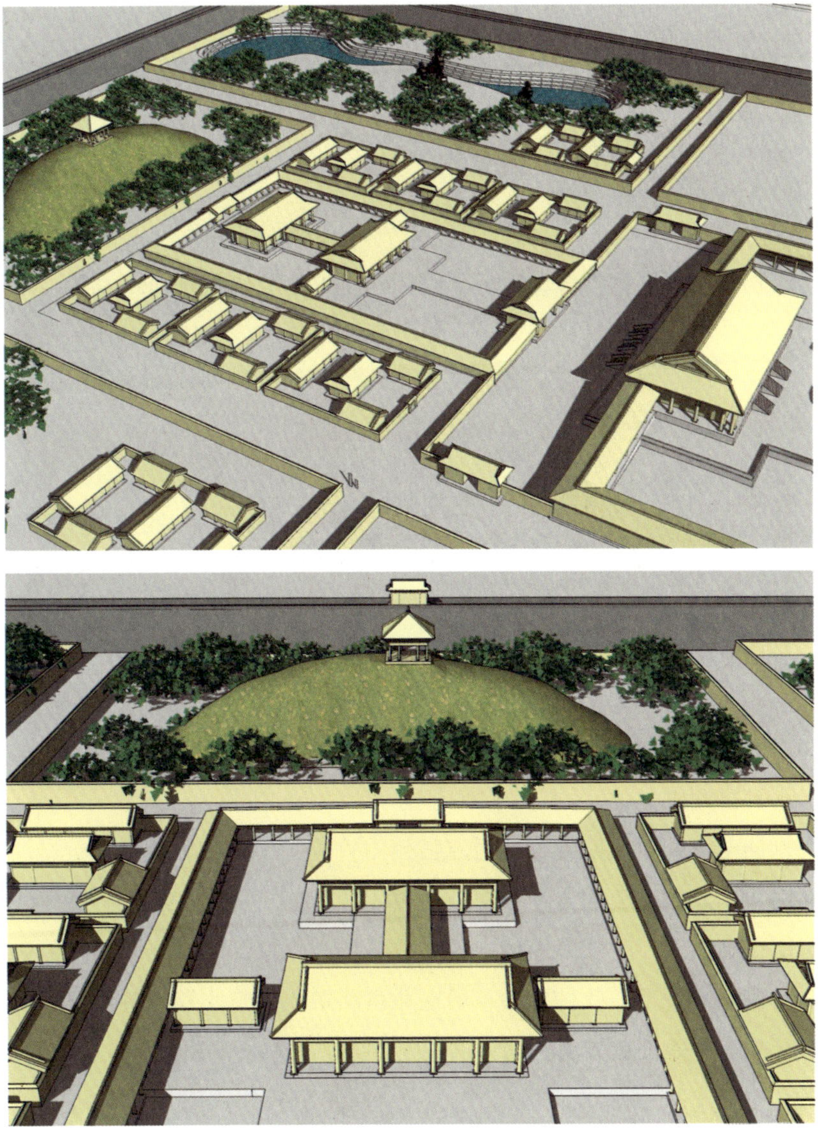

图 12　明秦王府王宫区鸟瞰图

宫门：面阔 3 间，通面阔 50 尺。两侧厢房 10 间，即每侧 5 间。

前寝宫：面阔 5 间，通面阔 90 尺。

穿堂：面阔 7 间，开间为 10 尺，总长为 70 尺。

后寝宫：面阔 5 间，通面阔 90 尺。周围廊房 60 间。

宫后门：面阔 3 间，厢房 10 间，即每侧 5 间。

3. 附属功能区

东西三所：正房 3 间，后房 5 间，厢房 6 间（左右各 3 间）。外部多人房 6 连，每连 7 间，共 42 间。

世子府：正房 3 间，后房 5 间，厢房 12 间（左右各 6 间）。

王国宗庙：采用 3 丈模数，参考西安城隍庙正殿的尺度。前门：5 间。前殿：7 间，面阔 10 丈 9 尺 5 寸，高 2 丈 9 尺，进深 4 丈 3 尺 5 寸；明间面阔 21.5 尺，次间 18.6 尺，尽间为 7 尺，通面阔为 109.9 尺；进深方向：7+9+11.5+9+7，共 43.5 尺。寝殿：同前殿。厢房至少 6 间（东西各 3 间）以上。

典膳所、库房、承奉司、内使歇房等其他部分参见上文中“弘治规制”。

4. 宫苑区

据史红帅教授研究，秦王府宫苑由竹园、西园、后花园和护城河等组成，其间伴有假山和池水。据早年间曾在陕西省政府内（明秦王府所在地）工作的长者回忆，同时参考现有新城黄楼地形，本复原中在后花园置背山，此种形制布局在北京紫禁城的景山和桂林靖江王府的独秀峰等处也有显现。

四、结语

明秦王作为第一代秦王朱樉，因其独特的身份、明初的历史背景及西安作为西北军政重镇等因素，其府邸是明代规模最大的王府建筑群，明代被誉为“天下第一藩封”。

明代对王府建筑有严格的规制和等级，据《明会典》“凡诸王宫室，并依已定格式起盖，不许犯分”。明秦王府规制基本符合明洪武规制的要求，但其等级稍高于规制，也是上述历史背景的产物。

西安城墙作为明秦王府外部城市防御体系，同时规划、兴建，且秦王府的选址、兴建直接影响了西安城墙和城市的空间结构布局。

综上所述，关于明秦王府建筑形制的研究，对我们理解明初建筑等级和解读西安城墙乃至西安城市的布局有重要的意义。

11 新疆伊犁将军府

张新颖

清乾隆年间，政府为了加强在伊犁地区的治理，设伊犁将军，建惠远城。伊犁将军府在主体布局、建筑形式、工程做法、外观装饰上体现了清代一品官员衙署建筑及其相关建筑的基本特点，反映了时代特征。从对新疆伊犁将军府现存格局及发展历史的研究中，我们能总结出其所包含的科学价值、艺术价值及社会价值。

一、概况

伊犁将军府，始建于清光绪八年(1882 年)，位于新疆维吾尔自治区伊宁市霍城县惠远镇东侧边防部队某团部院内，南距伊犁河 7.5 千米，是我国清代派驻新疆的军政合一的最高权力机关伊犁将军的驻地，1996 年被国务院公布为第四批全国重点文物保护单位。

二、沿革

清朝乾隆二十年(1755 年)平定准噶尔部，乾隆二十七年(1762 年)设立“总统伊犁等处将军”(简称“伊犁将军”)，将军衙署驻惠远老城，统辖天山南北和巴尔喀什湖以东、以南广大地区的军政大权，这是新疆地区的最高军政长官。同治五年（1866 年），惠远老城被回民起义军攻破，同治十年（1871 年）沙俄侵略入境，将军衙署被沙俄毁坏。

光绪元年（1875 年），清廷命左宗棠为钦差大臣督办新疆军务。光绪八年（1882 年），订立《中俄伊犁界约》，金顺将军率大军正式收复伊犁，以惠远为中心，重建包括惠宁、宁远、绥定、广仁、瞻德、熙春等在内的伊犁九城。其衙署暂设在绥定城（现水定镇），并准在惠远老城西北 15 里处，仿照老城新建惠远城。

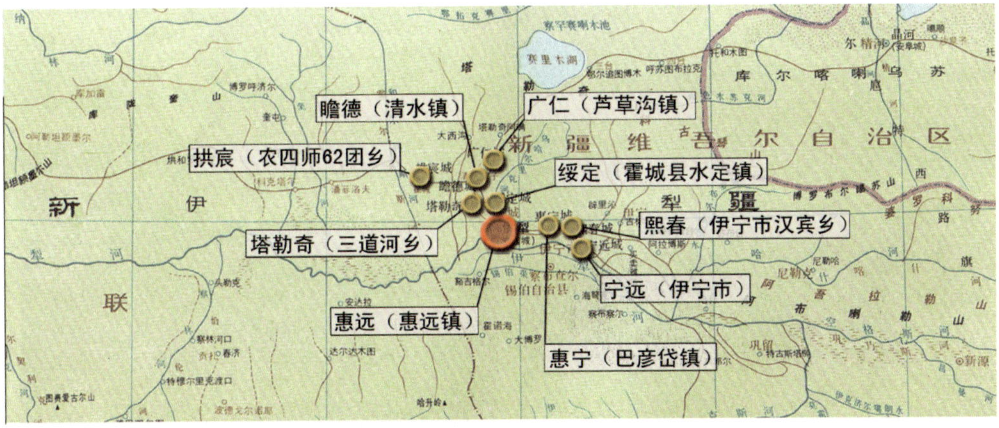

图 1　伊犁九城在伊犁将军辖区分布图

光绪十年（1884 年），清廷批准设置新疆省，伊犁仍设伊犁将军，此时新疆的政治中心由惠远古城移至省会迪化（今乌鲁木齐市），伊犁将军只管伊犁和塔城的军政事务。光绪十九年（1893 年），新惠远城建成，伊犁将军驻新惠远城。

民国元年（1912 年），辛亥革命在伊犁取得成功，昔日的伊犁将军府变成了新伊大都督府。是年 5 月，北京政府令新伊大都督府改为伊犁镇边使署，民国三年（1914 年），撤销伊犁镇边使设伊犁镇守使。民国十九年（1930 年），将伊犁镇守使改称为伊犁垦牧专员，民国二十一年（1932 年），又改称伊犁屯垦使。民国二十三年（1934 年），邱宗浚任屯垦使后，将屯垦使公署从惠远城迁往宁远城（今伊宁市），从此惠远城仅为驻军营地。1944 年 12 月 31 日，惠远城被三区革命军攻占。

1950 年初，中国人民解放军 50 团进驻惠远城，在伊犁将军府内建有驻军营房，至今仍然存在。

三、建筑结构及现存格局

伊犁将军府现存文物建筑包括将军府、衙署和文庙三部分。将军府基本保持中轴对称的建筑布局，其中，后厅在军队营房建设过程中被拆除，造成总体格局上的部分缺失，但将军府整体空间和氛围仍然保留。衙署和文庙的格局保持比较完整。

2|3

图 2　将军府府门

图 3　将军府府墙

（一）伊犁将军府

伊犁将军府，位于惠远古城区东大街北面，坐北朝南，整个建筑为四合院式，土木结构的飞檐式人字梁平房，地上铺以方砖，墙基为条形砖，内镶以土块，房内有用木板搭成的顶篷，院内有回廊，府门楼在西面，为两层土木建筑。后部有凉亭，房檐朴素淡雅，无画梁雕刻。主体为一组中轴对称的建筑群，占地面积 19973 平方米，其中文物建筑面积为 4146 平方米，包括大门、东营房、西营房、二堂、东厢房、西厢房、内宅正堂、内宅眷房、内宅南房、将军亭（民国时建）、金库、武库等，大堂与后厅地面现已无存。

大门为单檐硬山布瓦顶建筑，面阔 3 间、进深 2 间。台明及踏跺用条石砌筑，现已不存。大门东西两侧耳房，为硬山瓦顶建筑，面阔3间、进深1间，抬梁式结构，装修为新式门窗。东西厢房为单檐硬山瓦卷棚顶建筑，面阔14间、进深1间，前出廊。前檐外其余各面以墙体围护，下槛及两山墙前后墀头使用砖，其他部位均用土坯砌筑，室内用8组土坯墙隔成大小不同9个室。西厢房，面阔5间、进深1间，前后出廊。两山墙体后墀头及下槛使用条砖，廊间墙做拱券门。东厢房，面阔5间、进深6.3米，高5.45米，前出廊。二堂，面阔5间、进深1间，高7米，前、后出廊，单檐歇山布瓦顶建筑。内宅正堂，面阔5间、进深1间，高5.2米，前出廊，单檐硬山布瓦顶建筑，梁架均8檩，用4柱。内宅眷房面阔5间、进深1间，前出廊，单檐硬山布瓦顶建筑。两山墙体前后墀头及下槛使用条砖，廊间墙做拱券门。

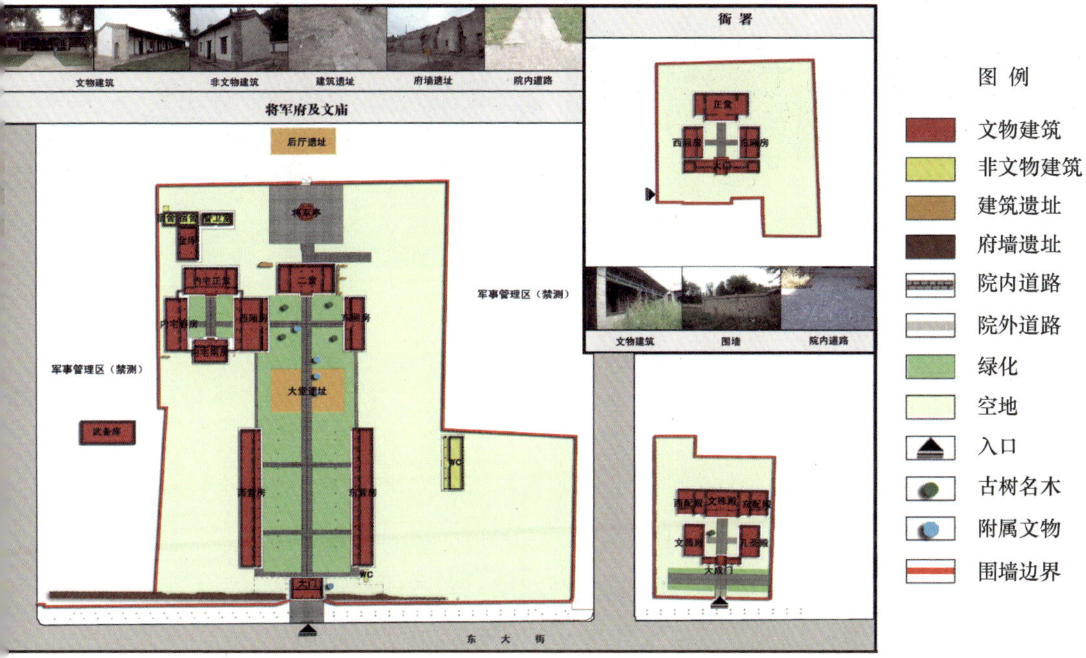

图4 伊犁将军府现存格局分布图

将军府现存建筑为砖木结构，从整体规划、平面布局、建筑形式和雕刻艺术上都吸收了清工部《工程做法则例》中的部分特点，同时“就地取材”，充分利用当地建筑做法，体现了等级观念和地方特色。

据史籍记载，将军府除将军公台外，还有印房（机要文件）、册房（图书）、粮饷处、营务处、驼马处、功过处，共有 6 个机构。府内沿中轴线依次分布大门、大堂、二堂、后厅。沿中轴线上的建筑与东西营房、东西厢房形成三进院落。二堂后于民国年间建造凉亭（将军亭）一座，后厅 1949 年后被驻地部队拆除，呈现出一进大院落的总体布局。大门两侧耳房存有建筑遗址。二堂两侧在维修时另发现原有建筑遗址。西厢房西侧为一四合院，除西厢房外，还有内宅正堂、内宅眷房、内宅南房等建筑。内宅正堂后为金库，四合院西南侧有两栋将军府武备仓库，仓库建筑现在将军府园区围墙外。

5 | 6

图 5　将军府大堂
图 6　将军亭

（二）**衙署**

衙署是清代官员的办公地点，位于惠远古城历史文化街区北大街，距钟鼓楼约 200 米，伊犁将军府金库西北 200 余米处，占地面积 3128.15 平方米，文物面积 738 平方米，现存大门、东西厢房、正殿等建筑，保存较好。

（三）**文庙**

文庙也称孔庙，位于惠远古城区东大街北侧，伊犁将军府东营房东侧 90 米处，占地面积 2160 平方米，文物面积 558 平方米，现存大花门、东西配殿、正殿及耳房等建筑。建筑质量较好，外表很威严。昔日，每年祭孔日，由官署主办祭礼牛、羊、猪各 1 头，并带全城文武官员和学生进庙主祭，此外的日子庙门关闭，群众对孔庙没有什么进香活动。

7|8

图 7　衙署正殿

图 8　文庙

四、遗存价值

伊犁将军府旧址及衙署和文庙都基本保持了清代原有建筑风格，城墙、房址、道路布局清晰，具有重要的历史研究和艺术价值。

（一）历史价值

1. 伊犁将军府及其所在历史环境的兴衰是清代伊犁历史衍变的一个缩影

乾隆二十七年(1762 年)，清廷正式批准设立“总管伊犁等处将军”，简称“伊犁将军”。以惠远城为中心，先后在其附近地区修建了塔勒奇、宁远、绥定、惠宁、广仁、瞻德、拱宸、熙春八城，时共称“伊犁九城”。同治十年(1871 年)，俄军强行攻占惠远城。基此，繁闹一时的惠远城被毁坏殆尽，遂沦为废墟。

清朝光绪年间收复伊犁后，于光绪八年(1882 年)，在惠远旧城以北 15 千米处新建惠远新城。光绪二十年(1894 年)竣工，此间，还陆续修建恢复了绥定、拱宸、瞻德等城。直到辛亥革命爆发，时任将军志锐被杀之前，伊犁将军府就一直驻扎在惠远新城，该城为伊犁政治经济文化的重镇。

图 9　清代伊犁将军辖区与现在新疆维吾尔自治区范围对比图

辛亥革命后废除清制，昔日的将军府变成了新伊大都督府，后改为伊犁镇边使署；1914 年改为伊犁镇守使署；1930 年改为伊犁垦牧专员；1932 年，又改称伊犁屯垦使署；1934 年秋屯垦使署迁往宁远城（今伊宁市）后，将军府便被废置。

2. 伊犁将军府是我国对新疆地区行使主权及维护主权的直观体现

清乾隆年间，清政府平定新疆地区的准噶尔部上层贵族的叛乱和大小和卓之乱后，统一新疆，并于乾隆二十七年（1762 年）设立“总统伊犁等处将军”（简称“伊犁将军”），统辖天山南北包括巴尔喀什湖以东、以南及帕米尔高原的广大地区。伊犁将军是当时新疆广大地区的最高军政长官，伊犁将军府也成为清代派驻新疆的军政合一的最高权力机关。在新疆设立伊犁将军，对巩固西北边防，维护祖国统一起到了重要的作用。在清初结束新疆长期分裂失控的局面之后建立的伊犁将军，对新疆实行严密的军事、行政管理，采取了切实有效的治理措施，对新疆的稳定、发展发挥了极其重要的作用，其历史功绩是不可磨灭的。它既吸取了历代治理西域的经验，又采取了一系列卓有成效的措施，符合当时新疆的社会实际状况；它不仅保持了新疆稳定发展的局面，而且为近、现代中国对边疆地区的治理和开发提供了有益的借鉴。

伊犁将军的设立，不仅是中国政府宣示领土主权的彰显，同时也是中国政府履行国家职能，行使国家主权的体现。

3. 伊犁将军府是中国新疆近代史的见证

从清政府乾隆时统一新疆，建置伊犁将军，筑建惠远城，对新疆实施有效治理；至同治时期伊犁地区农民起义，惠远城陷落，新疆进入长达十余年的内争外侵之乱；至俄军入侵伊犁，建立殖民统治时期对惠远城及伊犁将军府的毁弃；至光绪时，清政府收复伊犁，重筑惠远城，新修伊犁将军府；直至辛亥革命政权交替，机构迭更，伊犁将军府的身份几经变换。

期间，伊犁将军府及惠远城曾是全疆最高权力机关，是天山南北的政治、军事、经济、文化中心，是中华民族抵御外侮、保境安民的前线中枢；也曾是社会矛盾激化下，起义军的宣泄对象，外敌殖民统治时，随意处置的荒院残垣；是清政府宣示主权、行使主权的象征，也是改旗易帜后，民国政府的地方机构。伊犁将军府作为历史背景或历史地标，见证了中国近代社会现状、国力盛衰、民族觉醒等诸多历史因素在新疆的表现，是重要的历史文物。

4. 伊犁将军府为研究清代军府制提供了实物资料

军府制度，是一种军政合一的行政管理体制。清制，驻防将军以驻防地名为号，乾隆朝定制为十四员缺。边疆驻防将军，因不设督抚，驻防将军为本区最高军政长官，实行一种军政合一的行政管理体制。

伊犁将军因其统辖地域辽阔，战略地位尤为重要，其权限较其他边疆驻防将军又有过之，体现在伊犁将军可节制、统辖辖区内各军政区都统、参赞大臣等军政长官；总统调遣天山南北两路驻防官兵；受命处理新疆与邻国之间的外交事务等。在管理职能上，伊犁将军兼顾军事、政治、经济、财政、外交各个方面。为稳定社会秩序，恢复和发展社会经济及巩固西北边防，抵抗沙俄侵略，防止分裂割据，维护国家统一等发挥了重要作用。

伊犁将军府作为全疆的最高行政权力中心，府内各办事机构，分工明确，各司其职，是新疆军府制正常运作的中枢机构，是军府制度的代表体现。伊犁将军府作为历史遗存，也为清代军府制的进一步学术研究提供了直观的实物资料。

5. 伊犁将军府及其附属衙署、文庙对于研究边城建制的配置和规划有重要意义

现位于伊犁将军府西北的衙署，是将军府附属民政机构办公之地；将军府东侧的文庙，为祭祀孔子的文教之地。此两处建筑与伊犁将军府同位于惠远城内东大街以北、北大街以东区域，在空间和时间上与将军府有一定的内在联系，是现今惠远城中保留不多的、其原有功能与伊犁将军府的军事指挥功能、权力中心功能有所区别的清代建筑之一。

伊犁将军府及其附属衙署、文庙，更加揭示了惠远城的历史风貌，对于研究边城建制的配置和规划有重要意义。

6. 伊犁将军府与多位历史名人联系紧密

在伊犁将军设置的150年间，共有职主（包括署理、代理等）42人，60任次。将军府不仅是伊犁将军治理军务、处理民政的官署，同时也是伊犁将军的宅院居室，一定程度上伊犁将军府可以称之为历任伊犁将军的旧居。

42位伊犁将军中不乏如乾隆皇帝内侄，首任伊犁将军明瑞；乾隆朝重要宰辅，首任“总理伊犁事宜”办事大臣的第二任伊犁将军阿桂；先后四次出任伊犁将军，乾隆、嘉庆两朝元老保宁等历史上赫赫有名之人。道光时，因虎门销烟而充军伊犁的钦差大臣林则徐，慷慨出资兴修水利，至今仍泽被一方。同治、光绪时署理伊犁将军的伊犁参赞大臣荣全，则为荡平阿古柏政权，收复伊犁做出突出贡献。

这些材优干济、独当一面的干练之人，为我国西北边疆建设做出巨大贡献。这些历史名人在伊犁将军府及惠远城的停留，为将军府这座历史建筑增添了文化内涵，赋予了更多的历史意义，是中华民族宝贵的精神财富。

（二）科学价值

1. 伊犁将军府所在惠远城完备的城防体系具有典型的军事研究价值

图 10　惠远城原有格局图

乾隆二十七年（1762 年）设立伊犁将军后，于次年修筑惠远城并伊犁将军府。惠远城与当时修筑于伊犁河谷的塔勒奇、绥定、广仁、拱宸、瞻德、宁远、熙春、惠宁其余八城，共同构筑了伊犁将军所辖军政区内的驻防体系。现在的惠远城南北宽 1194 米，东西长 1298 米，周长 4984 米，城墙高 5 米，厚 6 米。城内东、西、南、北四条大街，汇于城中钟鼓楼，并直通城墙所开城门。城门内侧有上城的马道，外侧筑瓮城。城外距城墙 23 米有宽、深各 10 米的护城河（现无常流水，遗迹可辨）环绕，形成层次分明、功能齐备的防御体系。史载伊犁将军府大门前设有辕门鹿寨，府门内营房有守卫驻扎，加之前后有序的三进院落和武备仓库，伊犁将军府本身也形成城内独立的防御单元。

伊犁将军府及其所在惠远城作为清代统驭全疆的行政权力中心和经济文化中心，同时是重要的边防大镇，其驻防体系与城防体系具有典型的军事研究价值。

2. 伊犁将军府是新疆清代工部建造建筑的代表

伊犁将军是清代一品大员、封疆大吏，朝廷委任的边疆重臣。其府邸的建造遵照《钦定大清会典工部卷》及清工部《工程做法则例》，按照一品职官的规制建造，是新疆地区清代工部建造建筑的代表，体现了皇权的威严性、礼仪性，在一定程度上也是严格的等级制度的反映。

（三）艺术价值

1. 伊犁将军府是新疆地区清代官署建筑的代表

伊犁将军府各单体建筑采用的土木结构，属清式建筑风格。工程做法方面明柱檐廊，彩绘梁枋，布瓦脊兽，举折有序，用材硕大。建筑布局上采用中轴对称，暗合风水学说，整体主次分明，布局合理，是新疆地区清代官署建筑的代表，具有较高的艺术审美价值。

2. 伊犁将军府建筑具有独特的地方特色

伊犁将军府现存建筑为砖木结构，建筑群体布局及梁架结构为清式建筑风格，门窗装修等吸收了俄罗斯建筑的特点，同时结合新疆地区建筑的构筑方式等，就地取材，充分利用了当地建筑做法，具有鲜明的地方及民族特色。

3. 伊犁将军府内石刻艺术风格独特

伊犁将军府砖雕精美，吻兽、脊兽造型生动。将军府二堂前的两只石狮，神态逼真，卷毛、垂耳、高鼻、大目，风格迥异，威武而又不失安详，具有鲜明的地方特色，在全疆乃至全国都实属罕见。这对石狮的造型及其所衍生的传说故事，对研究清代新疆地区的石刻艺术和历史民俗文化，都具有十分重要的意义。

图 11　伊犁将军府内的一对石狮

五、结语

伊犁将军府作为一组清代古建筑群，院落错落有致，绿化讲究，文化内涵深刻，承载历史信息丰富，在主体布局、建筑形式、工程做法、外观装饰上体现了清代一品官员衙署建筑及其相关建筑的基本特点及时代特征，建筑的原有外形及设计特色得到较好的保留。经维修后的文物建筑，基本保持了历史原貌。但是现在的伊犁将军府主体部分已作文物展示和保护管理来使用，个别建筑闲置，与早先办公和居住功能已有较大差别。

伊犁将军府是清朝政府平定内乱、抵御外侮的军事指挥中心，真实地见证了新疆从清代至民国，从古代至近代的历史变迁，也历经了国内的政权更替和国际间的国力消长，是研究中国边疆史、中国民族史的重要史迹。伊犁将军府是边疆地区维护祖国统一的象征，同时其全疆军政中心到边疆小镇的区位变化，也是近代中国割地丧权、领土沦丧的耻辱记忆，仍具有铭记历史、激励后人、勿忘国耻、发愤图强的警示教育功能。伊犁将军府在加强民族团结、维护边疆稳定、抵御外侮侵略方面功绩卓著，对新疆各族人民进行了有效管理和合理部署，是新疆民族团结、形成民族凝聚力的重要纽带，对维护祖国统一、边疆稳定发展发挥了积极作用。

伊犁将军府是新疆百年历史文化的缩影，承载着悠久的人类文明。在现代国家建设与发展中，渐渐失去原有的功能和昔日的活力。如何协调保护与发展，使其融入当今社会经济生活之中，或许是我们应该进一步思考的问题。

参考文献

[1] 武红薇，张杰．论清代伊犁将军府的地位、人选与兴衰［J］．石河子大学学报，2002（12）．

[2] 陕西省文化遗产研究院．伊犁将军府保护规划．2011．

[3] 赖洪波．清代伊犁将军及伊犁将军府的历史演变［J］．中共伊犁州委党校学报，2004（12）．

[4] 赖洪波．清代伊犁将军及伊犁将军府的历史演变［J］．中共伊犁州委党校学报，2004（4）．

[5] 赖洪波．清代伊犁将军及伊犁将军府的历史演变［J］．中共伊犁州委党校学报，2005（1）．

[6] 王希隆．关于清代新疆军府制的几个问题［J］．西城研究，2002（1）．

12 古代园林与大九州

秦建明　张亚军

中国古代园林，被誉为世界三大园林艺术之一，在海内外负有盛名，也曾经对世界园林的发展产生过积极影响。中国古代的园林，积聚了历代艺术家的才智，有许多独特的创造。认识和总结这些创造，是今人继承优秀传统文化的前提。像广为人知的一池三山结构，就是一种古代造园的典范。由于时代的悬隔，古园林中还有一些隐含的文化和象征手法，尚未引起后人的重视，也少有人进行深入的解读。故我们不揣浅陋，就古园林和历史景观中的一些景区进行文化象征意义的探索和解读，以期引起世人的注意。

《史记 · 孟子荀卿列传》记载，战国时有个驺衍，提出了一套惊人的理论。驺衍以为："儒者所谓中国者，于天下乃八十一分居其一分耳。中国名曰赤县神州，赤县神州内自有九州，禹之序九州是也，不得为州数。中国外如赤县神州者九，乃所谓九州也。于是有裨海环之，人民禽兽莫能相通者，如一区中者，乃为一州。如此者九，乃有大瀛海环其外，天地之际焉。"[1]

这位驺衍真是一位奇人，他身在中国，却能以小见大，推论出一幅更为宏大的世界图像。

1 史记·孟子荀卿列传，中华书局本：2344。

他说：世人所知道的九州，已经算是面积巨大了，可那只不过是中国的版图，叫做“赤县神州”。大禹平定洪水，序九州，当时中国划分为冀州、兖州、青州、徐州、扬州、荆州、豫州、梁州、雍州九区，但这种州不算数。因为中国之外，还有像“赤县神州”这样的地方，共有九处，那才是真正的九州。九州相连，其外为一小海洋包围，这算是一个区域。但在更大范围看来，它依旧只能算是一州。因为这样的区域天下共有九处，更有茫茫无际的汪洋大海包围于外，那才是真正的大九州。

如此说来，南北万里，西及流沙，东抵沧海的中国疆域，竟然只是天下的八十一份中的一份，可见驺衍描述的大九州何等广大浩瀚。

这种超越时空的宏大设想，曾让当时所有闻听的人震惊不已，人们于突然之间，感到了天地无比广阔，宇宙极其浩渺，神游天外，忘却世俗，而“惧然顾化”。

明人孙瑴编《古微书》，搜集了许多古代的纬书。其卷32《河图纬》说昆仑山曰:“其山中应于天，最居中。八十城布绕之，中国东南隅，居其一分，是好城也。”[1] 书中以昆仑山为世界的中心，周围列布80城市，这里以城代国，中国即为一城，在其东南，而疆域万里的中国，也只是占据昆仑之外八十分之一的大小。这种说法，与前述驺衍的地理观相近。

这种世界之外还有世界，沧海之外又有沧海，如同古人所说的“天外有天”一般，它可以让人超脱现实，从更高更远的角度审视天地人生，从而体悟到一种新的宏大境界。但是，这种论述方式，比较抽象，不一定能让更多的人感受到。

1 古微书（卷）32. 河图纬，四库全书本（其文字可能有讹误）。

而中国古代园林，却可以较好地体现这种思想。

我们且看中国古代园林，如何体现这种大九州的思想。

位于北京城西北的圆明园，是清代帝王所建之园林，面积巨大，其中心建筑位于园内西南。这一带的水面，前有前湖，后有后湖，四下水道曲折，湖沟相连，将这一大片景区，围出九座岛屿。九座岛屿环绕着后湖分布，其上皆有建筑，这些建筑结构不同，每座岛也景色各异，并且各有其名。最南一座岛，位于前湖和后湖之间，占据主位，岛上建筑群也是圆明园中最大的，其主殿名曰“九州清晏”殿。[1]这一布局与命名，说明这处景观是仿照海上大九州之意构思的。其中每座小岛代表一大州，外环以水，象征海洋。（图 1、图 2）而乾隆于《圆明园四十景图》中的“九州清晏”图题中即说明其象征的意义。他说：“驺衍谓裨海周环为九州者，九大瀛海环其外，兹境信若造物施设耶？”

图 1　《圆明园四十景图》中的“九州清晏”景区

1 中国古代建筑技术史（插图“北京圆明园，长春园、万春园平面图”），科学出版社出版，1985：467。

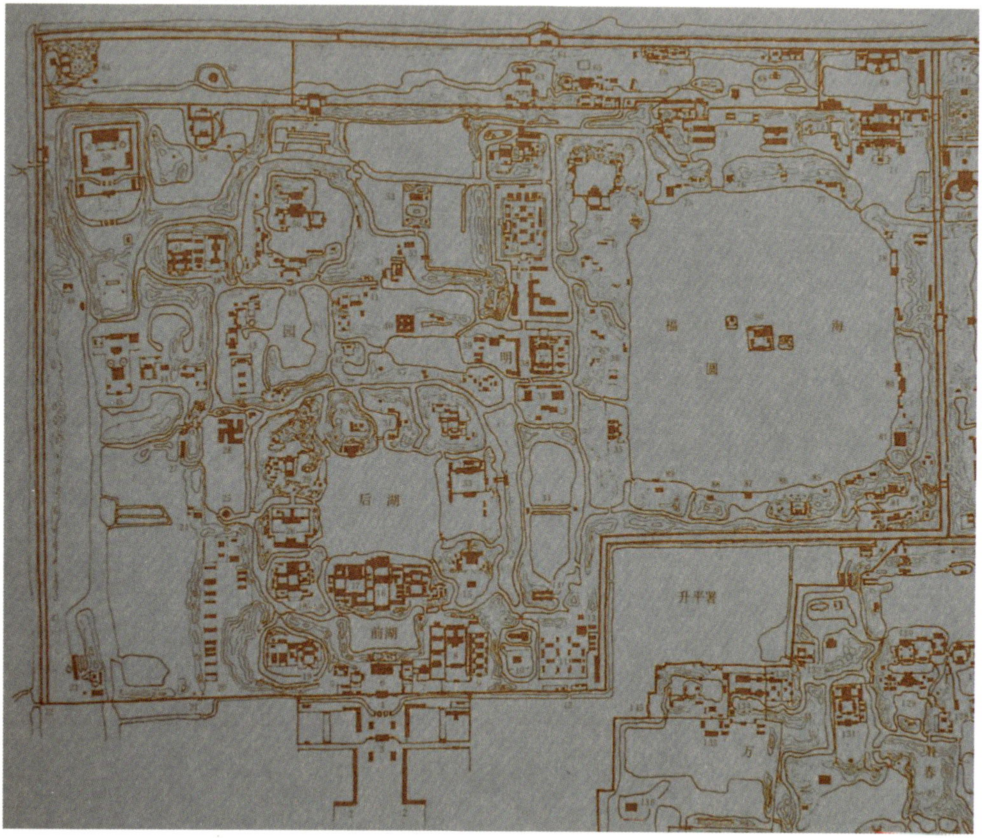

图 2　圆明园中的“九州清宴”景区与福海景区

圆明园东部有一大湖，名曰“福海”，中心三座小岛立于水面。这三座小岛，其上也有建筑，名曰“蓬岛瑶台”。这里，明显是法象神秘的东海三神山景色了。东海三神山与西极昆仑山一样，也是中国古代园林常常表现的仙境神界，这两种仙境神界，一东一西，俱被古人融入这座园林之中。

圆明园之九州结构，由于“九州清宴”点明了主题，较易识破。而另外一些园林中，所隐含的大九州概念，则比较含蓄。

北京清代所建长春园，处于圆明园之东，也是一处精心构筑的皇家园林，营建 20 余年方才完工。园内水陆交错，结构复杂。这座园林中，就融入了许多古人的奇思妙想。长春园四周为陆，中间围有一大湖，湖中则建一大岛，而岛上复开有小湖，其东侧小湖之中，又有一岛。岛上的一组馆舍建筑，即名“玉玲珑”[1]（图 3 中 99 景点）。可以说，这里出现了湖中湖，岛外岛。其布局，暗合于大九州小九州之结构。在这一园内的诸多建筑群中，有一中心大建筑群，坐镇中央，玉玲珑则处于其东南，我们结合前引昆仑山的传说，玉玲珑景区就是法象的赤县神州，也就是中国之地。这处建筑，命名为“玉玲珑”，即为小巧之象。而长春园中心大建筑群，面积巨大，建筑体量超越其他，无疑是仿效处于天地之中的昆仑山。这处建筑主要有三进，分别命名为“含经堂”“淳化轩”“蕴真斋”，其数量，正好与传说中的昆仑三山相合。

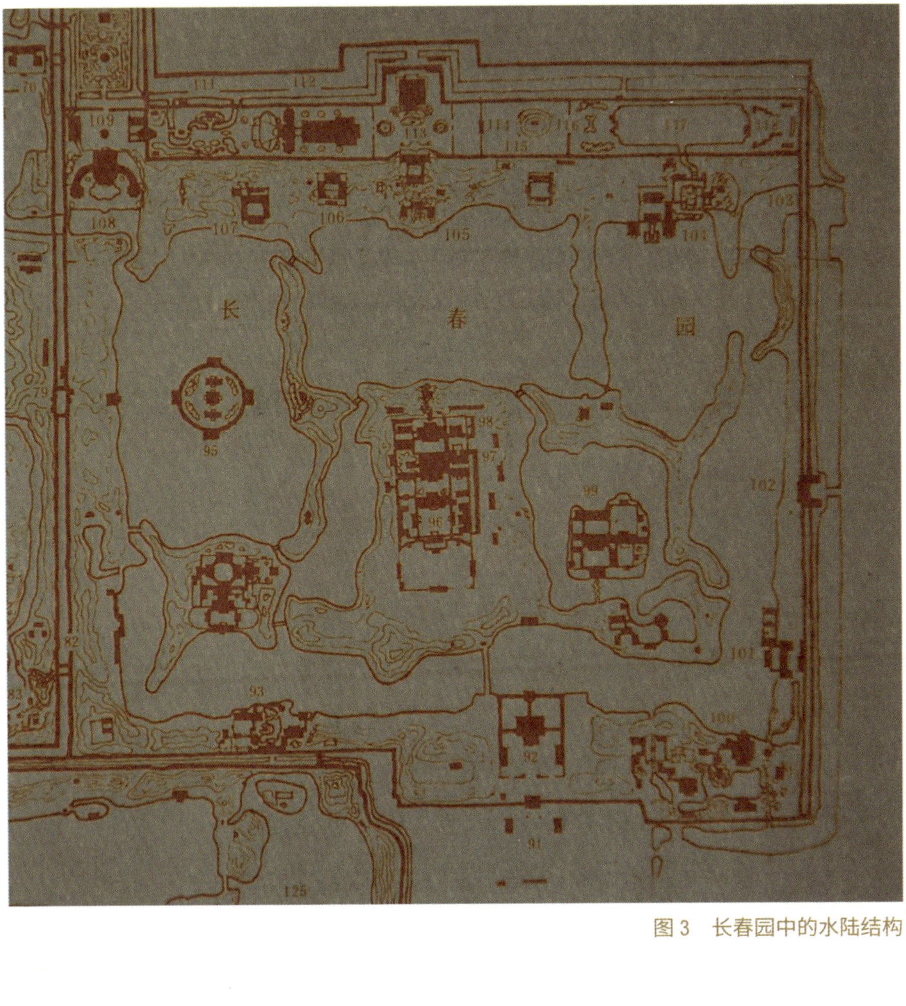

图 3 长春园中的水陆结构

1 中国古代建筑技术史（插图“北京圆明园，长春园，万春园平面图”），科学出版社出版，1985：467。

长春园建于圆明园之后，也许感到“九州清宴”对于九州的表现，未能尽意，故于长春园中，再次对大、小九州进行展现。长春园的这处景观，虽未对九州之形进行象征性展示，但在水、陆的处理上，则更为贴切，富有层次。对园林中这处含而不露的九州之象，乾隆皇帝颇为得意，他说：“蒙庄原谓胶舟者，安识须弥个里藏。”庄子在其文章中曾以“杯水覆地，芥子可以为舟”作比喻，小可见大。而佛教中也以芥子藏须弥为喻，说明小中藏大。故乾隆此诗特地表明，这里的景观也是以小喻大，内藏宏大世界之象。

福海三神山与上两处法象九州的景观相比，略显简单，花费财力与设计细节上明显着力不足。因为大九州复杂的层次和喻义更难表现。

杭州西湖也是中国古代著名的景区，历代经营之下，西湖一直是热游之地。西湖湖心有一座较大的岛，名小瀛州。又因其南湖心有三座石塔之景，名三潭印月，今人或混称其岛为三潭印月岛。瀛州是古代传说中海上三神山之一，岛之北侧，还有两座小岛，加上小瀛州，共有三岛。这三岛，可视为海上三山之象。小瀛州是西湖中心最大的岛屿，其上亭台楼阁，莲池曲桥，景色甚美。如果细心一点，就会发现其布置也非常奇异。古人在这座岛之中心，挖有一处小湖，构建出一个岛上之湖。又在这个小湖之心，堆建一岛，形成岛上之岛。这座湖心小岛，有桥堤通往四下。（图 4）

小瀛州中心小湖包围的小岛（图 5），四下环水，花木繁茂，有房有舍，人来人往，俨然如同一小小世界。这个小岛，就像驺衍说的包含神州在内的九州，这个小湖，就相当于驺衍所说的环绕九州的“裨海”。若由小岛向外，越水过桥，便到达另一陆地，其陆地环围于小湖之外，其上也是有房有舍，花木繁茂，只不过比之小岛更大。而这一比小岛更大的陆地，其实也是一岛，其外则为西湖环绕。西湖，就相当于驺衍说的“大瀛海”。而小瀛州岛，则相当是

“大九州”。

乘船出西湖，登岸之后，便进入更大的陆地，环绕西湖，千门万户，都市繁华，车如流水马如龙，这就是杭州。经过这一番经历变化，到了此处，人们可能便会推想：杭州之外，都市繁多，在此之外，遥远之际，可能还有更大的海洋环绕。

图 4　西湖中的小瀛洲岛

目有所见，心有所思，人们行经这种由小及大，层层推进的水陆景观，便在湖山如画的游览之中，受到这一重又一重巧妙设计的启发，联想九州，延伸思维，进入深远意境。这种园林景观，可谓是一种无言的引导，一种高明的暗示，体现出易学之法象，佛门之禅意，老庄之妙境。

图 5　西湖小瀛州岛风光

庄子曰："计中国之在海内，不似稊米之在大仓乎？"[1] 可见具有这种思想者，先秦时期并不止于驺衍一人。而受驺衍、庄子影响，甚至接受此类观念者，可能更多。庄子又说："因其所大而大之，则万物莫不大；因其所小而小之，则万物莫不小，知天地之为稊米也，知毫末之为丘山也。"[2] 天地为稊米，毫末为丘山，正是一种极度缩小与放大的意识。

中国古代园林，于小小湖山之间，注入的这种小中见大的深刻思想。其展示出的移天缩地、咫尺千里之技，让游者体验起来，真正是美妙无比。

人类对于天文学的研究，由近及远，由小至大，一步一步向外拓展。最早发现地球之外有月亮围着旋转，共同构成了以地球为中心的地月系。进而发现，地球并非宇宙的中心，它其实围绕着太阳旋转，太阳周围，像地球这样的行星，还有一批，而且很多行星也都有卫星

1 《庄子·秋水》（上海书店影印《诸子集成》所收《庄子集解》）［M］.101。
2 《庄子·秋水》（上海书店影印《诸子集成》所收《庄子集解》）［M］.103。

环绕，如木星、土星等。太阳和它的行星共同构成了太阳系。接着，人类又发现，太阳也不是宇宙的最终中心，它也围绕着更大的银河中心旋转，则构成了银河系。而银河系之外，还有无数更为遥远的河外星系。

这种发现，极大地拓展了人类的视野，是人类科学的巨大进步。

我们可以对比一下，将两千多年前驺衍提出的“大九州说”之地理观与现代天文学的天体宇宙结构框架进行比较，便会发现，两者在结构上，竟然颇为相似。

这种思想，本来可与园林无涉，但古人却在园林中，试图化大为小，让游人于山色水光之间，自觉感悟海外有海、天外有天之理。以小小园林，悟大道理，为中国古代园林注入了更为丰富的内涵，也增强了其表现力。而现代园林中，却很少有人想到去展示科学的宇宙框架。这也说明，中国古代的园林，不唯在艺术上多有创造，同时也善于利用园林的艺术表现形式，宣传当时的科学观念。古人化大为小，缩浩瀚世界为一园，甚至为园中一隅，以展示其地理概念，这一点，极有中国特色，为今人及外域所不及。

司马迁在《史记·孟子荀卿列传》中评说驺衍：“其语闳大不经，必先验小物，推而大之，至于无垠……推而远之，至天地未生，窈冥不可考而原也。”[1] 而当时王公大人见其术，初闻不可思议，细想则深有其理，于是“惧然顾化”，即惊惧之余，受到感染启发，视野顿开，思路悠远，被引导至一个全新的境界。所以驺子出入诸国，皆大受欢迎，君王郊迎，与执宾主之礼，这与他善于展示自己的理念，并让别人信服有很大的关系。驺衍欲展示宏大，则先验于小物，而后人用园林中的小山小水表现大小九州这种宏大的世界，就是一种“验于小物”，即设立一种可游可行的立体模型，进行比喻和演示，外现其象，内含

1 史记·孟子荀卿列传，中华书局本：2344。

其理。蚂蚁缘槐夸大国，芥子之内藏世界，演示的结果，当然也可以令人联想到世界之大而“惧然顾化”。

可见，中国古代园林，不但艺术上千姿百态，美不胜收，而且于艺术之外，也可以展示出一些科学精神，表达深奥的哲学理念，具有丰富的表现能力。

13 陈仓城与陈宝祠

姜宝莲　秦建明

一、陈仓城

陈仓城始建于春秋时期，为秦文公（公元前765—公元前716年）所筑。城址位于陕西省宝鸡市戴家湾村之上的斗鸡台（图1）。古人选择城址，多据于水陆要道之口。唐李吉甫撰《元和郡县志》记其事甚详："（宝鸡县）本秦陈仓县，秦文公所筑，因山以为名，属右扶风。隋大业九年（613年）移于今理，在渭水北。至德二年（757年），改为宝鸡。以昔有陈宝鸣鸡之瑞，故名之。陈仓故城在今县东二十里，即秦文公所筑。"[1]从史书记载中可知，在唐代时，陈仓城急剧衰落，被称为"陈仓故城"，以区别于在此西侧新建的陈仓。该书同时还记载：陈仓上、下二城相连，上城为秦文公筑，下城为魏太和二年（228年）郝昭将军筑。

陈仓城初建于秦，经历史变迁，现陈仓故城早成墟落，千年之后，从地面察看古城，已不能明了。现台地向南突出的部分，其上尚存一垣颓墙败的小城堡，这一城堡即苏秉琦先生在其考古发掘时所称的废堡。但这一城堡，规模甚小，既非秦文公所筑，亦非郝昭所守，其墙垣，当是晚期建筑（图2、图3）。真正的陈仓城，应当比小城大得多，可惜的是，古城垣踪迹已经不甚明显。

1 唐李吉甫．元和郡县志（卷二），中华书局，1983：42。

1995年在对戴家湾遗址进行考古发掘时，曾发现遗址——路沟南口西侧崖面，为夯土结构。该处夯土，临沟而筑，当为下城东墙。下城南部，部分已在修铁路时被削去，部分被后代村庄建窑打洞，取土烧砖等活动所破坏。总之，陈仓下城的范围，大致西至刘家沟，东至路沟，南至斗鸡台南沿之原阶。其北界，可能在小城堡北部的东西一线。小城堡应当是下城西侧的一个重要组成部分。

图1　20世纪30年代戴家湾地貌图

图2　陈仓上城遗址区

图 3 地面保存的城垣遗迹

通过二十世纪五六十年代的航空照片可以了解陈仓故城的宏观结构（图 4、图 5），从航空影像考古的角度对这一区域的遗迹进行考古信息解读，可以清晰地发现陈仓城的大致结构和保存的一些遗迹。

这一航空照片经过了色彩处理，可见其城垣平面形状为不规则长方形，图中红色部分为城墙，绿色部分为城区（图 6、图 7）。城堡位于戴家湾遗址西南部，依地势而建。西临刘家沟，南临渭河滩，东侧、北侧与斗鸡台台地相连。其东北城外地势平坦，西侧为深沟陡壁，南侧为原阶陡坎。陡坎下为西安至宝鸡的古道，古道之南，即为渭河滩地，在渭河高水位时，可以逼近崖底。小城堡平面形状南北长，东西短，南北各有一小瓮城，总面积约 3000 平方米。西南两侧系利用沟壑与原阶凭险而建。1995 年考古发掘时，该城址已经残缺不全，所存部分之东侧、西北角、西南角遗留少量城墙，其中西北角、西南角所存部分较明显，西北角城垣残长 5 米，高约 2 米，西南角残长 10 米，高约 1 米，城墙为夯筑。1983 年，这座小城堡南部在 1983 年建设铁路工程时被削去，进行考古清理时发现有秦汉时期的房址、灰坑、陶器、铜器和封泥等。小城堡是本区域城垣最明显者，因此，也当是城垣中时代最晚者。

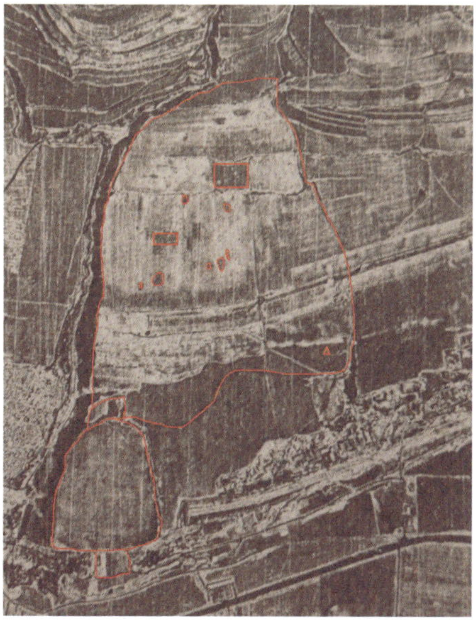

4 | 5

图 4　陈仓遗址黑白色航片图

图 5　陈仓上城与小城堡城墙判析图

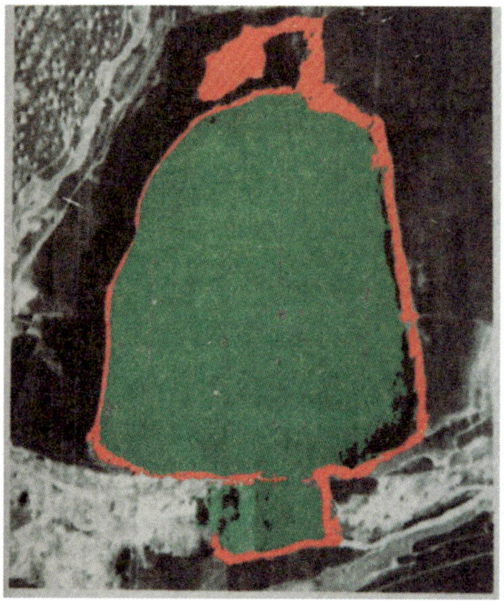

6 | 7

图 6　戴家湾遗址西南部小城堡

图 7　城堡航空照片释读考古信息

小城堡具有得天独厚的地理位置，是一军事重地，占据了斗鸡台向渭河河谷突出的尖嘴，可以居高临下，控制城南下面的渭北东西大道。其城西临深沟，南据高崖，四面筑城，内部平坦，是一处进可以攻，退可以守的军事要地。其南北各建有一瓮城，瓮城一般为城门所在之地，则其当初设有南北二门。设计瓮城，层层防御，使这座小城的军事防御功能更强。陈仓城所处之位置，是掌控宝鸡地区的交通核心，而小城堡所处之位置，又是据守陈仓城的最佳位置。这一优异的军事地势，必然很早就为古人所利用，后代也不会放弃该地。所以，从最早的陈仓城到唐陈仓故城，这里都是陈仓城的核心。三国时曹魏太和年间（227—232 年），郝昭筑陈仓城，适讫，会诸葛亮来攻。诸葛亮听说陈仓城墙原本不坚固，经郝昭筑城，城墙更加整顿，故诸葛亮攻城甚艰。从军事角度看，此地是必攻必守之处，韩信与诸葛亮所攻的陈仓城，皆不能离开此地。小城堡之处，当为陈仓最早的古城所在地。现存小堡之城垣遗存，当为唐之后构建的具有军事性质的城堡。其南北之小瓮城当为城门所在，如此，则自南而北，有一条穿城大道，南门可通山下，北门则可入上城，或通祭祠。

陈仓上城位于下城之北，将这一区域定为上城，也符合上下两城相连之记载。上城之西北有沟，和下城一样，充分利用沟壑之险，构建城垣。因此，西侧之城垣，与下城相接，南北一线；上城东侧，当与下城东墙相接。今下城南有路沟西岸残存夯土墙一段，顺此沟向北延伸，直至与刘家沟距离最近处，这一线，左右田坎亦有高差，此沟当为城墙东侧防御之沟。上城北部边界，疑在刘家沟与路沟最接近处的南段。航空照片上，有东西平行暗色条纹两道，距离甚近，疑即北墙基址。有一条东西向暗色条带，其西段自小城堡东北角向东北曲折延伸，延伸一段后与一道南北向的暗色条带相接，然后向北不远，垂直折向正东，交于路沟而止，南部边界上同时发现了小城堡东北角。这处暗色条带将刘家沟通于路沟间的地域，横分为南北两部分，疑即上城南墙基址。也就是说，这道墙垣，当初横向于上、下两城之间，为一共用之墙。我们发现的坛址，即大致处于上城北部之中心（图 5）。

从航空照片和实地考古勘察来看，对照《元和郡县志》记载，陈仓上、下两城应该相连，最符合历史。

陈仓城最早建于宝鸡戴家湾斗鸡台。后至隋，陈仓城西移于宝鸡，唐至德二年（757 年），新陈仓城改名为宝鸡。可以说，陈仓城即宝鸡市的前身。近年来，宝鸡市区扩大，东至虢镇，将历史上的宝鸡、陈仓、虢镇三城合而为一，陈仓再次成为关中西部重镇宝鸡市的中心。一座历史悠久的城市，经过东西的摇摆，最终的定位，依然轮回，找到故地。

二、陈宝祠

据史书记载，公元前 747 年，秦文公因获若石，而于陈仓古城建立陈宝祠。此后，陈宝祠作为秦人向东发展，走向兴盛的一个起始点，受到秦人的高度推崇，以很高的等级来祭祀陈宝神。《史记·封禅书》记其事曰："文公获若石云，于陈仓北阪城祠之。其神或岁不至，或岁数来。来也常以夜，光辉若流星，从东南来，集于祠城，则若雄鸡，其声殷云，野鸡夜鸲。以一牢祠，命曰陈宝。"[1] "文公获若石，于陈仓北阪城祠之"，则"城"在陈仓北阪，祠建于其内。先有陈仓城，然后才于城中建祠。建祠之年为公元前 747 年，则陈仓城当建于更早时间。今坛位所在，必处陈仓城内，即所谓秦文公筑之上城之内。

秦于陈宝建祠而祭，影响巨大，陈宝神对于国家之重要，在于"得雄者王，得雌者霸"，随着秦国真正建立霸业，进而吞灭六国，一统天下后，陈宝祠实际上已经被视为秦人的圣庙。"陈宝节来祠"，秦人对陈宝进行如此重要的祭祀礼遇，反映了秦人将秦文公在此获得的若石，看成是瑞兆，是秦国兴盛的开端，将秦取得霸业，统一天下，建立秦帝国，看成是陈宝神的灵验。所以，古代对这一祠庙曾进行过盛大规模的祭祀活动。陈宝祠与祭上帝的畤礼遇相近，享有很高的祭祀

1 史记·封禅书，中华书局本：第 1359 页。

礼遇。《史记·封禅书》中所载："唯雍四畤上帝为尊，其光景动人民唯陈宝。"[1]

陈宝祠建筑结构文献记载不详，而秦汉时的祠庙结构，有汉代的三公山祠石碑记载，其是"起堂立坛，双阙夹门"，三公山祠有堂有坛，有门有阙，陈宝祠是秦汉时代国家祭祀的大祠，其规模要比三公山祠高得多，应当有阙、门、坛、堂这些主要建筑存在。堂相当于后世庙宇的大殿，供神主用；坛则为殿前月台，祭礼用；而坛下多为广场。以土木工程而论，中国历史上规模最大者当为春秋至汉代这一历史时期，其中以秦时土木工程规模达到极端。

关于陈宝祠的位置，从航拍照片上看，在下城之北的山坡上发现一处规模巨大的坛址，东西宽五六十米，南北之尺度，也有数十米，这处坛址，应当就是历史上著名的陈宝祠之核心建筑。图中上部最大的色调较黑的方块为古陈宝祠之祠坛遗址，系一夯土台基。从一东西断面的南侧北视，可见土质发暗灰，纯净坚硬，比较细、匀。这些特征，与当地的原生黄土、红土完全不一样。其上部因修建田阶，不知被破坏多少，存留最小厚度为 5 米。其筑土西侧边缘清晰，下部向东内收，外侧底部被打破的地层清晰可见。被打破之地层：上部为一较厚的黄土层，下又打破 120 厘米厚之红土与红土底部的一层礓石，再下打破一层厚约 20 厘米的黄土，即到筑土之底。其工程是先行向土中下掘一坑，口大底小，然后填土夯筑，超过红土地面，则向外伸出一小段，向上收夯。该处地表发现秦汉瓦砾。

陈宝祠最为兴盛的时期当在秦文公时至秦亡。但是，继秦而起的汉王朝，同样笃信秦人供奉的陈宝神，系统地继承了秦人的祭祀礼仪。《汉书·郊祀志》记载："陈宝祠，自秦文公至今七百余岁矣。汉兴，世世常来，光赤黄，长五丈，直祠而息。音声砰隐。野鸡皆雊，每见，雍太祝祠以太牢。遣侯者乘传驰诣行在所，以为福祥。高祖时五来，

1 史记·封禅书，中华书局本：第 1359 页。

文帝二十六来，武帝七十五来，宣帝二十五来，初元元年（公元前48年）以来，亦有二十来，此阳气旧祠也。”[1] 可见整个西汉时期，几乎都对陈宝神进行着隆重的祭祀。东汉建都洛阳，将诸多祠庙和祭祀中心移于洛阳周围，远在关中西部的陈宝祠，遂失去皇家祭祀的规格。但在古时传说中，东汉建国亦得陈宝之瑞。《搜神记》云：“其雄者飞至南阳。其后光武起于南阳，皆如其言也。”[2] 光武即东汉开国皇帝刘秀，其自南阳起家，取得天下。古人将飞至南阳的雄鸡神，与南阳联系起来，说刘秀取得天下，身为帝王，就是应了“得雄者王”之语。由此也可见，陈宝祠影响之大。《史记·封禅书》中所载：“唯雍四畤上帝为尊，其光景动人民唯陈宝。”[3] 这是说，在秦汉所有的盛大祭祀中，虽然雍四畤上帝最为尊贵，但光景动人民唯陈宝。唯有陈宝祠最能耸动民众，轰动天下，影响最巨。它之所以有如此大的影响，当然是其罕有的“光景”。何谓“光景”？正如《史记·封禅书》所说：“其神或岁不至，或岁数来。来也常以夜，光辉若流星，从东南来，集于祠城，则若雄鸡，其声殷云，野鸡夜雊。”[4] 而在《水经注·渭水》中也有相类似的记载：“其来也自东南，晖晖声若雷，野鸡皆鸣，故曰‘鸡鸣神’也。”这种光景，多出现于夜间，其“有光、雷电之声”“光辉若流星”。不但有光，也有声，或如雷，或如雄鸡殷然而鸣，并引得山野群雉一同惊叫。神光瑞征虽出现不定时，但却常常出现。仅汉代高祖刘邦时，即有“五来”；文帝在位23年，即“二十六来”；武帝在位50余年，就“七十五来”；宣帝在位25年，也“二十五来”，平均差不多年年都有。但凡出现，便宜大祭祀。

对于陈宝祠神光，有很多描述，其“光赤黄，长五丈”。有的甚至说其长度达“十余丈”的。对于这种长度，究竟多长，一般人可能并没什么概念，但我们可以借助《天文志》中星象尺度进行校正。陕西研究古天文的刘次沅先生曾对中国古代天象记录中的丈尺寸进行了

1 汉书·郊祀志上，中华书局本：第1258页。
2 史记·秦本纪，中华书局本：第180页。
3 史记·封禅书，中华书局本：第1376页。
4 史记·封禅书，中华书局本：第1359页。

研究，发现其常常被用为角度单位，也就是说，一度等于一尺。中国古代将周天划分为365度，观测天象时，常常称度以尺。《史记·天官书》载："四填星，所出四隅，去地可四丈。"[1] 如此，则5丈就是50度，十余丈就是100多度。如果平地可以看到的天空有180度的话，陈宝祠一带除去南北山高出部分，所余也就是100多度。在当时，也就是说，这道指向神祠的红色光芒，光辉闪耀，几乎贯穿天空，万众惊叹，这是一种何等壮观奇异的景色啊。于是就产生了上述的种种奇妙自然现象。

除了上面所说的自然光景之外，古代祭祀，点燃权火，也是烈焰熊熊，光彻天地，远照四方。这种景象，气氛同样也极其热烈。我们可以想象其时光景：发生了自然异常现象后，人们举行盛大的祭祀庆典，火光照天地，鼓乐动人心，万众欢呼，使陈宝祠祭祀庆典成为中国秦汉时代最激动人心的盛大节日。根据记载可以厘清秦汉时权火与祭祀的关系。重要祠庙祭祀时，要于祭处设立桔槔，桔槔的结构为一立于祭祀地的竖杆，上部缚一可以上下活动的横杆。这种结构的器具，古人多用于汲水，故曰"状如桔槔"。但它也如同古代的权衡，即天平，故也称之为权、称。横杆的一端捆挂柴草，另一端则由人控制，令挂柴草端可以升降。祭祀时，点燃柴草，令挂柴草端上扬燃烧，这种火即为权火。令其上扬的动作，即为"举"。举权火而燃烧，多为告天告神之祭祀礼仪。点火祭神，烈焰熊熊，光明远照，古时也称之为"燎祭"。神异的陈宝光景与烈炎熊熊的权火映照下的神祠，具有巨大的宗教影响。汉初率先攻下陈仓，对于刘邦来说，这一步不仅是夺取了关中西部的战略要地，取得了军事上的胜利，同时也是占据了宗教思想上的制高点。对于汉军之后攻取天下，战胜项羽，无疑也是一种巨大的鼓舞。祭陈宝而示天命，得雌雄而威天下，这一思想，已经为秦人宣传了数百年，成为深入人心之宗教意识。假借神灵之力，利用宗教信仰，驾驭民众，治理天下，是历代统治者的重要统治法宝。秦人

1 史记·天官书，中华书局本：第1334页。

就通过陈宝与诸畤充分发挥了这一优势，争霸称王。楚汉相争的双方中，刘邦就深谙此道，早早造出赤帝子斩白蛇的故事，争取民心；而霸王则浑然无知，唯以力战取胜，临死方呼："此天之亡我，非战之罪也。"[1]。陈宝祠直到现在仍然举行民间祭祀（图 8、图 9）。

陈宝祠与雍地诸畤为秦人所立，汉取得天下后，并未将其废除，而是依然供奉。可以说汉人继承了秦人的宗教遗产，陈宝祠也得到高度重视，在这一点上，也是汉承秦制。

8 | 9

图 8　1995 年重建陈宝祠

图 9　陈宝祠每年祭祀活动

1 史记·项羽本纪，中华书局本：第 334 页。

14 蜀河清真寺

——陕南建筑与伊斯兰文化结合的范例

吕彦斌　许艳

蜀河镇坐落于陕西省安康市旬阳县东部，镇域面积约 180 平方千米，城镇人口聚集面积 0.9 平方千米，镇周围的何家山、寺梁子、云龙山及东山为其提供了山体屏蔽，镇周边的蜀河及汉江为其提供了独特的景观和自然环境，这些山水要素与镇区发展建设、景观风貌、镇区空间特色紧密相关，对蜀河镇的地域特色形成起到很大的作用，故本文研究蜀河历史文化名镇的范围为镇区及镇周边的自然环境，包括周边的相关山脉与河流。

旬阳蜀河镇曾先后被中央文明委、住房城乡建设部命名为“全国文明村镇”和“第六批中国历史文化名镇”；被陕西省省委、省政府命名为“文化名镇”“省级重点镇”和“文化旅游名镇”；该历史文化名镇是所在地区地域历史文化的载体，具有深厚的历史文化价值和地域特色，从中可以看出不同时期、不同地区、不同民族及不同文化的踪影，同时也体现了社会经济发展对它的影响。蜀河镇的空间形态内涵丰富，其中蕴含名镇的空间布局、街巷关系、建筑形式、建造技艺及当地文化。而当今由于人们对蜀河历史文化名镇的特色认识不够深入，对其内涵本质理解不清，致使在该名镇的保护与发展中出现很多问题。例如，破坏镇周边自然山水景观风貌，在镇区肆意兴建现代建筑，改变原有街巷宽度，拆除原有会所建筑，改变传统民居建筑的功能分配、空间大小、居住环境、配套设施等。此类做法都在一定程度上破坏了该镇原有的肌理及历史风貌，使得其空间格局遭到破坏，丧失了原有的地域特色和文化内涵。

据传，蜀河的名称源于周武王伐纣灭商时，与周王朝共同组成的灭商同盟军中就有蜀人。据说那时的蜀河一带居住着蜀人，只是在西周以后，由于受迫于周边诸侯国的侵蚀，蜀人被迫向西退出这一带，但是以“蜀”命名的地名保留了下来。蜀河镇历史久远，建制考证时期可追溯到晋朝，“洵阳之蜀河镇，系水陆货物交卸之所，客商辐辏，人烟周密……由蜀河溯流而上，即赴省之大道”。清汉中知府严如煜在《三省边防备览》中称蜀河：“上溯兴汉，下达襄樊，北通商洛，骡马驮运，贾客云集，为汉江之都会。”

一、蜀河清真寺的地理位置

蜀河清真寺所在地的蜀河镇地处秦岭南麓，汉江上游北岸，蜀河西岸。蜀河与汉江在古镇南侧交汇。其地属旬阳境内山下部发育不完全的丘陵地貌，岩体由石灰岩、钙质岩、片岩组成，土壤母质多为第四纪红黏土和黄土、黄土状坡积物粗骨性黄褐土类型，地层属下志留系，属第四纪新近堆积，不太发育，主要分布在汉江一级阶地上，厚度较大。

蜀河清真寺（图1、图2）位于蜀河镇镇政府后坡，黑沟东侧，西距黄州会馆500米，汉江大桥北头0.5千米，地理坐标为东经109°41′59.2″，北纬32°56′10.6″。整座寺院倚崖而建，坐西向东，平面呈凸形。

图 1 蜀河清真寺标识牌

图 2 蜀河清真寺门楼

二、蜀河清真寺基本情况

蜀河清真寺占地 2000 多平方米，平面呈凸形，砖木结构。寺院的主体建筑分布在中轴线上，从东到西依次有前殿（门楼、对厅）、大殿（抱厦、礼拜殿、窑殿），南北厢房分列中轴线两侧，左右对称（图 3 ～图 5）。

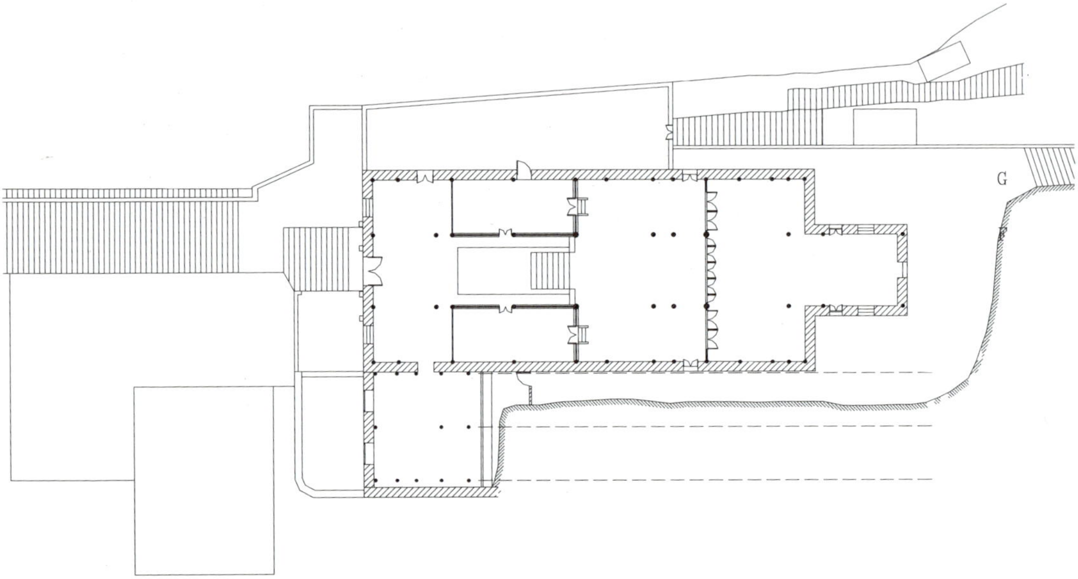

图 3　蜀河清真寺总平面图

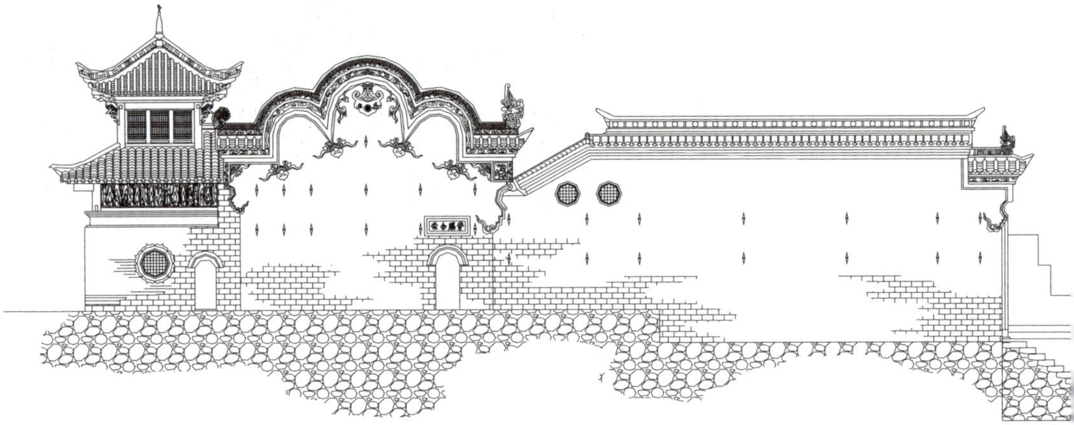

图 4　蜀河清真寺南立面图

图 5 蜀河清真寺俯视图

前殿门楼：正面作砖砌四柱牌坊式样，顶部装饰翼角飞檐，主楼檐部装饰浮雕二龙戏珠。次楼博风板花板及檐下壁面施彩绘图案的主色调为蓝色。门上中央置浮雕金彩“清真寺”石额，边缘浮雕九龙，楹联以绿色玻璃镶嵌成字，上联云：启教越数朝蒂固根深馨香绵远沿中外，下联云：大经传亿代星环斗曲精华泛博贯乾坤，如图 6、图 7 所示

前殿对厅：朝拜者的憩息之处。面阔 3 间，明间抬梁式屋架，次间贴墙穿斗式屋架。前檐即门楼，后檐及明间，装六抹隔扇，外带走廊。

膳房：位于对厅右侧，面阔 2 间，居中抬梁、贴墙穿斗式屋架，硬山屋面。

南北厢房：对厅与抱厦之间是一天井院落，左右分列厢房，位于

天井右侧的是阿訇住舍，面阔 2 间，抬梁式屋架，左侧厢房与其对应，同时有满拉住舍。

图 6　蜀河清真寺东立面图

图 7　蜀河清真寺大殿墀头墙

大殿抱厦：面阔 3 间，明间抬梁式屋架，次间贴墙穿斗式屋架，明间内壁悬挂匾额，阿拉伯文和汉文并行，汉文书“奉普慈独慈安拉之名”九字。两侧金柱悬挂楹联，今存下联，文云：临五时复七日莫虚度岁月一生，款署“布政使衔督办白河釐务军机处存记道前署陕西凤邠盐法道唐承烈敬书”（上联已佚，文云：解三省师四箴方不愧清真二字）。中梁书“洵邑蜀镇閤方众教末公议重修仝立，中华民国四年岁次乙卯孟夏月吉日”。室内中央摆放油漆桌椅，两侧置长方形宽凳，梁上悬挂彩色宫灯，是礼拜者聚会论经之处。抱厦与大殿之间有两道内廊，外侧的一道有月梁，其上为轩板。

大殿礼拜殿：云形三跌封火山墙，双坡屋面，面阔 3 间，明间抬梁式屋架，次间贴墙穿斗式屋架。前檐明间装 8 扇六抹隔扇，次间装 4 扇板门，两侧檐柱金书“参天参地参何有，悟己悟行悟归真”。后檐明间通向窑殿。殿内陈设庄严肃穆，可同时容纳百人膜拜。大殿与窑殿之间设有内廊，如图 8 ～图 10 所示。

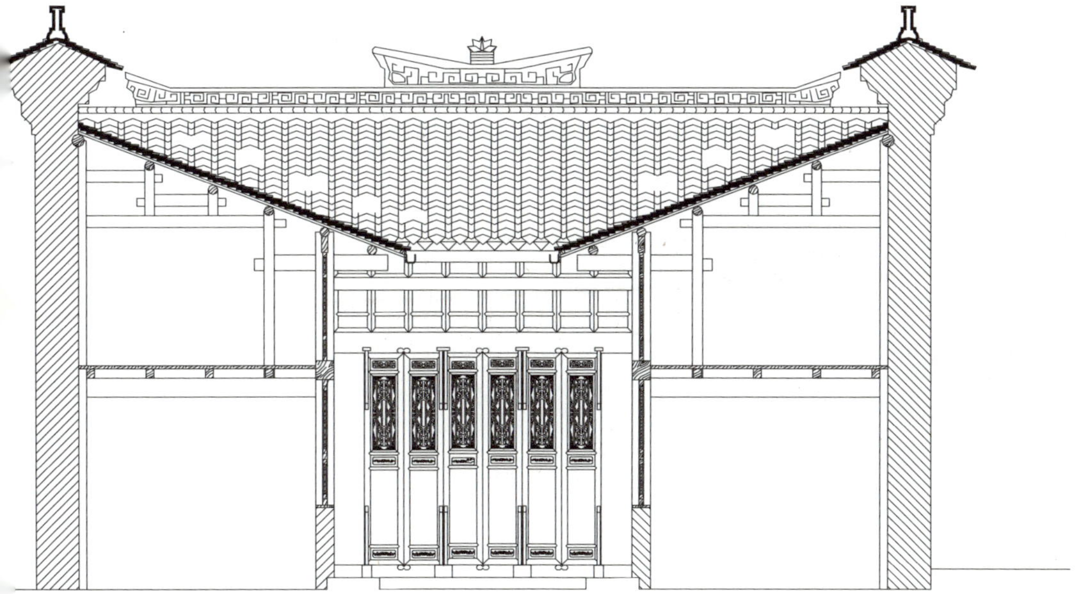

图 8　蜀河清真寺前殿立面图

9 | 10

图 9　蜀河清真寺礼拜大殿正面

图 10　蜀河清真寺礼拜大殿隔扇门

大殿窑殿：为阿訇念经处，窑殿外部作楼阁式四角攒尖屋顶，顶装宝瓶新月，内作八边七重藻井，最西端是礼拜朝堂，有一内凹的拱门，其上有匾额、门额、楹联，皆书古兰经。阁亭内外多处可见阿拉伯文、花鸟、卷草，具有浓郁的伊斯兰宗教文化氛围，如图 11 ～图 13 所示。

图 11　蜀河清真寺窑殿

图 12　蜀河清真寺窑殿西立面图

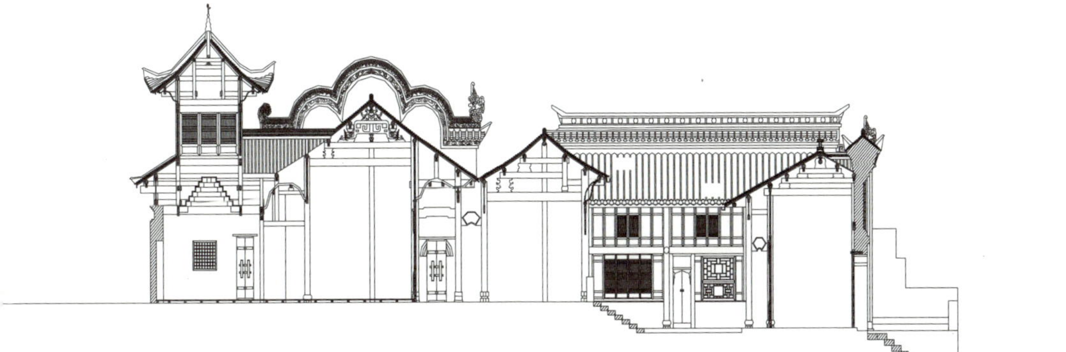

图 13　蜀河清真寺总剖面图

三、蜀河清真寺历史沿革、价值及意义

蜀河清真寺始建于明嘉靖年间，至今已有四百余年历史，于民国

四年（1915 年）扩建。“文革”期间，寺院遭受破坏，年久失修，至 20 世纪 70 年代末期，已然破败不堪。2007 年，政府拨款、回族穆斯林民众捐献乜贴，投资 30 万元修筑保庄坎和附属建筑（寺阿訇和满拉住舍、经学堂、沐浴间），至此，清真寺重现昔日风采。附属文物有《古兰经》30 册，楹联 1 件，铜壶 15 件，碑刻 4 通。

蜀河镇历史悠久，文化积淀深厚，古往今来，商贾往来频繁，是驰名于汉江中上游的商贸重镇，素有“小汉口”之称，是汉水流域的一颗璀璨明珠。经历代重修扩建，形成了现在的规模。多年来在各届政府部门和穆斯林民众的共同保护下，使其格局和原貌得以基本保留下来，为我们了解和研究我国内地伊斯兰教文化与建筑的发展，尤其是在陕南地区的传承与发展，提供了具有典型意义的标本，其重要性不容忽视。蜀河清真寺的选址枕山傍水，无居高临下之感，同时又满足了召唤信徒礼拜时传声悠远的要求。寺院整体布局严谨合理，建筑精巧灵动，融中原文化和伊斯兰建筑风格为一体。作为清真寺院，其功能较为完备。现存礼拜大殿和窑殿平面呈“凸”字形，室内空间开敞，便于礼拜之用。从外部来看如同各自独立而又和谐统一的两个单体建筑。窑殿为阁楼式建筑，顶装宝瓶新月，内作八边七重藻井。这种结构，不仅有助于使阿訇念经的时候声音更加洪亮，同时兼具清真寺的邦克楼之用，充分展示了建造之时工匠的独具匠心。蜀河清真寺的建筑布局，梁架结构及屋面搭接，处处体现了回汉两族能工巧匠的聪明智慧和高超的技艺，对研究陕南地区建筑工艺的传承、伊斯兰教建筑在当地的发展具有重要的参考、研究价值。蜀河清真寺建筑特色突出表现为，既在一定程度上或一定范围内保持了伊斯兰建筑的传统因素，同时又借鉴吸取了中原文化，特别是当地的建筑艺术形式，从而形成具有鲜明地域特征的清真寺建筑风格。

蜀河清真寺木雕、砖雕、石雕、彩绘精致生动。其中门楼的“双龙戏珠”木雕精美异常，隔扇类型多样，驼墩、雀替造型丰富；门楣的“五龙朝圣”石雕及窗棂、柱础石雕刻生动；在建筑的檐口、大殿云形三跌的封火墙及窑殿外墙面均绘有大量彩绘，其色彩以蓝绿色为主，题材大多为阿拉伯文、花鸟及卷草，具有浓郁的伊斯兰宗教文化氛围，同时起到非常好的装饰作用。蜀河清真寺的大门楹联“启教越数朝蒂固根深馨香绵远沿中外，大经传亿代星环斗曲精华泛博贯乾坤”，把伊斯兰教的功修和儒学的思想品德修养融合在一起。在窗棂图案及部分彩绘内容里也有道教文化的体现，反映了伊斯兰教文化在当地发展进程中兼收并蓄、共同进步的倾向，在艺术价值、文化思想方面都具有重要的研究价值，也间接地反映了当地穆斯林的社会心理、习俗信仰和审美观念（图 14）。蜀河清真寺位于蜀河古镇之上，与周边的黄州会馆、杨泗庙形成了一处较为集中的景观区域，目前黄州会馆、杨泗庙和蜀河清真寺保护修缮工程均已完成，并取得了良好的效果，加之环境的合理利用和充分展示，必将对地方的文化、经济发展和生态保护产生积极的促进作用。

图 14 蜀河清真寺石碑

旬阳蜀河清真寺所在地的蜀河镇地处山区，历史地貌基本未发生改变。原生地貌基本上保持了以蜀河为脉络，靠山邻畤的主要地形地貌特征。蜀河镇历史悠久，文化积淀深厚，古往今来，商贾往来频繁，是驰名于汉江中上游的商贸重镇。

随着时代的变迁和城市化进程的加快，交通运输已由原来以水运为主改为现在的陆路运输。大量人口涌入城市，导致现在的蜀河已经没有了当年商贾云集的景象。但纵观我国现代城市化发展过程中对传统建筑及城镇的影响，蜀河没有进行大规模的发展不失为一种好事，没有大拆大建使得大量的原有建筑及风貌得以保留，蜀河清真寺正是在这样的发展浪潮中得以保留，且一直服务于当地民众，这就应该是文物保护利用的典范。

参考文献

张磊 . 蜀河历史文化名镇空间形态特征及保护策略研究 [D]. 西安：长安大学 .2017.

15 文化遗产在区域发展中的定位研究

——以青木川镇为例

李天一　杨辉

所谓“文化遗产”，即指人类社会所承袭下来的前人创造的一切优秀文化。它是一个民族悠久历史的深厚沉积，是一个国家灿烂文化的智慧结晶。它浓缩着过去也影响着未来，对任何一个民族、一个国家来说，都是一笔宝贵的精神财富。所以，为了更好地保护这些珍贵的民族文化遗产，我国陆续颁布了《中华人民共和国文物保护法》《中华人民共和国文物保护法实施条例》等多项法律法规。但是，限制性的文物保护政策，在严格保护了遗产本体安全的同时，也导致了居住在遗址的居民和文化遗产的使用者越来越不适应现代生活，他们发展的权利受到束缚，一些经济行为受到限制，生活质量相比周边非遗址区也表现出明显的劣势。而文化遗产的使用者对发展的极度渴望，使其日常行为活动对文化遗产造成了严重的破坏与影响。因此，作为文化遗产保护的重要利益群体，文化遗产使用者的保护态度与行为对文化遗产保护具相当重要的意义。

“严格保护”或“博物馆式保护”方式，仅仅是对遗产本身进行严格的限制或进行片面的展示，并不能真正起到保护遗产的作用，更不能给遗产的使用者带来遗产保护所产生的福利。所以，文化遗产的保护不应仅仅停留在保护的层面，而是应该与其区域的发展相结合，拉近文化遗产与生活的关系，从而更好地发挥其文化价值、历史价值，体现文化遗产的社会教育意义。文化遗产保护成为人们生活的一部分，这样的文化遗产才更具有生命力，才更有价值。

一、青木川镇的历史沿革和如今的发展定位

（一）历史沿革

青木川古镇历史悠久，兴起于明正统年间。大量流民于川谷之间沿河修建草房，形成村庄，初称为草场坝。后历经几次更名，先后被称为回龙场、永宁里。清光绪年间，乡民以当地一棵大青木树为象征，又以河川为名，更名为青木川并沿用至今。青木川镇地处陕、甘、川三省交界处，镇西连接四川省青川县，北邻甘肃省武都县、康县，枕陇襟蜀，素有“一脚踏三省”之誉。青木川自古以来就是秦蜀之咽喉，进川之要道，也是兵家必争之地，从三国时期开始到中华人民共和国成立初期战事一直未断。民国时期，这里曾因传奇人物魏辅唐所实施的与众不同的政策环境和营造的宽松的商贸环境，形成了一个“世外桃源”，一度成为商贾云集的边贸重镇。据统计，当时有全国 13 个省 4000 多人来此定居，其盛况可见一斑，古镇也由此成为当时有名的商贸集散重地。然而中华人民共和国成立之后，青木川的发展逐渐落后于周边城区。

（二）文化遗产在青木川区域发展中的定位

如今的青木川镇是宁强县贫困乡镇之一，经济基础条件落后，村镇基础设施条件较差。但作为历经百年沧桑的古镇，青木川镇现仍保留有大量保存完好、风格迥异的古街、古祠、古栈道、古建筑等历史古迹。其建筑样式兼具川西和陕南两种风格，部分民国时期建筑还体现了中西合璧的特色，使其极具观赏价值。再加上近年来，国内旅游业发展迅猛和古镇旅游热潮的兴起，青木川镇应该抓住机遇，发展旅游经济，将文化遗产旅游定位为该区域发展的新经济来源（图 1）。

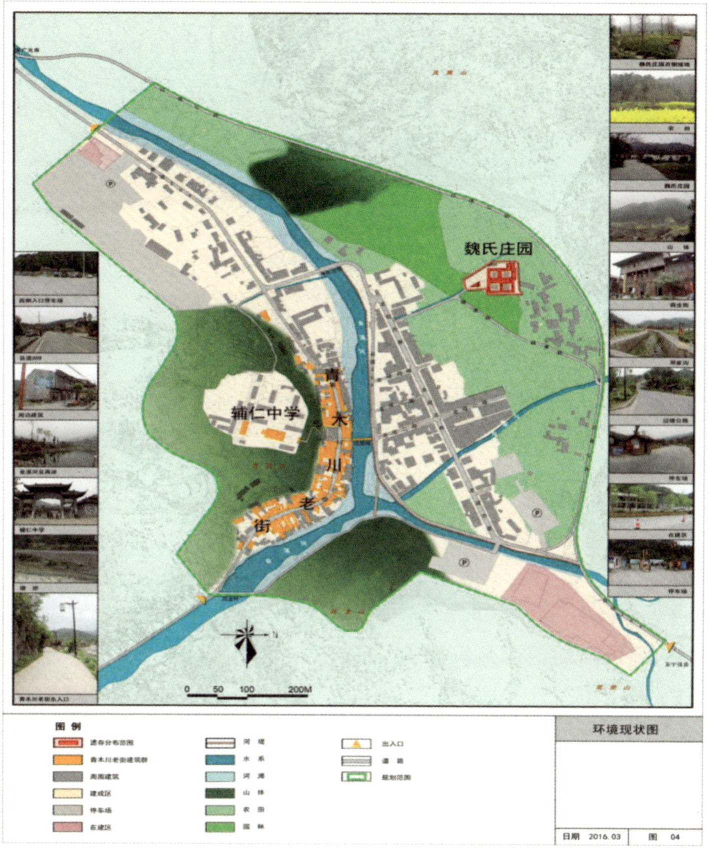

图 1　青木川老街周边文化资源分布图

二、青木川镇发展文化遗产旅游的 SWOT 分析和评估

SWOT 分析方法是 20 世纪 80 年代初由美国旧金山大学的管理学教授韦里克提出的，常被用于企业战略制定、竞争对手分析等场合。SWOT 分别代表优势、劣势、机遇和挑战。

(一) 优势（S）

1. 区位优势

青木川镇在我国的地理位置居中，被称为“中国的西部，西部的东部，南方的北方，北方的南方”，具有承东启西，连通南北的区位之便，是陕、甘、川三省的交界处。优越的交通地理区位是青木川镇发展旅游的先天优势。

2. 资源优势

1）自然资源

青木川镇位于嘉陵江上游，地处陕南丘陵区，镇域主要地形为山区、浅山丘陵，海拔为 680 ～ 1047 米。受秦岭、大巴山山地气候和西南季风气候交替控制，青木川地区一年四季变化分明，平均气温在 13℃左右，气候温和，雨量充沛。良好的自然条件形成了青木川独特的自然生态环境，其总面积达 6 万多亩，植物资源丰富，有大量的珍稀野生保护植物，主要树种、植被丰富多样，达 10 科、35 属。动物分布有国家一级保护动物 6 种，二级保护动物 17 种，尤以大熊猫、金丝猴、羚牛为代表的珍稀物种，成为区域内的指标性动物。青木川自然保护区被动植物专家誉为“天然动植物基因库”。

2）文化资源

青木川镇文化资源丰富，其中以青木川老街、魏氏庄园和辅仁中学为主。

（1）青木川老街。青木川老街位于凤凰山和龙池山围成的山间平坝中，金溪河从中间通过，总体上呈“两山夹一川，新老依存”的格局。街道沿河分布，平面呈弧形，全长 800 多米，曾是陕、甘、川三省交界地带最繁荣的商业、文化交流场所。其中，具有代表性的建筑有以下三个。

唐世盛、辅友社：俗称“洋房子”，是 20 世纪 40 年代魏辅唐为发展青木川的商业经济而精心修建的商品贸易货栈。建筑的石拱圆门和圆窗顶，颇有古罗马建筑风格，里面则是“四水归堂一颗印”的中式四合院落，是典型的中西合璧式建筑。

荣盛魁（“旱船房”）：位于老街中部的荣盛魁是当年三省边界有名的休闲娱乐场所，其外观像一艘巨舰，因建在陆地上，故俗称“旱船房”。荣盛魁作为青木川地区的标志性建筑，是国内少见的船型建筑物。

烟馆：位于老街下方的烟馆，是魏辅唐经营的专供外来客商吸食鸦片的场所，为两层阁楼的四合院建筑。其采用汉中地区民国后期典型的商用建筑样式，前堂后室，中为厦房，四合院落，房屋之间有走廊连接。

青木川老街上丰富的建筑类型、独特的建筑结构（图2），是秦巴文化、陇南文化、羌族文化、乡绅文化甚至西洋文化相互碰撞、交相辉映的结果。青木川老街的产生、发展与成熟反映了青木川人民在特定的自然条件下和重大的社会变迁中的生存发展状态，是青木川人民奋斗史的真实写照。

图2　青木川老街建筑群

（2）辅仁中学（图3）。辅仁中学始建于1942年，于1947年正式竣工落成。占地面积约50亩，由魏辅唐长兄魏元臣捐献，资金由魏辅唐负担。学校有教室数十间，礼堂和教师办公楼各一座，陆续聘请教师20多名，最多时有学生600名。魏辅唐统治青木川期间辅仁中学免费对适龄学生开放，为该地区培养了大批人才，对当地的进步发展起到一定的推动作用。辅仁中学不仅是魏辅唐对教育事业贡献的见证，其精巧的设计、严谨的布局，以及外来和传统设计元素的巧妙结合，也都体现着魏辅唐追求文明、接受新事物的理念。

图3　辅仁中学

（3）魏氏庄园（图4）。魏氏庄园始建于民国十六年（1927年），民国十八年（1929年）落成，分前后两进，共有房屋61间。是魏辅唐住宿和办公的场所。宅院古朴、典雅，地面由白石灰、油黄泥、沙砾、桐油、糯米粥混合精工细做而成，光滑而有弹性。整个建筑无论雕花门窗，还是浮雕石刻，都非常精美，令人叹为观止。

魏氏庄园作为陕南规模最大、保存最完整的清末民初建筑，其整体设计融合了多种建筑风格，设计精巧、布局严谨，砖、木、石雕做工精细，华丽考究。在主体及局部的设计中，蕴含着能文能武、期盼平安吉祥之意，极具典型陕南民居特色。

青木川古镇优越的自然条件，丰厚的历史人文资源，再加上陕、甘、川三省交界所形成的独特文化风俗，使青木川旅游业具有非常广阔的发

图 4　魏氏庄园

展前景。

3. **县镇各级政府的高度重视**

宁强县及青木川镇政府对于青木川的旅游业的发展非常重视，在《宁强县旅游发展规划（2006—2020 年）》中明确提出将青木川镇打造为宁强县旅游中心的目标，积极进行产业结构调整，完善旅游基础设施和配套设施；并维修整治青木川古镇老街及明清古建筑群，采取各种营销方式促进青木川古镇旅游业的发展。

（二）劣势

1. **旅游条件较差**

青木川镇经济状况较落后，旅游基础设施、旅游接待设施的规模和档次都有待提高。另外，旅游环境、旅游氛围和发展旅游业的意识都需要进一步打造和提高。

2. **资源开发力度不够**

青木川镇旅游配套设施还不完善，自然资源与人文旅游资源还没有完全整合。古镇宣传力度不够，亟待树立自己的旅游品牌形象。

3. **总体交通状况欠佳**

目前，青木川镇对外交通的大格局已经形成，但总体交通状况仍然欠佳，可进入性较差。

（三）机遇

1. 古镇旅游市场需求潜力巨大

随着经济的发展，城市化进程的加快，与城市对比强烈的古镇旅游发展势头迅猛，游客量持续增长。另外，随着文化产业与旅游产业的融合，古镇旅游产品的文化内涵更加丰富深刻，加之游客的文化素质越来越高，古镇旅游市场需求潜力巨大。

2. 国家非常重视加快旅游业的发展

《国务院关于加快发展旅游业的意见》（国发〔2009〕41号，以下简称《意见》）是我国旅游业发展史上具有里程碑意义的纲领性文件。《意见》中明确提出了加快旅游基础设施建设和丰富旅游文化内涵的任务，把提升文化内涵贯穿于吃、住、行、游、购、娱各环节和旅游业发展全过程。旅游开发建设要加强对自然文化遗产的保护，深挖文化内涵，普及科学知识。《意见》还提出了加大政府投入的保障措施。中央政府投资重点支持中西部地区重点景区、红色旅游、乡村旅游等的基础设施建设。《意见》所提出的这些措施的实施将会给青木川旅游业的发展带来无限生机。

3. 地方优惠政策的实施

地方政府的支持政策也会促进旅游业的发展，从陕西省、宁强县到青木川镇各级政府都出台了一系列鼓励旅游业发展的政策与措施，为青木川旅游业的发展提供了强有力的政策支持。汶川地震之后，从中央到地方，各级政府都高度重视地震灾后重建工作，出台了不少关于加强加快灾后重建、发展旅游业的政策，这些都为青木川旅游业的发展创造了良好的条件。

（四）挑战

1. 周边地区旅游业发展的竞争环境

首先，与青木川相邻的四川省古镇旅游业发展得较早，规模上比青木川大，特色也更鲜明，如广元昭化古城、四川姚渡等。在古镇旅游开发竞争激烈的阶段，同质化的资源将是青木川旅游开发所面临的一大挑战。因而，青木川的旅游业发展规划应追求创新，在差别定位中寻找突破，在古镇文化旅游市场中确立独树一帜的地位。

2. 青木川旅游发展所带来的自身挑战

发展理念、旅游管理体制和旅游人才匮乏等问题都可能构成青木川旅游业发展的自身挑战因素。

（五）青木川文化遗产旅游资源总体评价

青木川不仅有深厚的历史人文资源，保留有大量风格迥异的古街、古建筑，而且具有丰富的自然旅游资源。其优越的地理条件和当地政府的大力支持，也使青木川拥有极大的文化遗产旅游发展潜力。所以，将文化遗产旅游作为当地区域发展的主要经济来源，不仅可以优化当地的产业结构，带动经济发展，提供就业机会，改善当地居民的生活质量和生存环境，提高居民各方面素质，还能有效地保护文化遗产，传承和弘扬其历史和文化价值，使其更好地发挥社会教育作用。

三、青木川的定位与开发

（一）青木川旅游业的定位

以民国风情和传奇文化为特色，适度融入羌文化和地方民俗文化；以文化遗产观光为主体，自然山水为依托，打造文化体验、休闲度假、生态旅游为一体的历史文化名镇。

（二）青木川旅游业的开发

1. 建筑文化

青木川古建筑群始建于明代，其样式兼具川西和陕南风格，部分民国建筑还体现了中西合璧的特色，极具观赏价值。青木川老街长800米，沿街有108户明清时期的四合院。民国建筑中以魏氏庄园、唐世盛、辅友社、荣盛昌、荣盛魁、辅仁中学最负盛名。而民居建筑既体现楚汉文化和巴蜀文化的主格调，又充分吸收了徽派建筑的特点，结构合理，特色鲜明。

开发思路：坚持“保护为主，抢救第一”的原则恢复古建筑的原有风貌，让古建筑观光成为青木川古镇的主打旅游产品。魏辅唐新、老宅院集中地体现了青木川的建筑特色，可作为古建筑观光的重点项目单独推出。将唐世盛、荣盛魁、辅仁中学礼堂等特色建筑作为青木川古街古建筑的重点开发对象，并设计相关的旅游项目。对新街进行建筑风貌改造，以陕南民居为主要建筑风格，并在细节上体现陕南民居与巴蜀民居的交融特色，发展特色民居观光游。

2. 商业文化

青木川地处陕、甘、川三省交通要道，从明成化年间开始就受到格外关注，商道纵横，商贾往来频繁，古栈道、古商场、洋行、商户、茶肆及近代商业文化存留见证了青木川古镇从偏僻到富庶的传奇际遇。

开发思路：深度挖掘青木川的商业文化，整理出版相关文化书籍。恢复、修缮青木川老街上的商业设施，恢复唐世盛、荣盛魁等的商业功能，让游客穿越时空重新体会青木川当年的繁荣。开发民国风情一条街，再现民国时期青木川的商业风貌。

3. 名人文化

魏辅唐是青木川的传奇人物，曾留下了数不尽的逸闻趣事和传奇故事，是青木川旅游吸引力最重要的组成部分，他不仅为青木川带来经济上的繁荣，而且扩大了青木川在周边地区的影响力。

开发思路：重新梳理、挖掘魏辅唐的传奇故事，并将其作为古镇旅游开发的重要资源加以利用，如开发旅游纪念品、书籍等。恢复、修缮魏辅唐新、老宅院，将其作为独立景点对外开放。排演以魏辅唐传奇人生为主线的戏剧，定期在古镇戏台上演。开发魏辅唐系列旅游商品，如食品——辅唐宴、服饰——辅唐衫等。将青木川老街上魏辅唐时期遗留下来的建筑重新加以利用，以恢复魏辅唐时期的古街风貌。

4. 生态文化

青木川地处南北气候过渡带，四季分明，气候温和，雨量充沛，适宜的气候和海拔造就了植被丰富、动物种类多样的自然生态环境，存在着金丝猴与猕猴和谐共生的特殊现象。此外，青木川有着悠久的农耕文化，纯正的自然文化和灵动的生态文化交相呼应，是人与自然和谐相处的“世外桃源”。

开发思路：开展以动植物科考、生态观光、生态体验、生态休闲为重点的生态旅游项目，形成以吸引背包客为主的旅游市场。保持古镇周边的田园风光，将农耕文化与生态特色相融合，营造“世外桃源”的乡村意境。加强古镇内部的环境绿化和金溪河治理，达到自然与人文的和谐相融（图 5）。

图 5　青木川老街文化资源利用图

四、结语

对文化遗产严格控制和管理的“严格保护”方式，已经渐渐不符合文化遗产保护的发展趋势。而将文化遗产作为旅游产业及文化产业的重要资源，培育国民经济新的增长点，带动现代服务业的发展，这个新的认识已经成为国内外的共识。只有将文化遗产保护和其区域的发展相结合，拉近文化遗产与生活的关系，才能更好地发挥其文化价值、历史价值，体现文化遗产的社会教育意义。使文化遗产保护成为人们生活的一部分，这样的文化遗产才更有生命力，才更有价值。

参考文献

[1] 顾军，苑利 . 文化遗产报告：世界文化遗产保护运动的理论与实践 [M]. 北京：社会科学文献出版社，2005.

[2] 田海宁 . 浅谈青木川古镇旅游资源开发 [J]. 科技信息，2009（6）：25.

[3] 张维珍 . 青木川古镇的保护与旅游开发研究 [J]. 学理论，2011（7）：10.

16 海绵城市建设初探与实践

姬脉贤

随着我国城镇化速度的不断加快，水资源已过度开发，水质也受到严重污染，加之基础设施的不断建设、房地产的不断发展，严重改变了城市原有的水文状况，城市内涝与缺水并存的现象已在越来越多的城市中显现出来。《中国城市水蓝图》一书中指出，西安的城市水资源使用量占可使用量的70%，可以说西安正面临严重的缺水压力和风险，但是在暴雨的情况下，城市内涝，积水不能及时排走也是西安司空见惯的场景。

无独有偶，20世纪70年代，美国的很多城市也面临严重的雨洪问题，故形成了最佳实践管理（BMPs）这一雨洪管理概念，虽然BMPs在一定程度上缓解了城市雨洪问题，但因其更注重雨洪问题末端处理的特征，存在一定的局限性，如，施工影响面大，投资巨大，功能单一等。20世纪90年代，美国又提出了低影响开发(LID)的概念，弥补了BMPs的短板。其他发达国家也提出了各自的雨洪管理模式，如，英国的可持续城市排水系统（SUDS），澳大利亚的水敏感性城市设计（WSUD），新西兰的低影响城市设计和开发（LIUDD）等。

面对日益严峻的城市水问题，2012年4月，在“2012低碳城市与区域发展科技论坛”中，“海绵城市”概念首次提出；2013年12

月12日，习近平总书记在中央城镇化工作会议的讲话中强调："提升城市排水系统时要优先考虑把有限的雨水留下来，更多地利用自然力量排水，建设自然存积、自然渗透、自然净化的海绵城市"。2016年2月中共中央与国务院联合发布的《中共中央 国务院关于进一步加强城市规划建设管理工作的若干意见》指出：要推进海绵城市建设。2016年12月住建部与环保部发布的《全国城市生态保护与建设规划（2015—2020年）》中将海绵城市建设列为主要任务，并明确，到2020年，城市建成区20%以上的面积达到海绵城市建设目标的要求。

可以说，海绵城市建设已成为我国城市建设、城市修复的一项重要战略。

海绵城市，顾名思义，其实就是让城市能够像海绵一样，在下雨时，能够吸水、蓄水、渗水、净水，而在需要用水时，又能将蓄存的水放出来。目前我国海绵城市建设的主要途径有以下三个方面：（1）对开发区域原有生态系统的保护；（2）生态恢复和修复；（3）低影响开发(简称LID)。其中，低影响开发技术作为海绵城市建设的核心，其目的在于使用低影响开发技术相关手段使开发后地区的水文接近开发前的状态。

LID是一种从源头收集雨水并加以利用的技术体系，主要包含雨水花园、生态植草沟、下凹式绿地、绿色屋顶、透水铺装等。

雨水花园（图1）是一种渗透性的洼地，最初起源于美国，可通过自然或人工建造而成。雨水花园可汇聚来自屋顶和道路的雨水，由于其独特的构造，可对雨水起到吸纳、净化的作用。雨水花园技术在国外比较成熟，由于我国的环境情况与国外迥异，而且我国幅员辽阔，各地下垫面状况、水文、气候均不同，因此，对于雨水花园的营造形式及建设方法还须根据当地情况，不断探索和完善。

图 1 雨水花园的一般建设构造

生态植草沟是种植植被的景观性地表沟渠，通过对雨水的传输可有效去除地表径流中的污染物，尤其是悬浮物。它可分为标准传输植草沟、干植草沟和湿植草沟。

下凹式绿地也称低势绿地，即其建设高程低于周边硬质铺装或道路的高程，从而可以使雨水有效地汇集其中，起到蓄水、净水的作用，下凹式绿地所采用的植物一般为本地草本植物。

传统屋顶通常经过组织排水使雨水进入市政管道，绿色屋顶即在屋顶、阳台、天台等地方进行造园、绿化以吸纳、净化一部分雨水。屋顶绿化可增加城市绿化率，也可起到隔热降温的作用，从而节能减排，是 LID 中很重要的一项技术措施，其发展对于解决城市环境问题具有重要意义。绿色屋顶的基本结构一般包括根阻层、排水层、过滤层、蓄水层、栽培基质层、植被层。绿色屋顶的径流系数平均可达到 0.5。由于屋顶独特的生态环境和有限的蓄滞能力，多余的水仍会排入雨水斗，因此对于屋顶绿化的植物应少施肥，建议选用 CAM 植物，不宜选用根系侵入性较强的、需水量较大的植物。

据调查统计，非铺砌路面的径流系数为 0.3，公园绿地的径流系数为 0.15，城市地面大面积硬化后，混凝土和沥青路面径流系数为 0.9，屋面径流系数为 0.9~1.0，地面硬化破坏了雨水的自然渗透和截流通道，导致径流总量、峰值流量加大，峰值出现时间提前，加重了城市排水系统的负荷。而透水铺装可在一定程度上解决这些问题。透水铺装可通过透水沥青混凝土、透水水泥混凝土、透水砖实现，主要作用在于缓解城市内涝、滞留径流污染，还可提高交通安全性、降低噪声，雨雪天能显著减小水膜厚度。但我国对于透水材料的研究还处于起步阶段，且透水铺装工艺做法单一，目前仍存在诸多缺点。例如透水沥青混凝土路面，我国一般做法为利用透水混合料单层排水，故存在排水能力有限、低速时降噪能力差等问题，而且经过大约一年使用后，灰尘、泥沙等其他固体颗粒会堵塞孔隙，虽可按时清洗，但其排水渗透能力仍会逐年下降。

LID 是一些实现海绵城市的技术手段集合，如何将这些技术手段以合理的方式表达出来，使建设而成的海绵城市不单单是简单的技术设施堆砌，而使之具有民族特色、地域特色，这是中国海绵城市建设者应该着力去探索的一个问题。作为园林建设者，也应该试图去将 LID 技术融入园林景观的建设。

纵观中外园林发展史，周维权教授将园林发展分为四个阶段，第一阶段园林的萌芽状态，主要是人类从原始的采集、狩猎时期进入农业文明时期，生产力逐步提高，因生产目的而在房前屋后种植果木苗圃，逐渐产生园林的雏形；第二阶段生产力进一步提高，人类可以通过改造天然山水地貌去营造一个以追求景观之美为主的游憩、居住的环境，这一阶段持续时间很长，各种园林体系广泛受到各自母体文化的影响，形成各自不同的特点；第三阶段随着生态学的兴起，营造园林不仅为了获得视觉景观之美和精神的陶冶，同时肩负了改善城市环境质量的生态作用以及为市民提供公共游憩和交往活动场地的社会作用；第四阶段为第二次世界大战结束之后，人类进入信息时代，园林领域得到很大拓展，广泛利用生态学、环境科学以及各种先进的技术，成为一门涉及面极广的学科。由此可知，园林生态化是园林重要的发展趋势，生态依托景观园林得到实现，并因不同地域、不同文化而形成不同风格的表现形式也是必然。

不同地区的海绵城市建设，营造方法、植物选择、表达形式均会存在差异。在我国，海绵城市建设在东部地区发展较早，在西北地区起步较晚，虽有东部地区的建设经验可以借鉴，但是仍需探索一套适合西北关中地区海绵城市建设的方法。

西咸新区沣西新城交大创新港海绵城市试验区就是我们经过研究而建设的一个案例。该试验区位于沣西新城的西部区域，北邻渭河，在西部科技创新港一期工程的东侧，总面积约 6813 平方米，由陕西古建园林建设有限公司设计施工。

沣西新城地处温带大陆性半干湿气候区。夏季炎热多雨，冬季寒冷干燥，年平均降水量 520 毫米，其中 7～ 9 月降雨占全年降雨量 50% 以上，且多以暴雨形式出现，极易造成洪、涝和水土流失等自然灾害。

该区域地层主要由黄土状土、砂土组成。上层黄土较薄，平均厚度约 2.0 米，具轻微湿陷性；下层砂土主要为中砂及中粗砂。地下水埋藏较深，适宜进行海绵城市建设。

根据《海绵城市建设技术指南》中我国大陆地区年径流总量控制率分区，该项目所在区域位于Ⅱ区，年径流总量控制率目标为 $80\% \leqslant \alpha \leqslant 85\%$。根据《西咸新区海绵城市建设总体规划》，沣西新城年径流总量控制率为 85%，对应的降雨量为 19.2 毫米。

该试验区内采用雨水花园、湿塘、下凹式绿地、透水铺装以及渗水井等多种技术措施，实现海绵城市建设目标。

该项目结合 LID 技术手段并通过一系列小规模的、分散的源头控制技术，达到对区域径流的有效控制。

通过实践，我们总结出一套针对西咸新区地质和水文环境，将旱溪与雨水花园部分构造相结合的建造方法。这种结构(图2)不仅能够达到雨水花园的蓄水、渗水、净水效果，而且降低了建造及养护成本，缩短了建造工期，使其在旱期与雨期均能达到良好的景观效果。

具体施工方法：按照图纸进行土方开挖，为后期的施工做准备。土方开挖后进行素土夯实，并将开挖区域用土工布覆盖，上铺20厘米厚的砂层以避免土工布被污染物堵塞，砂层上部铺设10厘米厚的砾石并压实，在砾石上层覆盖一层土工布，土工布上方铺设5厘米厚的鹅卵石作为覆盖层并进行造景，营造出旱溪的景观效果。在旱溪两侧，我们栽植了大量水生植物，以期利用植物根系达到更好的净水效果。

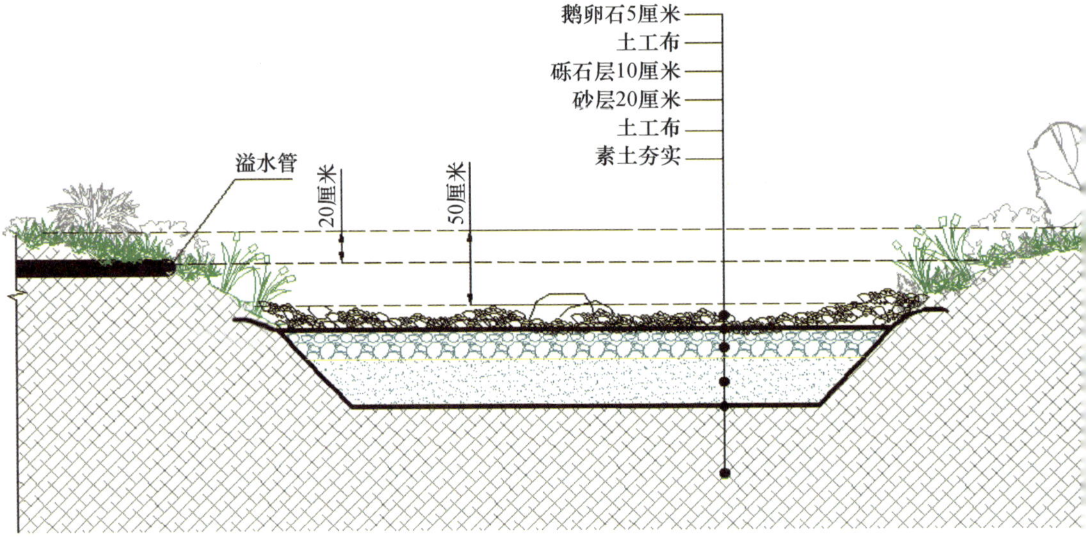

图2　蓄水、渗水结构

由于该项目铺装面积较小，主要为绿地，因此我们特别对植物选择与配置做了相应研究，根据现场实际并查阅相关文献资料，最后总结出了4个原则，并确定了苗木品种。

（1）植物以乡土树种为主。乡土植物对本地环境的适应能力强，建造、养护成本均较低，易于构建稳定的生态群落。如非特殊的景观要求，不建议使用外来物种，避免使用入侵物种或有破坏性根系的物种。

通过合理的设计，利用乡土植物营造的景观很容易体现出当地的独有特色。

（2）选择净化能力强的植物。植物可通过根系及叶对雨水及径流中的矿物质进行吸收，而且植物的存在也有利于微生物的生存，微生物可进一步促进物质的循环，而且密集的植物根系本身就具有过滤和净化作用。

（3）选择具有短期耐涝且能抗旱的植物。西北地区降雨多集中在7—9月，其余月份降雨量小，必然出现丰水期和枯水期相互交替的特殊现象，因此，选择的植物应能在水中短期存活，又要能够在干旱环境下顽强生长。

（4）丰富植物品种，营造良好的景观效果。在考虑生态学功能的基础上，应该使景观更具观赏性；将常绿和落叶植物搭配栽植，将乔木、灌木、地被有层次地配置使用，不仅能丰富植物群落的结构层次、充分利用植物季相特色提高景观的观赏性，而且能够使其对水体的净化能力得以提升。

通过选择，我们将表1中的植物确定为本项目的选用苗木。

当然，这个试验区（图3）还有诸多不足之处，我们公司会逐步改进。在之后的一段时间，如何去营造一个具有西北关中特色的园林化海绵城市，如何解决在西北地区海绵城市建设的技术问题，将是我们的重要课题。我认为造园与海绵城市建设密不可分，正如陈从周先生在《说园》中讲到的："造园可以遵古为法，亦可以洋为师，两者皆不排斥。古今结合，古为今用，亦势所必然。"

表 1　本项目的选用苗木

序号	苗木名称	拉丁学名	科属	习性特点
常绿乔木				
1	白皮松	Pinus bungeana Zucc	松科松属	耐瘠薄土壤、不耐水湿
2	油松	Pinus tabuliformis Carrière	松科松属	耐瘠薄土壤、不耐水湿
3	棕榈	Trachycarpus fortunei (Hook.) H. Wendl	棕榈科棕榈属	耐寒、适生于排水良好、湿润肥沃的中性、石灰性或微酸性土壤，耐一定的干旱与水湿
4	大叶女贞	Ligustrum compactum Ait(Wall. ex G. Don) Hook. f.	木犀科女贞属	稍耐寒，不耐干旱和瘠薄，适生于肥沃深厚、湿润土壤
5	独杆石楠	Photinia x fraseri	蔷薇科石楠属	喜温暖湿润气候，耐干旱瘠薄，不耐水湿
落叶乔木				
6	垂柳	Salix babylonica	杨柳科柳属	较耐寒，特耐水湿
灌木				
7	大叶黄杨	Buxus megistophylla Levl.	卫矛科卫矛属	喜肥沃湿润的土壤
8	红叶石楠	Photiniafraseri Dress	蔷薇科石楠属	不抗水湿、喜砂质土壤
9	金叶女贞	Ligustrum vicaryi	木犀科女贞属	对土壤要求不严格
10	紫薇	Lagerstroemia indica L.	千屈菜科紫薇属	耐干旱，忌涝
11	绣线菊	Spiraea Salicifolia L.	蔷薇科绣线菊属	抗寒，抗旱
12	榆叶梅	Amygdalus triloba	蔷薇科桃属	耐旱力强、不耐涝
13	小叶女贞	Ligustrum quihoui Carr.	木犀科女贞属	喜光照，稍耐阴，较耐寒
水生植物及地被				
14	千屈菜	Lythrum salicaria L.	千屈菜科千屈菜属	挺水植物，耐寒性强，喜水湿
15	芦苇	Phragmites australias Trin.	禾本科芦苇属	挺水植物，深水耐寒、抗旱
16	香蒲	Typha orientalis Presl	香蒲科香蒲属	挺水植物，最适水深 20~60 厘米，也能耐 70~80 厘米的深水
17	黄菖蒲	Iris pseudacorus L.	鸢尾科鸢尾属	挺水植物

续表

序号	苗木名称	拉丁学名	科属	习性特点
18	蓝花鼠尾草	Salvia farinacea Benth.	唇形科 鼠尾草属	宜在疏松、肥沃且排水良好的砂壤土中生长
19	鸢尾	Iris tectorum Maxim.	鸢尾科鸢尾属	坡地、林缘及水边湿地栽植，耐寒
20	水葱	Scirpus validus Vahl	莎草科藨草属	挺水草本植物，较耐寒
21	水生美人蕉	Canna glauca L.	美人蕉科美人蕉属	挺水植物，适宜于潮湿及浅水处生长，肥沃的土壤或砂质土壤都可生长良好
22	再力花	Thalia dealbata Fraser	竹芋科 再力花属	挺水植物，不耐干旱
23	芦竹	Arundo donax L.	禾本科芦竹属	挺水植物，喜水湿，耐寒性不强

图 3　试验区局部景观

17 慧超祈雨玉女潭

马　途

一座深居秦岭脚下的千年古刹——仙游寺，1998年因西安市黑河引水工程金盆水库的兴建，而引发这处全国重点文物的搬迁保护，就在搬迁保护施工中，随着国内现存唯一的隋代砖塔——法王塔地宫的开启，隋文帝安置的一批舍利及文物面世。中央电视台首次对文物发掘现场进行直播，轰动了世界，使人们对这处古刹的历史有了更清晰的了解。韩国亚洲大学卞麟锡教授就是在这里挖掘出了一段鲜为人知的朝鲜半岛新罗国大德高僧慧超在仙游寺玉女潭作法祈雨的故事。

图　慧超纪念碑亭

仙游寺位于周至县城南 17 千米的黑水峪口，这里四山环抱一水中流，峰峦奇绝，甘泉飞瀑，自古以来就是一处融自然与人文景观于一体的著名旅游景点。相传秦穆公之女弄玉与萧史的爱情故事就发生在这里，弄玉自幼擅长吹箫，通晓音律，她与风流俊逸、才华出众的萧史志趣相投，结为夫妻，住在寺对面的山洞里吹箫习仙。悠扬动听、超凡脱俗的箫声引来了祥龙瑞凤，他们双双结伴成仙而去，这就是“乘龙快婿”典故的出处。他们住过的山洞被命名为玉女洞，洞前的黑水潭被称作玉女潭。这里有许多历代著名文人墨客的逸闻遗迹，其中有东汉末年的经学大师马融，唐代的王勃、岑参、李商隐、朱庆馀、白居易、陈衡，宋代的苏东坡、章子厚等。他们在此留下了脍炙人口的千古绝唱和名篇佳作。“昨夜山北时，星星闻此钟。秦女去已久，仙台在中峰。箫声不可闻，此地留遗踪。石潭积黛色，每岁投金龙。乱流争迅湍，喷薄如雷风。”其中“石潭积黛色，每岁投金龙”说的就是在玉女潭作法祈雨的活动。祈雨是因久旱而祈祷上天降雨的巫术活动。在我国，早在殷商时代，祈雨活动就已风行，殷商卜辞中就有祈雨的咒文。到了盛唐时期在玉女潭的祈雨活动已经非民间主办，而由朝廷派大德高僧作法祈雨。佛经巨典《大藏经》中就收录了一篇《贺玉女潭祈雨表》，就是慧超奉敕令往终南山仙游寺作法祈雨而成功后向当时的代宗皇帝上呈的表文。

新罗国高僧慧超，出生于武则天长安四年（704 年），于玄宗开元七年（719 年）抵广州，拜密教大师金刚智（671—741 年）学习密宗，开元十一年（723 年）年方 20 岁，从水路航海经佛逝、师子国等抵达印度，巡礼求法。他自东天竺登陆后，依次巡礼中天竺、南天竺、西天竺及北天竺诸国，最后辗转经中亚各地，跨越葱岭，从丝绸之路的天山南路之北道还归中夏。开元十五年（727 年）十一月上旬行抵安西都护府治龟兹（今新疆库车县境内）。次年春夏时节，回到大唐帝国首都长安。

慧超回归汉地之后，曾在长安大荐福寺继续在金刚智门下受业，兼为其助手，据《大乘瑜伽金刚性海曼殊室利千臂千钵大教王经》序言称，该经是开元二十一年（733 年）正月初六由金刚智主译，慧超“笔受”。天宝元年，译事因金刚智去世而中辍，此后慧超又在不空（705—774 年）教导下，研究此经后半部。

大历九年正月，关中大旱，靠天吃饭的农业时代，将遭遇旱灾。奉代宗皇帝敕令，慧超往周至县仙游寺玉女潭作法祈雨。初到潭上，设坛诵经，精修法事，龙潭灵验，不负虔诚，旱情解除，功不唐捐。事毕，慧超于二月五日向代宗皇帝书《贺玉女潭祈雨表》汇报祈雨经过。其表文如下：沙门慧超言。伏奉前月二十六日中使李宪诚奉宣口敕，令慧超往周至县玉女潭修香火祈雨。慧超行阙精修，谬扬天旨。山川灵应不昧祷祈。初建坛场，溪谷乍吼。及投舍利，雨足如丝。一夕而草木增华。信宿而川源流潦。泽深枯涸，庆洽人神。伏唯陛下圣德动天，天泽先降，岂慧超微物精诚感通。无任喜庆抃跃之至。谨因中使李宪诚入奏，奉表陈贺以闻。沙门慧超诚惶诚恐。谨言。大历九年二月五日内道场沙门慧超上表。

可见，精通密法的慧超还受到代宗的青睐和重用。慧超当时在佛教界所修持的功力由此可以证实并非一般，也难怪不空三藏法师将他列为六大弟子之一。

慧超于建中元年（780 年）四月十五日去了山西五台山，住在了乾元菩提寺，他一边修持，一边整理金刚智和不空三藏向他传授的译梵为汉的千臂曼殊经本，写出了《一切如来大教王经瑜伽秘密金刚三磨地三密圣教法门》一书及其自《叙》，并述其秘文，后圆寂于该寺，终年当为 85 岁以上。

慧超的主要著作有两部，一是《往五天竺国传》3 卷，二是不空三藏翻译，他笔受的《大乘瑜伽金刚性海曼殊室利千臂千钵大教王经》10 卷。《往五天竺国传》是慧超在唐玄宗开元七年（719 年）前去天竺国巡礼求法的一部纪实性游记。据释慧琳《一切经音义》卷第一百载，该书分为上、中、下3卷，上卷记载的第一个国家是阁蔑，中卷记载的第一个国家是裸形国，下卷记载的第一个国家是婆播慈国。本书的主要内容是记录了慧超游历的印度半岛、西亚、中亚等51个国家和地区的方位、面积、物产、矿藏、刑法与国王和大臣及百姓的财产、宗教信仰、圣迹、风俗民情及各国之间的关系等情况，记述详细，给人以真实的感觉，是东晋法显的《佛国记》、元魏惠生的《纪行》、唐初玄奘的《大唐西域记》之外的又一部历史地理名著。它们记述了5世纪初至8世纪初印度5天竺国的详细情况，对人们研究印度这个只有神话传说而无文字可稽的"秘密"国家提供了一个可资凭信的翔实资料，对后人研究考证印度、西亚、中亚等地区和国家的历史地理等有不可磨灭的作用和意义。同时，对于研究8世纪中亚丝绸之路形势的珍贵价值在于，它提供了这些地区的突厥化和伊斯兰化发端时期的状况。

20世纪初敦煌遗书被发现以后，西方列强的"探险家"蜂拥而至，大肆抢掠。1905年法国学者伯希和在敦煌发现此书写本残卷带回巴黎。伯希和首先指出编号"伯希和3532"敦煌写本残卷就是慧琳《一切经音义》中慧超的《往五天竺国传》。后经罗振玉对照敦煌写本与《一切经音义》，证明敦煌残卷"伯希和3532"的确是慧超的《往五天竺国传》，从而确定为慧超著作的残卷，同时也掀起了对慧超及其著作的研究热潮。中国社会科学院的陈景富教授和韩国亚洲大学的卞麟锡教授，就是研究中韩文化交流史的学者。1998年10月法王塔下的地宫开启，隋文帝安置的仁寿舍利面世，吸引了世人的目光。卞麟锡教授六上仙游寺，踏遍了这里的山山水水，寻找到了当年慧超设坛作法祈雨的玉女潭，对这处即将被淹没的历史遗迹拍照并撰文，发表于韩国的有关刊物，引起韩国学者的广泛关注，纷纷提议要在仙游寺复建中树立慧超纪念碑。经韩国曹溪寺与周至县仙游寺文物管理所协商达成协议中韩共建慧超纪念碑亭，韩国国立亚洲艺术学院的郑明镐教授与笔者讨论了碑亭方案设计工作。工程实施由中方负责。在纪念碑亭落成之时，时任韩国总统的金大中为之亲笔题字："新罗国大德高僧慧超纪念碑亭”，落款“大韩民国大统领金大中”。

今天在仙游寺新址上修建起的慧超纪念碑亭，平面呈正方形，四柱攒尖顶仿唐风格建筑，就是对这位历史哲人的缅怀，是对世界历史文化脉络的延伸，是中韩历史文化交往的见证，为仙游寺的辉煌历史增添了灿烂而又厚重的一页。

18 汉阴凤堰古民居

白海峰

凤堰古民居位于汉阴县漩涡镇北约 5 千米的凤凰山谷。据考证，清乾隆年间湖南吴氏家族移民到此垦建，修堰筑田，经过数代人的努力，开垦出古梯田 1.2 万余亩，并留下吴家花屋、冯家堡子等古民居十余处，零散分布于古梯田中。同时也留下大量古堰塘、古庙宇、古碑刻等历史文化遗存。

一、古民居概况

凤堰古梯田由于地形的分割，自然形成堰坪、东河、凤江三大片区，现存的十余处古民居均分布于这三大片区中。其中吴家花屋、吴氏宗祠、吴家老屋、太平堡等位于堰坪片区，冯家堡子、敞口屋位于堰坪片区，中庄子位于凤江片区。下面就一些重要建筑群作简单介绍。

（一）吴家花屋

吴家花屋又称花屋，位于堰坪片区的茨沟村北，建于清代中期，平面大致呈椭圆形，前半部分为东西两个大型四合院群，后面为花园、马厩、厕所等，外部由寨墙围合为一个整体（图 1）。房屋建筑一般为抬梁及梁搭墙构架，两坡水，合瓦覆顶，勾头滴水檐，用料较大，细部雕刻精美。

西部四合院群为主体建筑，坐北向南，分为中院和东、西跨院三部分，通宽 40 米，进深 25 米。中院沿南北中轴上有大门、过厅、上庭。大门和过厅中间为第一进院落，院落为场院，空间较大，西为葡萄园，东为私塾。过厅和上庭之间为第二进院落，是一个天井四合院，为主体院落。上庭、过厅及两侧厢房之上均有阁楼，外部有木构栏杆回廊。西跨院也为天井四合院，由西耳房、少爷房、灶房等组成。东跨院实际为紧贴中院东厢房的一排南北向附属建筑，无院落，主要为杂房。

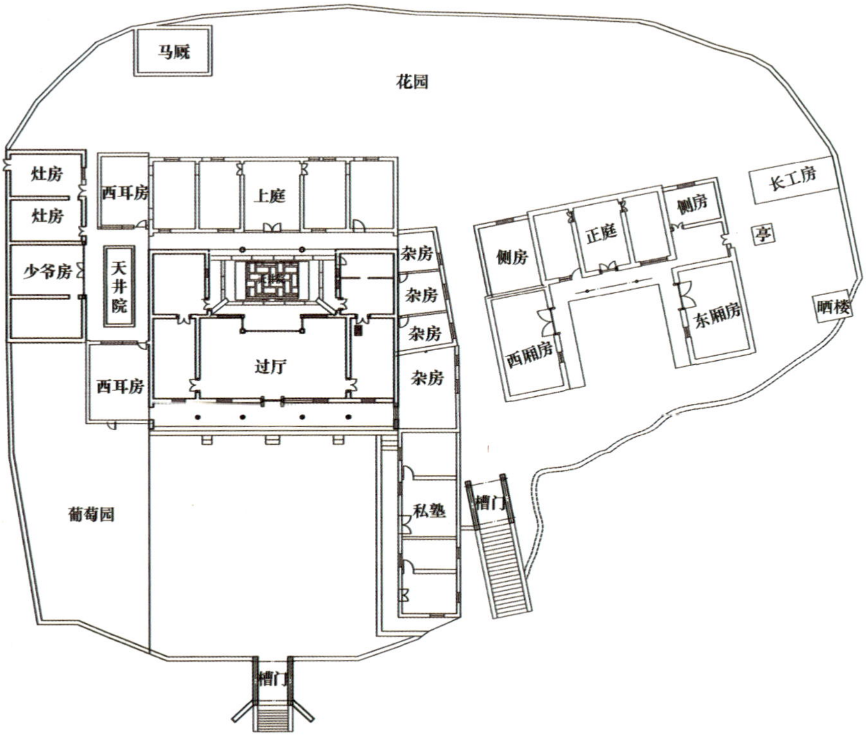

图 1　吴家花屋平面图

东部四合院群分为两个部分，西侧为主体院落，由正庭，东、西厢房和侧房构成三合院结构，东侧为晒楼、长工房、亭子等。

（二）吴家堡子

吴家堡子也称竹园堡子，位于堰坪片区的堰坪村南，建于清代中期，是湖南吴氏到此垦殖时修建的第一座大型建筑群，现仅存一部分围墙及半间堂屋。围墙由圆形石块堆砌而成，墙高约 6 米，非常坚固

（图 2）。堂屋现存部分为抬梁式木构架，两坡水，合瓦覆顶。堂屋东北面与院墙之间还保留有一小片竹林。

2|3

图 2　吴家堡子寨墙

图 3　吴家老屋大门

（三）吴家老屋

吴家老屋位于堰坪片区的堰坪小学西侧，坐北朝南，前部为南北两进院落，后部为花园和厕所，外有石砌寨墙。房屋建筑一般为抬梁及梁搭墙构架，两坡水，合瓦覆顶，勾头滴水檐。

大门位于正南方（图 3），大门与过厅之间为第一进院落，称前院，为一处场院，场院东侧有一排厢房。过厅与正庭之间为第二进院落，为天井四合院，东西又各有一个跨院，也均为天井四合院。穿过第二进院落即为花园。

（四）吴氏宗祠

吴氏宗祠位于堰坪片区堰坪小学内，是吴氏后人用于供奉祖先，进行祭祀活动的一组建筑群。据推测原应为两进两跨院落，前院为场院，后院为天井院。现前院在建设堰坪小学时被破坏，大量刻有“吴氏祠”三字的砖被用于砌筑围墙（图 4）；后院现存一个天井院，上庭、过厅和东、西厢房尚存。

（五）太平堡

太平堡位于汉阴县漩涡镇堰坪村北，是清乾嘉时期吴氏家族建筑的避匪山寨。寨子建于太白山顶的一块小平地上，南、西、北三面为悬崖，东部为一陡坡，是进寨的唯一通道，地势险要，易守难攻。

太平堡内建筑现已无存，但寨墙保存较为完整，墙体宽 0.8 米，高 3 ～ 5 米。太平堡整体呈不规则的圆形，南北宽约 120 米，东西长约 150 米。东、西、南三面各开一门，现西门已毁，东、南门保存完好。南门（图 5）高 2.2 米，宽 1.5 米，门洞坍塌，门框及两侧石柱刻有“太平堡”和“大清嘉庆五年岁次庚申”等字样。

4 | 5

图 4　刻有“吴氏祠”三字的墙砖

图 5　太平堡南门

（六）冯家堡子

冯家堡子位于东河片区的东河村北，建于清道光年间，是冯氏家族聚族而居的建筑群。堡子依山而建，整体坐北向南，中心建筑为四进两跨天井四合院，由南向北分别为前院、中院、后院，各院由厢房连接围合。堡子外围有一圈石砌寨墙，寨墙四角分别修筑有用于瞭望和攻击的角楼，墙上设东、南、西三门，正庭以南的围墙内侧有一圈沿墙而建的房屋，正庭以北为花园。

堡子内有房屋百余间，第一进院落为场院，第二、三进院落为天井院，第四进院落又为场院，穿过第四进院落为花园。第二、三进院落两侧还有两个跨院，均为天井院。第三进院落正庭是冯家祠堂所在，现在仍供奉有冯氏家族先祖灵位。各建筑均为悬山建顶，灰陶合瓦屋面（图 6）。

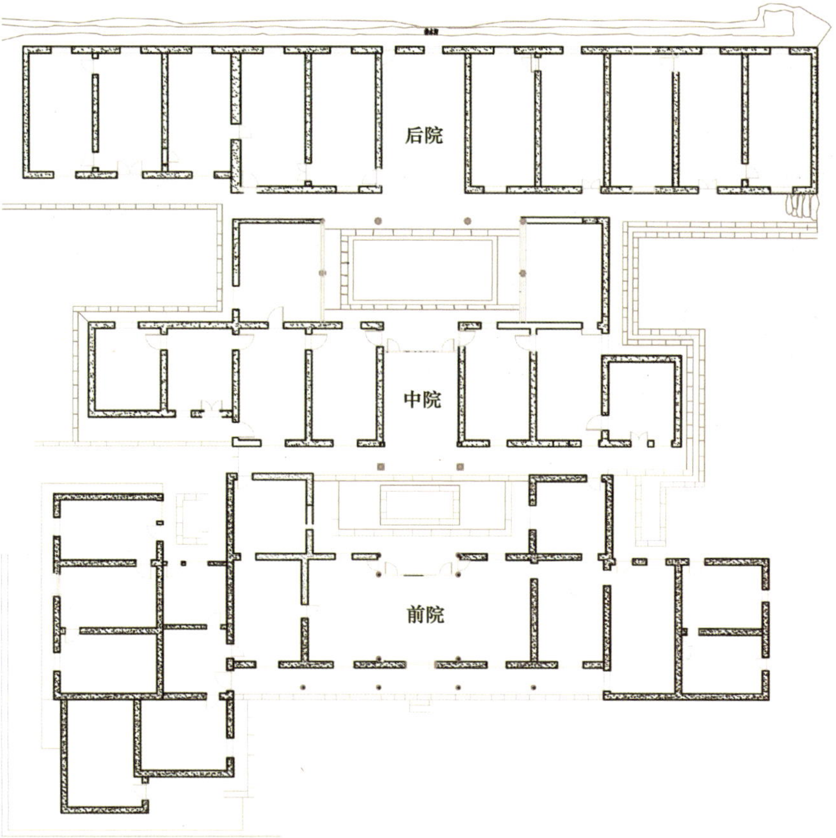

图 6　冯家堡子主体建筑平面图

二、古民居建筑特点

（一）建筑作用具有严密的对外防御性

现发现的古民居中，吴家花屋、吴家老屋、太平堡、吴家堡子、冯家堡子等均有高大的寨墙，寨墙包裹着庞大的建筑群，成为凤堰古民居最大的特色。就现存较好几处寨墙来看，大致可分为两类：一类为平地起筑，在平地上打好地基，然后用石块砌筑宽约 3 米、高约 6

米的墙体，有的墙体上还砌筑马面、门楼、哨垛等防御设施，如吴家堡子、冯家堡子；另一类为就地形砌筑，利用山地的陡坡，先将地形修整为垂直的陡坎，然后在陡坎外砌筑护坡墙，利用陡坎作为院墙，然后在上面砌筑较为低矮的女儿墙，进一步增强防御性，如吴家花屋南半部院墙和太平堡的部分寨墙（图 7、图 8）。

7 | 8

图 7　冯家堡子寨墙及马面

图 8　吴家堡子寨墙

（二）建筑性质具有较强的等级识别性

凤堰古民居在建筑的布局结构和用途等方面，都明显表现出尊卑贵贱的等级观念。以吴家花屋为例，从建筑的高度上来看，上庭的屋脊在花屋建筑群中最高，是花屋的主体建筑；过厅的屋脊低于上庭，与两侧厢房齐平；而槽门的屋脊高度最低，由远处观望，三重屋脊一级高过一级，暗合“连升三级”或“步步高升”之说。从建筑的使用上来说，建筑为 5 开间，中间为用来供奉祖宗牌位的厅堂，两侧为长辈居住的卧室；两侧厢房居住晚辈，厢房及过厅上的阁楼为未出阁小姐的闺房；仆役则住在下房，或两侧天井院，划分严格，不得逾越。

（三）建筑功能具有聚族而居的家族性

现存古民居大部分以姓氏命名，如吴家花屋、吴家堡子、冯家堡子等，聚族而居的特征明显。一组建筑群一般都有两个或三个大门，主体建筑一般为两进两跨或三进两跨天井四合院，正庭供奉祖先，两侧为家族居住的地方。家族中长辈居住在正屋，晚辈居住在两侧的厢房或者跨院的小天井院，仆役则居住在靠墙的一圈房屋内，长幼有序，尊卑有别。

（四）建筑风格具有灵巧细腻的南方性

从现存的几处古民居来看，建筑基本以大型组群为主。建筑内部房屋密集，庭院狭窄，封闭性很强。屋顶坡度陡峻，翼角高翘，多有封火山墙。装修精致富丽，雕刻、彩绘较多，石雕、砖雕、木雕纹饰细腻、线条流畅、造型优美。总的建筑风格以秀丽灵巧、轻盈细腻为主，与北方地区建筑方整规则、庭院较大、屋身低平、屋顶曲线平缓、装修简单的开朗大度风格不符（图 9、图 10）。

9 | 10

图 9　吴家花屋木雕窗

图 10　吴家花屋封火山墙

（五）建筑特色具有南北交融的融合性

凤堰古民居建筑特色兼有南北之风，尤其是在院落形式上，大多数古民居前院为北方典型的场院，以四合院为主，墙体厚重，门窗严实，私密性强；后院和跨院则为南方典型的天井四合院，以厅堂为主，建筑轻盈，以木板代墙，与外界较开放。

三、建筑特点成因分析

（一）独特地形造就的小气候是形成民居特色的自然基础

凤堰古民居所在地为凤凰山南坡的山谷地带。凤凰山是一狭长的地垒式山岭，脊岭海拔 1500 米以上，山高坡陡，山上森林茂盛，山脚为河谷。这样的地形使得山地垂直气候明显，河谷干热的气候使汉江水大量蒸发，水蒸气沿山谷上升，遇山顶的冷空气后形成云雾，继而凝聚形成降水。又由于森林巨大的贮水作用，使得这些降雨在高山森林中形成无数溪流、溪泉沿着千沟万箐潺潺而下，为古梯田提供了充足的水源。也正是因为有如此优越的自然环境，南方来的移民才会在此落地生根。

（二）晚清恶劣的社会局势是民居特色形成的重要因素

清代中期，湖广移民初到堰坪地区，和原住民之间因为争夺土地，矛盾不断。为了防止原住民的袭击，建筑在修建初期就考虑到防御的需要。到了清代晚期，白莲教起义和太平天国起义等波及堰坪地区，同时匪患四起。为抵御社会动荡、匪民侵扰，建筑开始加建更加高大结实的防御寨墙，同时还在建筑上加建马面、门楼、角楼、哨垛等防御设施，形成了独特的寨堡建筑景观并保留至今。

（三）湖广移民带来的南方文化是建筑特色形成的根本原因

由于凤堰地区的移民大部分来自南方地区，以水稻种植为主的生产习惯促使他们引水开田，依山就势，将浅山丘陵开垦成梯状水田。在改变土地耕作方式的同时，他们还将家乡的其他文化传统带到迁入地，最直接的体现就是在建筑房屋的时候，利用这里的山形地势，结合故乡的传统建筑技艺，将南方地区依山傍水、天井四合院、马头墙、白墙灰瓦等建筑风格表现出来，修造了一大批独具特色的移民建筑。

（四）人口自然繁衍形成家族聚居是建筑特色形成的内在因素

湖广移民初到凤堰地区时人口很少，且都有亲戚关系，所以居住在一起。起初只建造几间房屋落脚，家族中每有人成年成家便在老屋周围加建房屋，随着人口的自然繁衍和生聚，家族不断壮大，一个宅院经过几十年乃至百年的扩展，逐渐形成了房挨房、屋套屋、宅院连宅院、大院套小院的建筑格局。同时，随着家族的壮大，为了凝聚同宗，移民大多设立宗祠以祭祀先祖，有的宗祠为专门的建筑，如吴氏宗祠，有的只是在建筑群中，将中间最重要的房间作为供奉祖先的祠堂，如冯家堡子的正庭。

（五）山形地势及原住民文化是建筑特色形成的外在因素

凤堰古民居坐落于凤凰山南坡，地形北高南低，没有大面积的平地用来修建房屋，所以房屋在建筑之始就受到地形地貌的影响。为了适应山地环境，大部分古民居在选址时，巧妙地利用了地形，使中轴线上的建筑随着地形逐级上升，一组建筑中大门最低，过厅其次，正庭最高，这样不仅符合建筑美学的要求，也符合使用的需要。另外，原住民文化也是建筑特点形成的一个因素，如当地民居多采用墙体承重，较少使用梁架等。

四、结语

凤堰古民居是在凤堰地区独特的自然环境中形成的一种独特的建筑。为了适应严峻的社会形势，建筑以防御性为主，均建设了高大的寨墙；为适应自然立地条件，建筑因地制宜，就地取材，地方特点明显；同时，为适应聚族而居和家族繁衍的需要，建筑性质具有较强的等级识别性；再加上移民来自南方地区，南北文化相互融合，建筑自然形成以南方特征为主，兼有原住民建筑特色的建筑风格。凤堰古民居的这些特点表明其作为中国古民居的分子，除具有中国古民居的一些共性外，还具有自己独特的地域特色，尤其是南北兼容的建筑风格，显示了汉阴凤堰地区作为我国南北交会地产生的文化交融与共生，对研究我国丰富多彩的古民居群落具有承南启北的作用。

参考文献

[1] 汉阴县志［M］. 乾隆四十年（1775 年）.

[2] 汉阴厅志［M］. 嘉庆二十三年（1818 年）.
[3] 汉阴县志［M］. 民国三十七年（1948 年）.
[4] 汉阴县文史资料委员会 . 汉阴文史资料：第一辑、第二辑、第三辑、第四辑、第五辑［M］.
[5] 汉阴县志编纂委员会 . 汉阴县志［M］. 西安：陕西人民出版社，1991.
[6] 马建助 . 中国汉水文化研究［M］. 西安：西北大学出版社，1996.
[7] 陈良学 . 长沙吴氏入陕考［J］. 寻根，1997（2）.
[8] 陈良学 . 湖广移民与陕南开发［M］. 西安：三秦出版社，1998.
[9] 陈良学 . 明清川陕大移民［M］. 北京：中国文联出版社，2009.

19 仿古建筑大木构件油漆彩绘地仗施工技术

俱军鹏　王升科

古建筑木构件最大的缺点就是易受风吹、日晒、雨淋等自然因素的影响。而油漆彩绘地仗隔绝了木材与外界环境的接触，提高了木材的耐久性。本施工技术在传统的古建筑油漆彩绘地仗的工艺上进行改进，使油漆彩绘既具有观赏性和文化内涵，又对木构件有更好的保护作用。

油漆彩绘及地仗是我国木结构古建筑的重要组成部分，它伴随着木结构建筑的发展而发展，代代相袭，流传至今，已有两千余年的历史。如果将古建筑比作人体的话，那么油漆彩绘就是人所穿的衣裳。

本文介绍的对木构件表面进行一麻一布七灰地仗的施工技术，对传统工艺进行了部分改进，使油漆彩绘更坚固耐久，能呈现出更好的艺术效果。

一、操作要点

1.1　原材料

1.1.1　灰油：灰油是将土籽灰和章丹粉加入生桐油经搅拌熬制而成的一种半成品原料，它是调制地仗灰材料和油漆所需要的原材料。

按照一定的质量配合比进行调配，配合比根据天气、季节的变化而有所调整。

1.1.2 血料：血料是用猪血加工而成的棕色胶状体。将块状猪血搓成血浆后，用 180 目细筛过滤掉渣滓和残血块，用木棍向一个方向慢慢搅动，同时，边搅动边加入 5% 左右的石灰水和 20% 左右的清水（夏季加冷水，冬季加 30℃左右的温水），并不停地搅拌，颜色由红色逐渐变为黑褐色，随后由液体变为黏稠的胶体，这时将血料蘸一点于大拇指指甲上看其颜色，当为红中带绿时，说明猪血已经开始凝结，放置 2 ～ 3 小时后即可使用。

1.1.3 立德粉：立德粉是替代面粉制作油满的材料，也是替代砖灰作为地仗的主材料。

1.1.4 麻（布）：即麻丝、麻布（夏布），在地仗中加入麻或布来提高地仗的强度。

1.2 **木基层处理**

1.2.1 在做地仗前必须对木材表面进行砍活处理，斩砍时应横着或斜着木丝砍，并砍净挠白，不得损伤木骨。木构件表面的斩砍痕迹、间距、深度都应一致。如果是对木构件表面油漆彩绘进行翻新作业，就必须用斧子对原来的麻、布及油漆面进行斩砍并清理干净。

1.2.2 木疖子直径大于或等于 20 毫米时，应砍深 3 ～ 5 毫米。

1.2.3 将木构件缝隙里的灰及时清理干净。木构件表面的缝隙小于 3 毫米的将其撕成“V”形缝，大于 2 毫米的缝隙必须下竹钉，下竹钉时为保证牢固、严实，可加入适量白乳胶进行粘接，竹钉间距为 150 ～ 200 毫米，竹钉之间的空隙用材料相同的木材塞实，为保证牢固，可将木材表面加胶后嵌入。对于超过 5 毫米的缝隙必须对其进行银锭榫锚固措施，锚固间距为 20~30 厘米。

1.3 灰层工序施工要点

1.3.1 灰层完成后，必须等其完全干燥后方可进行下一道工序，每道灰层之后必须打磨，将飞翅、浮灰打磨光滑平整，清扫后用湿布掸净。

1.3.2 使麻时麻丝必须与木结构或木丝的对接缝交叉或垂直。木混结构交接缝的麻丝搭接宽度不应少于 30 毫米。麻层应当密实整齐、粘结牢固，厚度不小于 1.5 毫米。不得出现干麻、空鼓、窝浆等缺陷。

1.3.3 裹布。用于拉结构构件的对接缝，明柱应缠绕裹布，木混结构交接缝裹布的搭接宽度不得小于30毫米。布面应平整、严实、牢固，搭接严密，不得露底，不得出现窝浆、干布、空鼓等现象。

1.3.4 钻生桐油时不得采用喷涂方法，不得掺兑汽油或催干剂等材料。应随钻随磨，不得间断。钻好的生桐油表面颜色应一致，不得出现遗漏、挂甲、龟裂、污染等现象。

1.3.5 每道灰的灰层在构件边楞、柱脚、板口、阴阳角等部位，应当找平，直顺，薄厚均匀，无龟裂，无明显接头，线型、线扣尺寸不得走形变样，达到平、直、圆的要求。

1.4 地仗材料的加工

1.4.1 熬制灰油时，严格按照季节调节所加催化剂的比例。熬制桐油时不应出现加热就起泡沫、膨胀或者溢锅等现象，若出现此现象的桐油应禁止使用。

1.4.2 熬油时要时刻注意温度的变化，凝结成胶的桐油禁止使用。

1.4.3 捉缝灰按照传统体积比进行配制：油满：灰油：血

料 =0.3∶0.7∶1，加适量砖灰，砖灰以大籽灰居多，还要加适量中、细灰。现代腻子配比：桐油（或清漆）∶血料∶立德粉（大白粉）=1∶3∶4。根据现场实际操作，立德粉（大白粉）的加入量可适当调整。

1.4.4　披麻及裹布施工时，腻子浆的配比：桐油（或清漆）∶血料∶立德粉（大白粉）=1.5∶3∶3。根据实际情况，用立德粉调整所需的黏稠度。

1.4.5　压麻之后进行稍生的材料：将油满和血料以 1∶1 的比例混合调匀。

1.4.6　压麻灰、中灰、细灰的灰浆配制比例与通灰一致，可根据实际情况进行调整。

二、一麻一布七灰地仗施工操作工艺

2.1　对木构件表面进行全面检查

进行基层处理时必须将木构件调理直顺、方正，修补残损，对于缝隙较大的部位可以采取银锭榫锚固措施，间距为 200~300 毫米，银锭榫之间的缝隙采用同等材质的木条进行楦缝处理，可适量涂抹白乳胶加固（图 1）。

图 1　大木构件裂缝较大部位用银锭榫固定，小缝隙进行楦缝处理

2.2 表面处理

对木基层的表面进行斩砍处理，对缝隙进行撕缝或下竹钉处理。

2.3 汁浆

汁浆是指将生桐油或清漆（如气温较低时可用稀释剂稀释后进行喷涂）用刷子均匀刷涂于构件表面，构件表面的细小缝隙也需要汁浆到位（图 2）。

2.4 捉缝灰

图 2　木基层表面汁浆

经过木基层处理和汁浆工序之后，用刷子将表面的灰尘清扫干净，然后用油灰刀或刮铲将捉缝灰向木缝内填嵌，横推竖划，将缝内灰填满压实。对于凹凸不平、缺棱少角的部位进行初步的填补找平，待灰层干燥后用砂纸打磨平整，并清理掉表面浮灰，方可进行下一道工序（图 3）。

图 3　捉缝灰施工

2.5 扫荡灰

扫荡灰又叫通灰，即在构件表面通抹一道灰的工序，它在捉缝灰之上，在施工时，对柱子等纵向大木构件进行一次“过板”施工，即借助长靠尺等工具竖向（靠尺底部挂线坠）辅助刮平刮直，对凹凸不平的部位补灰找平。完成之后再将阴阳角、接头部位找补顺平，修整平整，要求灰层不能有灰疙瘩。阴干后用粗砂纸打磨，并清理掉表面浮灰，方可进行下一道工序（图4）。

图4　扫荡灰施工

2.6 披麻

2.6.1　仿古建筑施工中，多使用麻丝编制好的麻布片，根据构件的大小进行裁剪。省去了梳麻、理麻的工序，使施工快速且能保证质量。

2.6.2　刷开头浆：用刮板将调制好的腻子浆刮于扫荡灰之上，其厚度以能浸透麻布片为宜，腻子浆必须满刷，厚度均匀。

2.6.3　披麻施工：开头浆刷好后，将裁剪好的麻布片进行粘接，拼接处要留在构件背面或不易被发现的部位。修剪掉麻布片有接结或疙瘩的部位，完成后要将周围剪断的麻丝头理顺并搭接在一起，用灰浆填补孔洞（图5）。

图5　披麻施工

2.6.4 轧麻：用刮板将麻布刮平理顺，目的是使麻布与头浆更好地粘接。轧麻时要顺着构件的纹理方向进行，逐次轧 2 ～ 3 次，用劲适宜，用劲过大会将头浆从麻布片孔洞挤出，导致粘接不牢，易出现空鼓。阴角部位的麻布要多刮几次，不能出现漏轧。

2.6.5 稍生：将油满和血料以 1∶1 的比例混合调匀，用刷子均匀地涂刷于麻层表面，以不露干麻为准，不得出现漏涂。

2.6.6 水压：在稍生完成之后对麻层进行检查，对粘接不牢或局部干燥裂缝的部位进行翻松，用蘸满头浆的刷子反复刷涂，随刷随压，并将余浆挤出。完成后可对构件再次进行稍生，防止因干燥过快导致出现裂纹。

2.6.7 整理：以上工序完成之后，进行详细检查，对棱角绷起、麻布片松动等质量缺陷进行补浆修正。完成之后阴干 3~5 天，如施工气温较低，干燥时间应适当延长（干燥程度检验方法：用指甲轻挠表皮，如灰层发白则说明已经干燥，可进行下一道工序）。

2.7 麻层表面钻生：为了保证麻层的质量、强度和压麻灰的粘接效果，可在麻层干燥后，再在其上用桐油或清漆进行钻生，待油干后用粗砂纸打磨，直至麻绒浮起，但不得将麻丝磨断，以保证下一道灰层粘接牢固。打磨完成之后用羊毛刷将表面浮灰刷掉。

2.8 压麻灰：用刮板将调制好的麻灰涂抹于麻上，要求分层进行刮涂，第一遍先薄刮涂一遍，使灰头和麻布密实结合，以能完全覆盖麻布为准，不宜过厚。在刷涂每层麻灰时要借助靠尺等工具进行检验，保证木构件的平、直、圆。阴干后用粗砂纸打磨，并清理掉表面浮灰，方可进行下一道工序（图 6）。

图 6　压麻灰施工

2.9　中灰：待压麻灰干燥之后，将构件精细打磨一遍，磨至平直、圆滑，清扫干净之后用刮板将中灰均匀地刮一道，灰层不宜过厚，对有线脚的部位进行轧线，将线条压平直。阴干后用细砂纸打磨，并清理掉表面的浮灰，方可进行下一道工序。

2.10　裹布：为保证大木构件（柱子、梁、檩等）在风雨、紫外线的侵蚀下更耐久，中灰工序完成之后，可再进行一道裹布工序。裹布工序必须在前面所施的所有灰层干燥后方能进行。裹布的操作流程及规范要求和披麻基本一致。布层彻底干燥后必须用桐油或清漆钻生一次，待表面干燥后用旧砂纸打磨一遍，不宜过度打磨（图 7）。

图 7　外立面构件裹布工序

2.11　压布灰：压布灰施工工艺与压麻灰施工工艺一致，但不宜过厚，以布层不外露为宜。

2.12　细灰两道：在圆柱等曲面或异型构件表面刷涂细灰时改用

“皮灰板”（一种用汽车轮胎内胎衬带加工成的工具）刮平，平面构件用刮板刮平，每层厚度不能超过 2 毫米。披刮接头要平整，有线脚的地方再以细灰轧脚。干燥之后进行修补找平，对所有细灰完成面进行检查，对不平整的部位进行修补。干燥后用细砂纸打磨并清理浮灰（图 8）。

图 8　细灰工序

2.13　磨细钻生：

2.13.1　用于彩绘部位的地仗应用桐油或清漆喷涂一遍。待油干后用细砂纸打磨光滑，并清扫干净。完成后即可进行彩绘（图 9）。

2.13.2　用于油饰部位的地仗用底漆进行喷涂，待干燥后进行全面检查，对不足之处进行修补。检修完成后即可进行面漆工序（图 10）。

9 | 10

图 9　面层打磨

图 10　桐油钻生

三、结语

本施工方法所用材料为传统建筑材料及部分新材料，市场价格低且易于采购。操作工艺在传统工艺基础上进行了改进，施工后的地仗具有更强的耐久性及抗自然环境侵蚀能力，大大延长了维修周期。本施工方法可解决部分传统工艺施工的质量缺陷，提高油饰彩绘的使用年限。

参考文献

[1] 中华人民共和国住房和城乡建设部 . JGJ 159-2008 古建筑修建工程施工与质量验收规范［S］. 北京：中国建筑工业出版社，2009.

[2] 中华人民共和国住房和城乡建设部 . GB 50210-2018 建筑装饰装修工程质量验收标准［S］. 北京：中国建筑工业出版社，2018.

[3] 北京土木建筑学会 . 中国古建筑修缮与施工技术［M］. 北京：中国计划出版社，2006.

20 勉县武侯祠

杨辉　李天一

一、勉县武侯祠的由来

据《三国志》载 :“景耀六年（263 年）春诏为亮立庙于沔阳”(今勉县)。从祠内现存的唐碑与清嘉庆二十二年（1817 年）“重修忠武侯祠碑铭”可知，勉县武侯祠始建于汉江南岸定军山下的武侯坪，为“近墓立祠”、祠墓合一的古代祠堂建筑。明正德八年 (1513 年)，都御史兰璋奏“立侯庙沔城 (今勉县老城) 东，春秋致祭，距武侯墓十里，即今庙也。”现勉县武侯祠为明代迁建，但就初建史而言，为全国最早的武侯祠，比四川成都武侯祠早 41 年，也是唯一由皇帝下诏敕建的武侯祠（表 1)。勉县武侯祠坐南朝北，天荡山、雷公山屏障于前，汉水环绕于后，取意于诸葛亮生前不忘“北定中原，收复汉室”的意志。该祠整体呈长方形，七进院落，占地面积 4.3 公顷。祠内主体建筑规模宏大、形式多样、布局规整，沿中轴线从北向南依次分布有山门（图 1)、乐楼、牌楼、琴楼、钟楼、鼓楼、戟门、拜殿、大殿、寝宫及观江楼等 29 座文物建筑，充分体现了“居中而尊，尊卑有序”的思想。此外，勉县武侯祠附属文物众多，有匾额、对联、碑刻等各类文物遗存 134 件，古旱莲、汉桂等古树名木 26 棵（图 2、图 3)，祠内古柏参天，花木繁茂，暗香浮动，巧融建筑、园林于一体，是陕南地区著名的明清古建筑群。1956年，被公布为第一批陕西省文物保护单位；2013年，被国务院公布为第七批全国重点文物保护单位。

表1 全国现存武侯祠情况统计

名称	地址	年代
勉县武侯祠	陕西省勉县城西3千米	蜀汉景耀六年（263年）
古隆中武侯祠	湖北省襄樊隆中	304—306年创建，1507年重修
成都武侯祠	四川省成都市武侯祠大街	304—311年创建，1671年重修
祁山堡武侯祠	甘肃省礼县东祁山堡	420—589年始建，清代重修
白帝城武侯祠	四川省奉节县东，长江瞿塘峡口北岸白帝山顶	420—589年始建，1871年重修
五丈原武侯祠	陕西省岐山县五丈原	始建年代大约在南北朝后期唐代以前，1294年重修
南阳武侯祠	河南省南阳市西郊卧龙岗	618—907年创建，1289年重修
宝山武侯祠	云南省宝山市太保山	1535年始建
兰溪武侯祠	浙江省兰溪市诸葛镇	1573年始建

据文献记载：蜀汉建兴五年（227年）诸葛亮上表出师，率兵北驻汉中，屯兵石马城（古阳平关），相府设在古筹笔驿（现勉县武侯祠）。蜀汉建兴十二年（234年）秋八月二十八日，诸葛亮第五次北伐时病卒于五丈原军中。蜀汉朝廷按其遗命将其葬于勉县定军山下。

诸葛亮生前德高望重，深得民心，举国上下要求为其立庙，而朝廷以礼秩不听。有人建议在成都给诸葛亮修庙建祠，后主认为“又逼宗庙”而不允，百姓只好私祭于巷头阡陌。景耀六年(263年)，步兵校尉习隆、中书郎向宠等上表为诸葛亮立庙，后主于景耀六年春，下诏为其立庙，祠庙位于汉江南岸定军山下的武侯坪，属“近墓立祠”、祠墓合一的祠堂建筑。原武侯祠格局与武侯墓方位一致，坐西朝东，建筑以墓园为中心，中轴对称，大都三院并联，总共40余间，占地

320 亩，东西长 120 米，南北宽 130 米。自中轴线最东侧的照壁始，依次排列着山门、拜殿、大殿、坟亭、墓冢、崇圣祠等，中院两侧分别为东、西道院。

图 1　勉县武侯祠山门

2 | 3

图 2　勉县武侯祠祠内古旱莲

图 3　勉县武侯祠祠内汉桂

二、勉县武侯祠的迁祠原因分析

明正德八年（1513年），陕西巡抚、督察院御史兰璋前往定军山武侯坪拜谒，看到武侯祠祠宇颓坏不堪，上书朝廷拨款将武侯祠由定军山下武侯坪迁移至现址，现址坐南朝北取意于诸葛亮生前不忘“北定中原，收复汉室”的意志。

根据历史文献可知迁祠原因有三：一是祠庙历经千余年，已破败不堪；二是定军山下的武侯祠离城较远，与勉县老城分距汉江南北两岸，有汉水阻隔，前往祭祀极不方便；三是现勉县武侯祠位于勉县老城东约3千米的汉江北岸，是当年诸葛亮来汉中屯军北伐的“行辕相府”，祠庙迁修于此极具纪念意义。

三、勉县武侯祠的保护对象及价值

（一）保护对象

根据完整性原则及勉县武侯祠所包含的全部历史信息，勉县武侯祠由文物建筑、附属文物、古树名木、其他遗存及历史环境等共同组成。

根据查阅相关文献、保护维修资料及现场勘查，现祠内的墨林院、东西回廊、上表厅、碑亭4处建筑为20世纪四五十年代所修建。现存文物建筑（图4）为29处，面积1980.97平方米。自北向南分别为山门、乐楼、东辕门、西辕门、牌楼、琴楼、钟楼、鼓楼、戟门、东过门、西过门、东厢房、西厢房、拜殿、东配殿、西配殿、大殿、寝宫、观江楼、琴台、书房、官厅、山门东耳房、山门西耳房、东垂花门、西垂花门、戟门东耳房、戟门西耳房、仿草庐。

除以上文物建筑外，勉县武侯祠内还保存有大量的附属文物共134件，包括匾额（23方）、楹联（9幅）、历代碑刻（70通）、石质文物（26件）、瓷器（2件）、铁器（2件）、木质文物（2件）。祠内种植有汉代古柏（15 株）、古旱莲（1 株）、汉桂（5 株）、黄果朴（2 株）、古皂荚树（2 株）、银杏（1 株）等古树名木 26 株，汉代古柏已有一千七百年历史；古旱莲属于世界级珍稀花木。

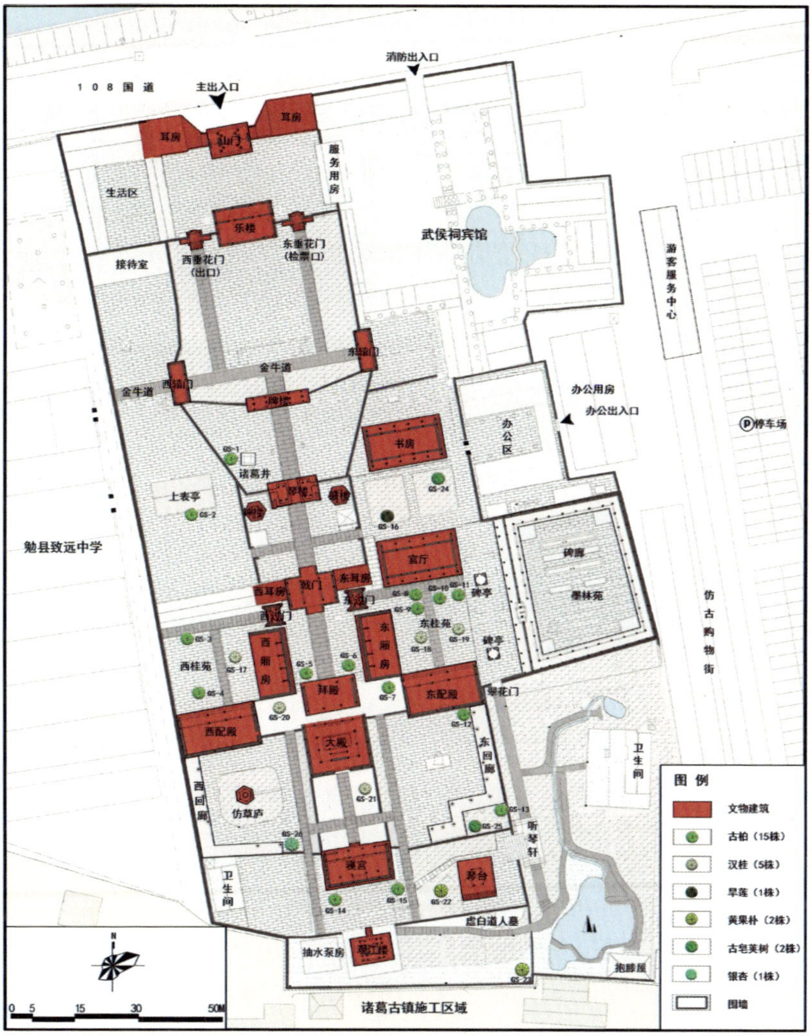

图 4 勉县武侯祠文物遗存

此外，祠内还保留有金牛道和诸葛井。金牛道（图 5）穿勉县武侯祠而过，其中一小段现为勉县武侯祠牌楼北侧的祠内小道，长 80 米，宽 3 米，长条青石铺地。金牛道是两千多年前巴蜀地区通往中原的一条重要道路，其南起成都，过广汉、德阳、梓潼，越大、小剑山，经广元而出川，穿秦岭，出斜谷，直通八百里秦川。

诸葛井（图 6）又称“二柏一眼井”，位于琴楼东北侧。据史书记载：诸葛亮 227 年率兵北伐曹魏时“营军右马”（今勉县老城），设丞相府于老城东 1 千米处（今勉县武侯祠），掘井一眼，以供生活之用，井成之后，井水甘美香甜，远近闻名。

5 | 6

图 5　勉县武侯祠祠内金牛道

图 6　勉县武侯祠祠内诸葛井

（二）勉县武侯祠价值分析

1. 祠庙作为祭祀性建筑，供奉和祭祀的大多是有功于国、有惠于民、有德于世的忠臣良将、清官廉吏、先贤名士。诸葛亮乃汉末、三国时期著名的政治家、军事家，也是影响后世的千古名相，上至朝廷下至民间，无不对他充满崇敬之情。自建祠至今，勉县武侯祠经历一千七百余年，历史上官方和民间祭祀未曾中断，一直延续至今。悠久的建祠历史、完整的建筑布局、严格的祭祀礼仪、丰富的名人题刻及多样的遗存类型，充分体现了其在全国武侯祠中的极高地位，体现了中国传统祭祀礼仪与制度，同时也体现了对诸葛亮的祭拜特点，如琴楼的布局等，这为研究三国历史以及中国古代祠庙文化、中国古代祭祀礼仪制度提供了重要实证。

2. 勉县武侯祠建筑群主要建筑完全位于中轴线上，严格保持了对称布局，体现了“居中而尊，尊卑有序”的儒家思想。拜殿、大殿与寝宫在布局上体现了“入门为中庭、继而是大殿、殿后为寝宫”的道教建筑特点。乐楼各枋面部的花卉和人物彩绘，如福禄寿三老图、松鹤龟不老物，体现了道教追求吉祥如意、延年益寿、羽化登仙的思想。勉县武侯祠集儒、道两家思想于一身，体现了儒家、道教思想的融合。祠中山门的精致轻巧，琴台、仿草庐的素装淡雅与大殿的庄严肃穆形成了鲜明对比，在突出主体建筑的同时不互相干扰，通过对比打破了单调、沉闷和呆板的感觉，既控制了整个空间的视觉中心，又使得群体建筑富于变化。园林布局由北向南，有收有放，从山门至观江楼为景观主轴，观江楼作为祠内最高点是与外部环境联系的枢纽，将小园林中有限的空间范围推向无限广袤的自然风光，是将整个建筑群推向高潮的一个转折点，也是建筑布局与环境营造整体统一的具体体现，登上观江楼，视野开阔，内景与外景有机结合，过渡自然，更体现了《园冶》中“巧于因借，精在体宜”的宗旨，具有极高的艺术价值。

3. 勉县武侯祠是集历史学、建筑学、考古学、美学、民俗学等多学科为一体的荟萃浓缩之地，祠内出土的一批规矩汉砖为研究其修建历史提供了可靠依据。此外，祠内古树名木众多，古旱莲是国内唯一一株，具有极高的科学研究价值。

4. 勉县武侯祠位于勉县老城东侧，坐南面北，西与古阳平关、诸葛读书台、莲花池、万寿塔相邻，东与马超墓、马超祠、刘备设坛处、诸葛亮制木牛流马处等三国文物古迹连成一线，北有古战场天荡山，南与定军山下的武侯墓隔汉江遥相对峙。此地地形为勉县中部盆地，北侧有环形山阻挡，南侧有汉江环绕，属于“山环水抱必有气”的风水宝地。对勉县武侯祠的保护和合理利用，将对推动汉中乃至陕西地区的经济协调发展有十分重要的社会价值。

四、勉县武侯祠存在的问题和保护原则

（一）存在问题

目前，勉县武侯祠面临的破坏因素主要分自然因素和人为因素两

个方面。

1. **主要自然因素**

1）雨水侵蚀。由于该地雨水较多，导致建筑屋面、地面、墙面排水不畅，文物建筑的屋面漏雨，潮湿；墙面潮湿，局部酥碱；部分建筑的木基层、梁架、木柱等木构件，因为潮湿而出现糟朽、开裂等问题。

2）植物破坏。文物建筑墙基及屋顶多长有杂草、苔藓，造成墙体、屋面潮湿，并进一步产生墙皮霉变、脱落，屋面漏雨等情况，影响文物建筑安全。

3）自然风化。勉县武侯祠中的文物建筑以及附属文物都不同程度地受到风化作用的影响，特别是部分碑刻、石狮、石羊、石水缸等石质文物大部分存放于露天，无保护措施，从而加速了风化过程。

2. **主要人为因素**

1）早期维修方式不当。部分铺地水泥补砌；部分碑刻及石质文物用水泥镶嵌于底座或墙上。

2）不当使用。山门东耳房、戟门东耳房等文物建筑改造为文物纪念品商店，内部加建顶棚，地面新铺设。

3）游客不文明行为。游人在文物建筑墙面及碑刻上乱涂乱画行为比较常见。

此外，勉县武侯祠消防、防雷设施尚不完善；祠内院落排水设施不完善，常年遭涝，导致铺地雨水冲刷、植被生物侵蚀、风化、人为磨损的残损程度进一步加重；院落内功能设施布局混乱，参观与管理功能相互交织；垃圾堆弃；保护管理的办公场所分散，无法高效统一管理；缺少可移动文物的库房和展示用房。加之勉县武侯祠周边环境发生了较大变化。勉县武侯祠周边建筑性质多样，建筑高度不一、建筑质量有别、建筑风格各异，缺少统一规划设计，破坏了勉县武侯祠的整体风貌与历史环境，原本祠外南侧及东侧的农田、居民区现已建设为诸葛古镇及陕西文化旅游股份有限公司水上乐园等旅游商业项目，诸葛古镇的部分建设区在勉县武侯祠的现行建设控制地带，并未履行合法审批手续。

（二）保护原则

真实、完整地保护勉县武侯祠的文物遗存、整体格局和历史环境风貌。坚持“保护为主、抢救第一、加强管理、合理利用”的文物保护方针；坚持“勉县武侯祠的保护与当地经济社会发展相结合、与当地群众生活水平提高相结合、与城乡基本建设发展相结合、与当地环境改善相结合”的原则；坚持全面、整体的保护原则，保护勉县武侯祠的真实性、完整性、延续性；坚持科学保护原则，提升保护工作的科学性，确保勉县武侯祠得到科学合理的保护；坚持合理利用原则、可持续发展原则，确保勉县武侯祠社会效益得以合理发挥。以期逐步把勉县武侯祠建成具有“真实性、可读性和可传承性”的三国历史文化遗产保护示范基地，完整体现勉县武侯祠的价值，有效发挥其社会教育功能。

五、勉县武侯祠文物保护措施

（一）文物建筑保护措施

根据对勉县武侯祠文物建筑评估为保存较好、保存一般、保存较差三个等级分别制订实施相对应的保护措施，主要有保养维护和监测、现状整修及重点修复三类。其中，保养维护和监测是及时化解外力侵害可能造成损伤的预防性措施。现状整修主要包括三类工程措施：一是将有险情的结构和构件恢复到原来稳定、安全的状态；二是去除近代添加的无保留价值的建筑和杂乱构件；三是对油漆彩绘缺失部位进行修补。重点修复是恢复文物建筑结构的稳定状态，增加必要的加固结构，修补损坏的构件，填配缺失的部分，对文物建筑重新进行彩绘。

（二）附属文物保护措施

勉县武侯祠内保存的23方匾额，9副对联，整体保存较好，保护措施主要为日常保养。针对碑刻存在的残损现象，要有针对性地采取不同的保护措施，分别为防风化、防潮、修复、加固、保护设施等措施。针对室外放置的石质文物存在的残损现象，主要采取的措施为防风化、防潮、防生物侵蚀、保护设施、剔除水泥补砌等。瓷器的主要保护措施为保护修复，并保存于保护管理中心的文物库房以防震、防碎。

（三）古树名木保护措施

对勉县武侯祠内26株古树名木整体开展保护，并根据树木自身生长情况、病害、虫害等因素的影响，有针对性地提出保护措施。具体有松土护盘、适时浇水、改善土壤、环状施肥、增强根部透气性、设置围栏、改善排水、施肥喷药、预防白蚁、重点监测等。

（四）其他遗存的保护措施

对金牛道开展保护整修，主要包括条石的修补和路面杂草清理，对诸葛井井口石板进行加固，清除井口杂草，将井内垃圾清理后可用较细密的铁丝网对井口进行遮盖处理。

六、勉县武侯祠保护利用的对策

1. 根据历史研究、遗存分布和历史环境构成分析，划定保护区划，制定相应的管理规定，以实现对勉县武侯祠的全面保护。通过保护区划的划定确保整体格局、文物建筑以及历史环境得到有效保护，通过不同区划层级的区分和管理规定的设置，确保勉县武侯祠所包含的历史信息得到全面而有效的保护。

2. 针对保存现状及主要破坏因素分析，确定合理有效的保护措施，提出必要的保护工程项目。根据对不同类型破坏因素的分析，制订不同的保护策略和措施，根据破坏程度和速度，按照先重后轻、因地制宜的原则提出保护工程实施顺序。

3. 通过对环境现状的研究分析，提出景观控制要求、环境整治措施、生态保护措施，分析环境现存的问题，制订环境整治措施，景观控制要求，明确重要景观控制区域的景观规划方式。

4. 根据勉县武侯祠建筑分布特点和现存状况，合理确定展示利用模式、展示路线和服务设施配置，整体策划展陈体系，控制开发利用强度，丰富展示内容，提升展示效果，加强游客管理，充分展示和传播勉县武侯祠的历史文化，发挥其社会价值。

5. 加强法规建设，建立和完善勉县武侯祠的法律保障机制。建立针对勉县武侯祠的专门性保护法规，形成专门性法规与普遍性法律结合的保障机制，增强日常保护管理工作的效力。

6. 提出管理机构调整建议，完善管理制度以提高保护工作的成效，提高保护工作的科学性。提出管理调整和完善的措施，提高保护管理的效能和科学性。

7. 将勉县武侯祠保护规划纳入勉县城市发展总体规划，并与勉县武侯祠所在地居民社会调控、土地利用调整、道路系统调整等相关规划相衔接。

参考文献

[1] 张萌 . 汉中地区博物馆发展现状调查 [D]. 郑州：郑州大学，2018.

[2] 蒋丽 , 雷勇 .2015 · 汉中《三国演义》与三国文化国际学术研讨会综述 [J]. 陕西理工学院学报（社会科学版），2016，34（01）：23-27.

[3] 张玖梅 . 浅析勉县武侯祠的“诸葛亮文化”[A].《现代教育教学探索》组委会 .2015 年 9 月现代教育教学探索学术交流会论文集 [C].《现代教育教

学探索》组委会 : 北京恒盛博雅国际文化交流中心，2015：2.

[4] 康宝祥，符炫，陈文强 . 谈勉县武侯祠古建筑群 [J]. 山西建筑，2013，39(12): 31-32.

[5] 孙敏，邓根生，王国军，等 . 勉县武侯祠古旱莲抢救保护技术 [J]. 陕西农业科学，2008(01):146-147.

[6] 张璐 . 勉县武侯祠建筑研究 [D]. 西安建筑科技大学，2004.

[7] 冯岁平，佘星银 . 清代陕西勉县武侯祠研究 [J]. 文博，2003(01)：39-44+56.

[8] 冯岁平 . 清代陕西勉县武侯祠研究 (一)[J]. 文博，2002(04)：72-76.

[9] 冯岁平 . 虚白道人及其《忠武侯祠墓志》[J]. 文博，2000(06)：63-68.

[10] 陈显远 . 诸葛亮在汉中的活动遗迹略考 [J]. 汉中师院学报 (哲学社会科学版)，1984(02)：117-126.

[11] 陈显远 . 勉县武侯祠“唐碑”初考 [J]. 汉中师院学报 (哲学社会科学版)，1984(01)：111-116.

陕西省文化遗产研究院

陕西省文化遗产研究院，前身为“陕西省古建设计研究所”，为陕西省文物局直属单位。职工82名，其中专业科研人员63人，具有高级职称人员13人，国家文物局专家库成员6人，西安市突出贡献专家1人。

陕西省文化遗产研究院自成立以来，一直担负着古遗址、古墓葬、古建筑、石窟寺及石刻、近现代重要史迹及代表性建筑和其他各类型文化遗产的保护规划、维修设计与监理工作。先后承担了国内外保护工程项目千余项，业务范围遍及我国各地以及境外的部分国家。

陕西省文化遗产研究院广泛并深入参与了三峡工程、南水北调工程中的文物保护工程、晋东南早期建筑保护、“一号工程”延安基地建设项目13处革命旧址保护维修、援藏文物保护工程、丝绸之路沿线大遗址保护规划、世界文化遗产申报、抗震救灾项目及第三次全国文物普查等国家重点工程项目，发挥了重要作用。

近年来，陕西省文化遗产研究院完成了多项陕西省政府、国家文物局、陕西省文物局布置的指令性任务与科研课题，在区域规划、文保决策、学术攻坚、重大文物保护工程等诸多领域取得了优异成果和重大突破。

在不断提升文物保护实践能力的同时，陕西省文化遗产研究院十分注重文物保护的科学研究和理论探索，多次获国际国内各级优秀规划、设计等表彰奖励。近年来在国家核心期刊和省级专业刊物发表学术文章143篇，完成国家级、省级研究课题十余项。同时木材应力波测定仪、木材阻抗测定仪等木结构智能勘察及检测设备，ARCGIS奥维地图引导软件用、古建3D扫描精细测绘，无人机航片拍摄等最新科技和手段的运用，也为传统的文物保护事业带来了新的科技含量。

有夏营造

陕西有夏营造有限公司

联系地址：陕西省西安市高新区唐延路35号

旺座现代城C座302室

联系电话：029-89195090

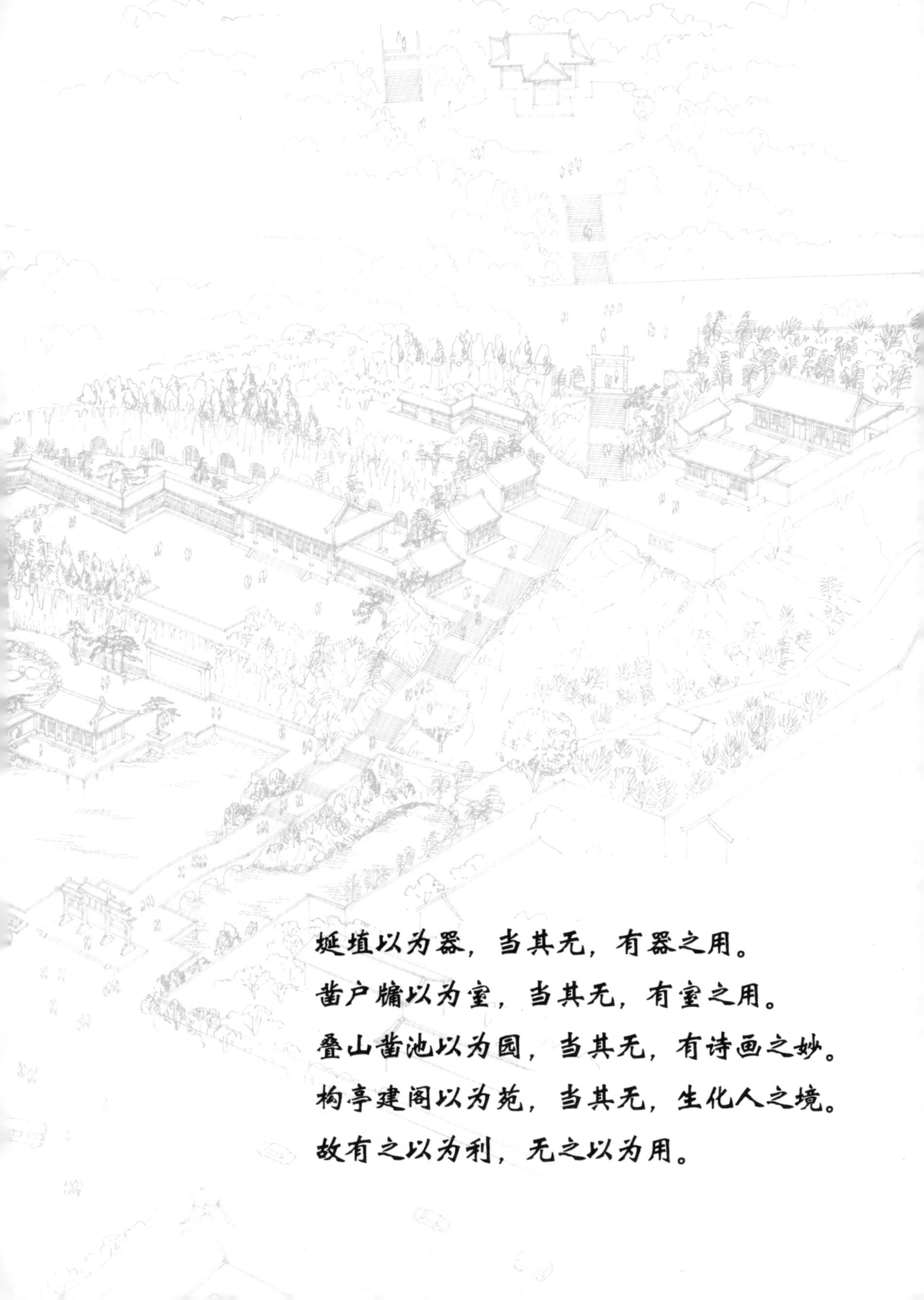

埏埴以为器，当其无，有器之用。

凿户牖以为室，当其无，有室之用。

叠山凿池以为园，当其无，有诗画之妙。

构亭建阁以为苑，当其无，生化人之境。

故有之以为利，无之以为用。

皖建生态环境建设有限公司

公司简介

皖建生态环境建设有限公司创始于2002年，是集园林景观规划设计、施工，生态复绿，古建工程，市政工程，建筑工程，环保工程，亮化工程，城乡造林，环境治理，道路清扫保洁，园林绿化养护，苗木生产培育、销售及园林科技咨询服务为一体的现代化智慧生态健康型企业。

公司注册资本金1.2018亿元，经过16年的稳健发展，皖建生态已跻身安徽生态文明建设优质企业前列，先后荣获国家高新技术企业、中国园林绿化综合竞争力百强企业、中国园林绿化AAA级信用企业、安徽省产业化龙头企业、安徽省园林绿化50强企业、安徽省优秀市政施工企业等诸多荣誉。业务版图主要立足安徽，依托华东，以做大全国为蓝图。

公司凭着坚定的理想、执着的信念、强劲的团队、规范的企业管理，坚持走生态园林景观工程设计与施工的专业化发展之路，秉承“以人为本、开拓创新、求真务实”的发展理念，在行业内树立了良好的企业形象。

在企业管理上始终遵守国家法律法规、依法经营、照章纳税、诚实守信、自觉维护市场秩序，具有ISO9001：2015国际质量体系、ISO14001：2015环境管理体系、OHSAS18001：2007职业健康安全管理体系认证、安全生产许可证、银行AAA信用等级、A级纳税信用等级，是安徽省守合同重信用单位等。

皖建生态
Wan jian Ecology

多年来，公司凭着技术精湛、团结拼搏、敬业奉献的高素质管理团队，完成百余项生态优质精品工程，优良率 95%，合格率 100%。其中部分工程先后获得了国家优质工程金奖和安徽省优质工程“徽园杯”、优秀园林工程“园林杯”奖、合肥市园林绿化优质工程“广玉兰杯”“庐州杯”奖及其他多项优秀工程奖项。公司多次被授予“安徽省园林绿化行业先进单位”“合肥市林业和园林行业先进单位”等荣誉称号。

公司始终以“自强自律、追求完美、敢为人先”为企业精神，以“宽容协作、直面务实、相提共进”为管理理念，以“科学运筹、争创卓越、合作共赢”为经营宗旨，紧抓国家生态城市建设、和谐社会大发展的契机，将为更多的示范工程、重点项目增光添彩。皖建生态力求在管理上强化提升，在技术上创新进取，加大人才培养。在激烈的市场竞争中敢于担当，锐意革新，立足安徽，面向全国，打造皖建生态品牌，实现公司的新发展、新跨越，创造新辉煌！

微信公众号

公司地址：中国·安徽·合肥市庐阳区濉溪路
287 号金鼎广场 A 座 20 楼
联系电话：0551-65859818
公司网址：www.wjecology.com